"十二五"国家重点图书出版规划项目

中国通信史

（第一卷）

尼阳尼雅·那丹珠（白玉芳）著

北京邮电大学出版社
www.buptpress.com

内 容 简 介

本卷叙写内容为清朝邮电通信的创建与发展。同治元年总理各国事务衙门建立，下设海防股，管理邮政、电线（电报）、船政等部门，并综合管理洋务运动中兴起的国家船政、电报、邮政事业。左宗棠、曾国藩、沈葆桢、丁日昌、李鸿章等人上奏折于慈禧皇太后、光绪皇帝，建立船政电报学堂，派出留美幼童学习电机，建立台湾环岛电报线、津沪电报线等，均得到批复。中国电报事业开始建设。在盛宣怀、郑观应、经元善等一代中国电信事业创始人的精心运营下，军政商用电报网通达海内外，市内电话、无线电等业务也逐渐开始发展起来。至晚清，邮传部成立，邮电通信业的行政管理、业务管理与电信教育体系基本建设完备，为中国邮政、电信事业进入国际电报、邮政通信行业奠定了基础。

图书在版编目（CIP）数据

中国通信史. 第一卷 / 尼阳尼雅·那丹珠（白玉芳）著. -- 北京：北京邮电大学山版社，2019.5（2024.8重印）

ISBN 978-7-5635-5309-9

Ⅰ.①中… Ⅱ.①尼… Ⅲ.①电信－邮电业－经济史－中国 Ⅳ.①F632.9

中国版本图书馆 CIP 数据核字（2017）第 263802 号

书　　　名	中国通信史（第一卷）
作　　　者	尼阳尼雅·那丹珠（白玉芳）
责 任 编 辑	徐振华　孙宏颖
出 版 发 行	北京邮电大学出版社
社　　　址	北京市海淀区西土城路 10 号（邮编：100876）
发　行　部	电话：010-62282185　传真：010-62283578
E-mail	publish@bupt.edu.cn
经　　　销	各地新华书店
印　　　刷	保定市中画美凯印刷有限公司
开　　　本	720 mm×1 000 mm　1/16
印　　　张	15.25
字　　　数	329 千字
版　　　次	2019 年 5 月第 1 版　2024 年 8 月第 2 次印刷

ISBN 978-7-5635-5309-9　　　　　　　　　　　　　　　　　　　　定　价：76.00 元

・如有印装质量问题，请与北京邮电大学出版社发行部联系・

卷　首　语

　　1861年，洋务运动兴起，清政府总理各国事务衙门建立中国电信、邮政管理体制。远古人类的火文明之篝火、烽火所描绘的千里眼、顺风耳之憧憬，成为现实。电报水线将跨越鄂霍次克海，以一道电文明光亮从海上而来，登陆中国。

　　在这数千年通信信息之变的历史时刻，面对西方电报要求进入中国之势，一代洋务重臣秉承清政府制定的国策，开始建设自主管理的国家通信体系，严控国家信息安全之纲，建立船政，培养电机、电信工程之根基，并派出留美幼童学习电机制造、电报管理等。他们在集数千年风水之谜的封建社会意识中艰难前行，从引进并学习丹麦大北电报公司的业务和行政管理制度起步，开中国电信事业之源，励精图治，终于在中国广袤的崇山峻岭之中，建立起第一张覆盖全国、与世界相连的电报网，并在中国电信事业的持续发展过程中，创建了自主经营的市内电话、长途电话、无线电通信，实现了全业务运营。

　　清朝制定了国家通信业管理和运营决策，清政府电信管理官员和电信业行政管理官员虽任职有长短，政修有褒贬，但皆力主维护国家通信主权，例如：在国外电报水线进入中国时，明文规定水线不许上岸；在建设无线电通信时，明文规定他国不得在华设立无线电台等。他们为此做出的历史贡献，是中国通信业国家主权意识的整体展现，也是中国通信业在中国社会政治、经济、工业、军事、文化、民生之变时期重要的潜在力量。

　　1906年，历时四十余年的洋务运动完成了中国封建社会的政治、军事、经济、文化、外交等改革。邮传部的成立是中国封建社会通信方式与现代化通信方式的分水岭，其下设的电政总局、邮政总局建立了从中央到地方的通信管理体制，使电报业务从"中国兴造电线以通军报为第一要务"发展为"便商民"，为推动中国通信业的发展做出了一定的贡献。

　　1912年，由隆裕太后签发，上有邮传部部长签名的退位诏书，宣布了清朝历史的结束，清朝逊朝。此时，在洋务运动中诞生的电报、邮政已可以将社会信息发往四面八方，并通达海外（间接），在沟通中国与世界、加强海防建设、发展民族工商业、促进新闻事业的发展及建立文化新风等方面，都起到了引导先行、惠泽民众的作用。

　　清朝的电信、邮政事业初创者负重克艰，坎坷开山，使中国的电信事业基本创建完备，其历史之功光昭日月。电信初轫，惠泽千秋。

序一

中国近现代通信文明信息的传递历史起源于清朝。

1861年,洋务运动兴起,清政府总理各国事务衙门成立,下设海防股,主管船政、电线、邮政、铁路。中国邮电通信管理体制由此发端。

1871年,丹麦大北电报公司水线在上海登陆,中国电文明信息的传递方式电报开源。从此开始,中国的电信事业之创始和建设发展,每一步都与国家命运息息相关,紧密相连。在八百里驿马与电报传递对比的弱势下,创业者们从一张白纸起步,以"一切用人行政始终保持独立精神,丝毫不受外力之束缚,实为此后我国电信建设树立良好之规模"为宗旨,开始了电信事业的建设。至清王朝逊朝,在邮传部的主持下,创业者们薪火传承地建立了中国第一张覆盖全国、连通海外的电报网;建立了电话、无线电网络;建立了电信教育体系;建成了可以仿制西方电报机的电信工业;为报纸媒体建立了新闻电报;为中国第一条铁路京张铁路架设了通信线路;在国际电信方面,首次列席国际电报联盟会议,挽回了国家通信主权,等等。其创业的过程可谓是开天辟地,惠泽千秋。

1912年,中华民国成立。在交通部的主持下,中国加入国际电报联盟与万国邮政联盟。在此时期,一代电信人以继往开来的接续传承建立了中国国际电台、全国广播网;收回了外国电报公司在中国收发商报的权利,挽回了中国电信业每年数百万元的电信利益。抗日战争爆发后,在国共两党共同组建的抗日民族统一战线上,中国电信业员工组成有线、无线通信队,随军作战,重新建立了国家通信干线网,开设了国际电台,建立了防空情报网、警报网;在沦陷地进行秘密通信,与大后方保持紧密的联系,源源不断地向世界传递中国抗日战争的信息,与全国人民共同迎来了抗日战争的胜利;成功地收回了原沦陷区的电信事业,接收了台湾电信,中国电信业也因此跻身于世界电信五强。

1949年,中华人民共和国成立。在邮电部的领导下,实现了邮电合一管理。至1999年,邮电分开。在五十多年邮电合一运营的历史里,中国邮电通信事业以"人民邮电为人民"为宗旨,发扬"独立自主,自力更生,艰苦奋斗,勤俭节约"的精神,以"自己动手,丰衣足食"的智慧,建成了全国统一运转、全程全网的邮电通信网络,建成了邮电教育、科研、工业体系,为中国航运、航天、广播电视、医疗救护、抗洪抗震通信网的建立输送技术人员和传递信息。在改革开放的年代里,中国的电信事业以"引进、吸收、消化、创新"之理念,进入国际电信资本运作,建成了中国卫星通信网、海缆通信网、数据通信网、程控电话网、光缆通信网、移动通信网、互联网。继1997年香港电信主权回归和1999年澳门电信主权回归后,大陆与台湾建成直达海底光缆,全面实现直接通电,一张全面现代化的信息通信网架海擎天，凝聚着海内外同胞"同为一个中华"的感情认知和心理认同。

在电信普遍服务上，中国通信业完全实现了市场化经营，实现了村村通电话，建立了国家宽带工程，使广大电信用户可以享受个性化、自由化的电信服务，中国的网络规模和用户总数在国际电信网里均跃居世界首位。如此之成就，是中国信息通信业依靠科技进步、跨越式发展得来的，更是依靠国家改革开放政策的扶持，依靠社会各界的支持，以及依靠全国通信业员工的努力工作造就的。

翻开《中国通信史》丛书，我们可以看到中国长达百余年的电信发展史实，电信网络以其承载的电信文化的科技性、网络性、前导性、多元性的特质，以信息沟通和传递的功能，记录并传播社会信息，隐形引领和支撑社会政治、经济、文化的发展与进步。一张电信/信息通信网络伴随着中国社会历史走过的道路，为社会民生的信息沟通服务，是传播政府管理、文化交流、国防建设、工业经济等信息的重要载体。因此，《中国通信史》丛书所叙写的不仅是一部电信史，还是中国社会史、文化史、经济史与军事史的一部分。

《中国通信史》丛书诚如作者所言，是电信业百年来一代又一代创业者、建设者、亲历者留下的真实历史资料。

一个半世纪以来，开源者草莽发轫，以电报开创中国封建社会信息传递方式的数千年之变；一个半世纪后的今天，我们薪火传承地建设了一张现代化的信息通信基础网。对于与众多同仁一起主持建设中国现代化信息通信事业的我来说，从这部作品里回望百年中国通信史之路，既对我们与通信工技人员曾经做出的努力和创造倍感欣慰，也深感中国通信业界人员作为社会企业公民使命的责任重大；同时也钦佩作者为出版本套丛书所付出的不懈努力。

在中国信息通信事业持续发展、科技日新月异的今天，走过一个半世纪的中国信息通信业，还有很长的路要走，愿与业界同仁共同缅怀历史，接棒再传，造福人类社会。

是为序。

吴基传

（原邮电部部长、原信息产业部部长）

序二

作为毕生从事通信事业的一员，很希望能有一本讲述中国通信发展史的书，曾经与有关同志说过此事，但一直未能实现，因此在知道白玉芳女士主动挑起了这个实现中国通信人共同愿望的担子时，欣喜之情不禁油然而生。

中国的现代通信事业是从处于半殖民地状态的封建王朝末期开始的，因此不像西方发达国家那样，随着技术的进步和业务的发展，基本上是一路顺风地前进的，而是历经坎坷，一步步走出来的。在向西方发达国家学习先进技术的同时，要与其作艰苦的通信主权斗争。由于中国通信人的努力，到中华人民共和国成立时，基本保存了全国性的通信网络，尽管规模容量很小，技术水平很低，但保证了全国政令、军令的通达。

中华人民共和国成立后，建立了自己的通信设备研发生产体系和通信人才教育培养体系，从国外引进了一些新的通信装备和技术（尽管受到较大限制），国家通信事业有了较快的发展。传输媒介从架空明线到地下电缆，后又到同轴电缆和微波；传输设备从只有几个电路的小容量系统到上千个电路的大容量载波系统；从电报自动转发到引入传真，再到海底电缆、数字通信、光纤通信、卫星通信等逐步展开，进步速度远超中华人民共和国成立前。当时我国实行的是计划经济体制，经济建设又碰到种种内外干扰，人民生活水平虽有较大提高，但仍处于低收入状态，因此当时的通信主要还是为党政军服务，经济、业务往来需求不大，个人之间的通信占很小的比重，并且主要靠电报，私人家庭电话是凤毛麟角。

改革开放迎来了中国通信事业的又一次巨大变化。当时有一句俗语"要致富，先修路"，其中的"路"不仅是指交通，也包括通信，而且更迫切的是通信。经济体制逐步由计划经济向市场经济转型，这就要求提高效率和效益，同时实现农业转型、城市发展，所以大量农民工进城，突然爆发了全国性的大量人口流动，这就需要尽可能地满足他们与家庭的信息沟通。当时中国的通信人面临着前所未有的巨大压力，同时也面临着前所未有的发展机遇。在这样的条件下，电话普及率迅速提高，全国自动电话网快速建成。数字化、光纤化快速推进，经过十多年的努力，到20世纪末，中国通信网已面目全新，逐步向先进行列发展。目前无论在规模上还是在水平上中国通信网均处于世界前列。

概括地说，中国通信事业的发展可分为三个阶段：第一阶段（中华人民共和国成立前）是从无到有；第二阶段（中华人民共和国成立后到改革开放前）是从分散到集中；第三阶段（改革开放后）是由少到多、由差到优。发展进步的基本条件也有三个：第一是国家统一，领导坚强有力；第二是人民富裕，有了需求；第三是技术进步，即电子信息技术的超常快速进步、网络系统装备的加速更新换代，创造了有利于赶超的基础条件。正是几代中国通信人的不懈努力，成就了辉煌的业绩。

进入21世纪以来，中国通信进入了一个新的阶段，环境条件发生了很大变化，通信业本身也历经变革，体制上历经分合，增速上逐步趋缓，业务上新旧交替，发展前景似乎不清晰。

环顾世界，通信中标志性的几件大事都发生在西方国家，且大多在美国。在技术方面，从19世纪中期发明电报，后期发明电话，到末期发明无线电，美国开创了现代通信的基本方式。在体制方面，20世纪初，美国政府和美国电话电报公司达成基本垄断协议，世界各国大致循着这条路走下来了，区别在于美国是政府限定下的企业相对垄断，而很多其他国家是政企合一的垄断，包括中国在内。而到20世纪后期，又是在美国发生的几件事，引起了世界通信的变化。一是技术上发明了蜂窝移动通信和互联网：前者是通信方式的改变，极大地方便了用户使用，使用内容、使用范围有了巨大扩展，短短二三十年的发展就超过了固定电话百年的成绩，目前已远远超过并大大加快了现代通信在世界上的普及程度；后者则使通信从单纯的内容传递（中间管道）扩展到了两端，即信息源和信息应用，使信息成为一个完整的系统，并且日益渗透到经济、政治、文化、社会的各个方面。二是20世纪80年代初美国法院与美国电话电报公司达成协议，拆分美国电话电报公司，在原来自然垄断的体制中引入了竞争，由于自然垄断性质还在，所以实际上也还带有寡头竞争的局面。在美国的带头和坚持下，世界各国（包括中国在内）大多进行了体制改革，形成了多个企业并存、相互竞争的局面。三是这两点相结合，出现了互联网企业。互联网企业发展壮大后，产生了与通信企业的竞合问题。一方面，互联网企业是轻资产型企业，不会再投入大量资源去建设基础设施网，因此离不开通信网的管道，同时通信网已经建设的管道也离不开互联网这个大客户；另一方面，互联网企业体制比较灵活，创新速度快，其创新业务中有些与通信业务是同质或者替代关系，规模大了就对通信企业形成威胁，同时通信企业看到互联网企业的各种业务后，也想用自己的管道资源开展类似业务，但由于种种原因做得又不是很好。这个矛盾在世界各国都有，并已成为通信企业进一步发展的一道难题。随着国家改革步伐的推进和国企改革的深化，通信企业的改革局面面临新的考验。

展望未来，期许中国通信业界能以史为鉴，认真分析形势，认清事物本质，坚持改革开放，在新时期闯出一条新的发展路子，为中国通信业再创辉煌。本书作者查阅和引证了大量历史档案和资料，呈现了一百多年来中国现代通信发展的历程，既展示了巨大的成就，也不回避历经的困难问题，史料翔实、文笔流畅，再现了历代通信人的风貌，这是一个良好的开端，希望能引起更多人的关注，发掘出更多、更细的史实，供人们了解和思索。

朱高峰
（原邮电部副部长、中国工程院首任常务副院长、中国工程院院士）

序三

不久前，很意外地收到了一封来自上海的中国满族作家尼阳尼雅·那丹珠（白玉芳）女士发来的邮件。素未谋面的她热情邀请我为她即将出版的《中国通信史》丛书作序。

中国电信业百年历史与中国近代百年史息息相关，并从一个侧面反映出中国百年由弱到强、由衰到盛的巨大变迁。我虽然对此一直关注，但见到的资料甚少，以丛书面世的更是难得一见。白玉芳女士自称是业余作者，也不是史志工作者，她的作品将是一部怎样的作品呢？

带着期盼，我尽快地浏览了白玉芳女士寄来的书稿。初读之后，我发现这是一部史实的、人文的、文学的中国近代通信史，全景叙写了中国电信业的百年事业发展之路，确是一本难得的好书。据我所知，她是当代电信人凭个人信念并以个人之力为中国百年电信写史的第一人。

在她的书稿中，扑面而来并洋溢始终的是她与生俱来的少数民族人士特有的热情、女性特有的细腻和社会工作者特有的敏感。此丛书立意写史，但史要守信，书应易读，把时间上前后百年、发展上错综复杂的电信发展史在有限的书籍中表现出来，还要让人信服，殊非易事。作者基于三十多年电信系统内工作的亲身经历，历时多年的辛劳，走访了很多业内人士，精心甄选珍贵资料，反复推敲，完成了《中国通信史》丛书的创作，她的努力实在难能可贵，我钦佩她的奉献精神，我为我们行业感谢她！

对于《中国通信史》丛书的出版，我向白玉芳女士表示衷心的祝贺，并希望白玉芳女士为我们行业创作出更多更好的电信文学作品。

赵厚麟
（国际电信联盟秘书长）

前　言

中国通信业发轫于清代洋务运动，颠沛流离于民国，繁荣于中华人民共和国。其百余年历史，留下大量历史资料于各地的《邮电志》《电信志》中。但是，由于政权的更迭、行政区划的变动以及电信行业的专业性，至本丛书前，没有贯通于中国通信业百余年历程的综合性叙述丛书。作为一名亲身经历，感知中国通信业巨变，由中国电信、中国移动通信培养的中国作家，有使命、有责任来记录中国通信业的百年历史。

本套丛书的体例和编写原则为：以编年体例撰写本套丛书，以时间为中心，按年、月、日顺序设立章节，结合国家重大历史事件中的电信史实与国际电信联盟电信技术开源历史记述电信历史事件，收录了电信同仁和电信用户的亲身经历，以此翔实记录电信社会的人文与科技历史。

关于本书的篇幅：以邮传部、交通部、邮电部、信息产业部、工业和信息化部的中国通信业管理体制划分为四卷，第一卷为1861—1912年；第二卷为1912—1949年；第三卷为1949—1997年；第四卷为1998—2016年。

本套丛书的通信科技定位为：列出中国通信业科技进程。中国通信科技进程分为如下三个阶段：一是清代从无到有的人工传递；二是民国年间从人工到中华人民共和国20世纪70年代半自动化的传递；三是中华人民共和国20世纪80年代到21世纪全自动化、信息化的传递。通过以上三个阶段的通信科技进步，中国通信业完成了电信的普遍服务，也实现了与国际通信网的全面对接。

本套丛书的主题定位为：致力于连通世界。中国的电信业源起于由鄂霍次克海而来的丹麦大北电报公司水线。中国电报发源于此。中国建成了遍布全国，连接欧亚、东南亚、东北亚的电报线。中国成为国际电信联盟理事国，为建设连通世界的中国通信网、国际通信网，为沟通世界人类文明做出了贡献。

本套丛书的社会人文历史价值定位为：一部中国社会历史与中国通信业历史相结合的史书。电信与邮政是中国通信业的主要内容，与中国社会文明史、世界人类文明史息息相关。中国百余年通信史，由一代一代中国通信业者继往开来，砥砺前行而创造。

由于一些条件的限制，本套丛书难免会有疏漏之处，敬请中国通信业前辈、同仁和广大读者批评指正。

本卷目录

（1861—1912年）

凡例		I
第一章	**电报水线登陆中国上海**	1
第一节	电报在美国诞生	3
第二节	洲际海底电缆诞生	5
第三节	国际电报联盟成立	6
第四节	中国电报管理机构初诞	7
第五节	中国电报建设起步维艰	12
第六节	大北电报水线登陆上海	20
第二章	**中国电报教育事业肇起**	29
第一节	电报教育起源背景	31
第二节	选派留美幼童学习电报	35
第三节	开设福州电报学堂	39
第三章	**中国电报事业开山创建**	41
第一节	建立台湾电线	43
第二节	请设南北洋电报线	49
第三节	建立津沪电报总局	54
第四节	公布《电报章程》	58
第五节	第一条津沪公众电报线启用	61
第六节	中国电报总局成立	65
第七节	电报总局电报学堂成立	67
第四章	**电信事业的创立与发展**	69
第一节	第一个人工电话交换所在上海开通	71
第二节	建成全程全网的国家电报网	76
第三节	收回外商擅建陆线以保主权	86

第四节	建立第一条台北至福州电报水线	95
第五节	官军电报进入军机处	100
第六节	清政府批准开办电话	103
第七节	无线电通信在广州诞生	107
第八节	长途电话在京津间诞生	109
第九节	军政电话专用官网建成	110

第五章 清政府邮传部成立 … 113

第一节	邮传部成立的背景	115
第二节	大清邮政官局成立	119
第三节	邮传部成立	130
第四节	邮传部电政总局成立	133
第五节	收回商电与各省官电	135
第六节	咨文地方政府保护通信线路	139
第七节	建设边远之地电报线推广电话	141
第八节	制定电局章程，提出邮电合一	148
第九节	不分昼夜接收各报	149
第十节	推出公益赈务电报	150

第六章 创立邮电教育与文化体系 … 151

第一节	设立南洋公学	153
第二节	设立电报高等学堂	155
第三节	设立邮传部上海高等实业学堂	159
第四节	设立邮电学堂和邮电高等班	162
第五节	选派优秀学生出洋留学	164
第六节	设立图书通译局和交通研究所	167
第七节	出版交通官报	169

第七章 维护中国通信利权 … 171

第一节	电信业主权建设之成就	173
第二节	中英电政交涉	178
第三节	中俄电政交涉	180
第四节	中日电政交涉	182
第五节	中德电政交涉	185
第六节	他国不得在华私设无线电台	186
第七节	首次出席国际电报联盟会议	188
第八节	收回中国邮政利权	191

第八章	电信事业与社会改革	193
第一节	电信与社会经济改革	195
第二节	电信与新闻传播改革	202
第三节	电信与灾害信息改革	208
第四节	电信与文化文体改革	213
第五节	电信与政治改革	218

表录

表1	上海电报高等学堂教授科目	158
表2	邮传部上海高等实业学堂教授科目	161
表3	电政局3年间局所、网络、电机比较表（宣统元年）	176
表4	电政局收发国内电报字数3年间比较表（宣统元年）	176
表5	电政局收发国内电报次数3年间比较表（宣统元年）	177
表6	电政局收入支出5年间比较表（宣统元年）	177
表7	光绪三十一年至宣统元年邮传部电政局收入盈余比较表	177
表8	山东省办河工电报机构一览表〔光绪二十九年（1903年）—宣统元年（1909年）〕	212

凡 例

一、《中国通信史》丛书所记述的是1861年至2016年中国通信业行政管理体制、业务管理体制的历史进程。本丛书所写内容的具体年代为清代、民国、中华人民共和国。

二、本丛书的中国通信业分为广义、狭义两个方面。广义上为邮政、电信、广播、航运、铁路、电视、航天通信、数据通信、网络通信等。狭义上为邮政、电信（含民国时期管辖的广播）。本丛书依据行业年代历史，分别以"电线""电信""邮电通信""信息通信"等名词叙写。本丛书叙写的内容为邮传部、交通部、邮电部、信息产业部、工业和信息化部管辖时期的电信和通信信息业务。

三、本丛书叙述的内容主要为电信国家管理体制和行政管理的建立和嬗变、电信网络和业务的初建和发展、电信科技和电信法制的递进和建立、电信运营和服务对象与方式的转变。另本丛书附有电信建设大事记、电信法规条例等历史文件的内容。

四、电报是电信开创之源。本书以美国发出第一封电报、丹麦大北公司电报水线在上海登陆为中国电信事业之开源，叙写清朝公众电报网、固定电话网、无线电通信网、长途通信网的诞生与日后现代卫星通信网、海缆通信网、移动通信网、互联网等信息通信网络的创建和发展。中国是国际电信联盟理事国，因此，本书还叙写了中国加入国际电信联盟，参与国际电信联盟组织的会议及活动等情况。

五、中国邮政事业与电信事业同为中国邮电通信历史中重要的组成部分。本丛书叙写了清代开创邮政总局、民国时期邮电营业合一、中华人民共和国邮电统一的过程，并简写了邮电分营、邮政总局划归交通部的历史情况。

六、本丛书引用了清代、民国历史史料中的内容，这些内容中有一些标点符号、字、词的用法不符合现在的使用习惯。例如，文中部分引用的原始资料在每个断句处都使用了句号，不符合现在的标点符号的用法，作者出于尊重的目的未对其进行改正。

七、本丛书引用了地方志中的邮电志、电信志史料，选用了清代电报诞生以来，电信历史事件与文字相配的线路图、机件图等历史图片，使用的统计数字来自清代、民国、中华人民共和国时期的电信类图书，电信历史事件的亲历者及电信客户的回忆；引用的电信学者之论点，见于其著作或者论文。本丛书使用了部分以上历史资料对于中国通信业的记录和评价。

八、本丛书各卷的章节布局按历史年代设置，部分卷的内容或有内容交叉。例如，1912—1949年的电信网运营状况则根据当时的历史情况而综合设立章节，以求完整地叙述当时历史年代的中国通信业状况。

九、本丛书中使用的通信科学技术术语、名词、名称等，以清代以来有关电信书籍、资料刊登的为准，也采用社会习惯的俗称。

十、广播与电信业务关联，从 1921 年诞生至 1949 年皆由电信管理，因此本丛书就其开源与管理做叙述。本丛书简写了中华人民共和国成立后广播、电视中与电信关联的业务。

第一章

电报水线登陆中国上海

晚清,洋务运动兴起,清政府总理衙门设海防股,负责管理电线事宜,电信管理体制初诞。同治十年(1871年),丹麦大北电报公司水线电报登陆上海,将电报传至上海,中国电文明信息传递方式电报由此开源。

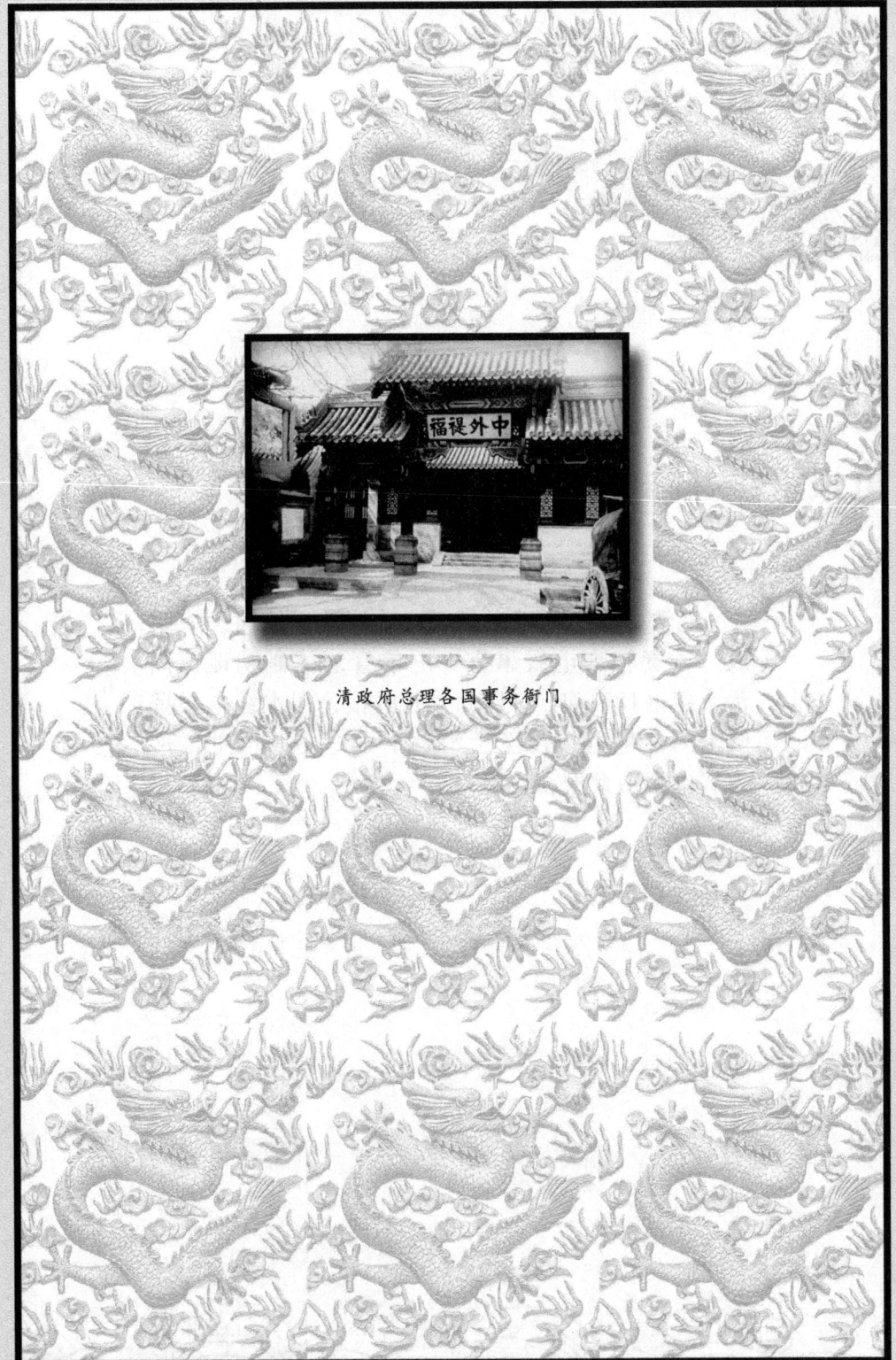

清政府总理各国事务衙门

第一节 电报在美国诞生

1832年10月1日，一艘"萨丽号"邮船，从法国北部勒阿弗尔港驶向纽约。"萨丽号"邮船缓缓驶出英吉利海峡，进入浩瀚的大西洋。船在波峰浪谷间航行，乘坐这艘船的美国著名画家塞缪尔·莫尔斯[①]与一位医生、电学博士杰克逊相识，他所讲述的电磁感应现象，点燃了莫尔斯对以电来传递信息的激情：要是这话果然真确，那么我们一定可以用电，来把一个消息刹那间传到远的地方去[②]。

1835年，莫尔斯造出了第一部电报机。怎样才能让"电"通过电线从这台电报机里发出去，传送到若干里路以外的另一台电报机上，变成不可思议的"电报"？1837年，莫尔斯得到制造厂主斯蒂芬·樊尔的资助，与其子阿尔弗来

莫尔斯和他发明的电报机

特共同研究改良的方法[③]，并造出了第二部电报机，使得这两部电报机可以互相传递电信号。这两部电报机传递信息的距离为500米。

怎样才能让"电"变成"报"？

一个神奇的想法出现在莫尔斯脑海里：电流只要接通电报机，就会发出声响，接通的时间短就发出"嘀"声，时间长就发出"嗒"声，在印字机上就会变成"点""划"的符号，将不同的"点"和"划"组合起来，可以代表不同的英文字母、数字、标点符号，就形成了电报码，可以传递信息。这两种符号组合起来，通过电线传送，就可以在瞬间传遍世界！这种由"嘀"和"嗒"形成的电报码被命名为莫尔斯电报码。

为了在实践中检验电报机的性能，莫尔斯计划在华盛顿与巴尔的摩之间架设长

[①] 塞缪尔·莫尔斯（Samuel Finley Breese Morse，1791—1872年），享有盛誉的美国画家、电报之父。

[②] 柳文彬，《电报的发明》，《首届电信日纪念特辑》，交通部电信总局印，民国三十六年十二月二十八日，第26页。

[③] 李白薇，《电之父塞缪尔·莫尔斯》，《科技生活奖励》，2012年，第6期。

中国通信史（第一卷）

莫尔斯在美国国会大厦拍发第一封电报

约64公里的线路，为此，他向美国政府请求资助3万美元作为实验费。美国国会经过长时间的激烈辩论，终在1843年3月通过了资助莫尔斯实验的议案。

1844年3月，美国国会通过拨款，电报线路终于建成①。5月24日，美国华盛顿国会大厦里座无虚席，美国总统亚伯拉罕·林肯与政府要员、科学家、新闻媒体人员等各界人士济济一堂，在人们的注视下，莫尔斯坐在电报机前，向巴尔的摩拍发了世界上第一封电报：上帝创造了何等的奇迹！

从发明电报的奇思妙想到电报机的创造，再到正式发出第一封电报，这一电文明信息的诞生走了12年。

1851年5月1日，第一届世界博览会在英国伦敦的海德公园盛大开幕。在这届世界博览会上，于1837年在美国诞生的电报机，以电文明信息传播使者的身份傲然登场。在这届世界博览会上，出现了一个身着清朝官员服装的中国人②。遥远的东方帝国引起了西方世界的关注。从此，莫尔斯电报码

1851年伦敦世界博览会开幕式油画明信片

的"嘀嗒"声传遍欧洲、美洲，一封封电报成为人类文明沟通的使者，改变着人类社会的文化结构和生活。至1861年，电报发源地——美国——架设完成横贯大陆东西之电报主要干线，商业突飞猛进，日增繁荣，一切事业，随之进步③。

---

① 李白薇，《电报之父塞缪尔·莫尔斯》，《科技生活奖励》，2012年，第6期。
② 1851年5月1日，第一届世界博览会在伦敦"水晶宫"开幕，塞鲁斯根据开幕式场景绘制了一幅油画，一个叫希生的中国人，站在右侧观礼嘉宾的前排。
③ 陈崇静，《我国电信使用之检讨与展望》，《首届电信日纪念特辑》，交通部电信总局印，民国三十六年十二月二十八日，第11页。

第二节 洲际海底电缆诞生

1850年8月28日,第一条电报水线由英国人约翰和雅各布·布雷特在英国和法国之间的多佛尔海峡公海里敷设。时美国总统布坎南发给英国首相巴麦尊一封电报:上帝保佑,希望电报能成为民族永久和平与友谊的纽带①。但是,很遗憾的是,这条海底电缆很快就因为其技术的不完善和人为的破坏而中断了。

但是,电报诞生、海底电缆敷设的电文明信息之火花,已然点燃了人类社会沟通的渴求,推进了人类以电报沟通信息的步伐。

很快,敷设洲际海底电报电缆的建设,宛如海洋的波浪,在北美与欧洲荡起涟漪。1854年,英国工程师吉斯博恩纳负责铺设从纽约到纽芬兰的海底电缆,他与美国富豪塞勒斯·韦斯特·菲尔德一起,迅速建成了由业界专家、政府人员、金融界人员组成的开发体,短短几天就募集了35万英镑的投资,英国政府为菲尔德提供了皇家海军最大的战舰之一"阿伽门农"号(HMS Agamemnon),而美国政府提供了排水量5 000吨的战舰"尼亚加拉"号(USS Niagara)。这两艘当时最大吨位等级的舰船经过特殊改装,才各自能装下跨洋电缆的一半。

塞勒斯·韦斯特·菲尔德

1857年8月5日,铺设船队从爱尔兰起航,越洋电缆的这项伟大工程就这样拉开了帷幕。越洋敷设海底电缆的工程充满了艰难险阻,一年多的施工,历经海上暴风的磨难,数次返航又整装出发。至1858年7月28日,"阿伽门农"和"尼亚加拉"在大西洋中部成功接头,开始越洋电缆的铺设。两艘船上的各一半电缆对接在一起,而后"尼亚加拉"驶向美国,"阿伽门农"驶向英国。在这电缆正式开通的一刻,菲尔德钻进船舱里号啕大哭。为了这一刻,他不仅耗尽了家资,还要面对世人的冷眼和嘲笑;为了这一刻,他曾经4年未回家,先后跨越大西洋30多次。

---

① 马伯庸、阎乃川,《触电的帝国》,浙江大学出版社,2012年4月。

1858年铺设海底电报电缆

8月5日,"尼亚加拉"到达纽芬兰海岸,"阿伽门农"也在同一天到达爱尔兰海岸。几个小时后,世界一片欢腾,全世界的人们都在兴奋地等待着这一刻。这天洲际海底电缆把北美与欧洲连接起来了。

16日,维多利亚女王发给美国总统布坎南的贺电通过海底电缆传到北美,此时此刻,"尼亚加拉"号还在从纽芬兰赶回纽约的途中。布坎南向英国女王回电。同时,礼炮鸣放100响,庆祝人类这一伟大的历史时刻。

18日,菲尔德和他的团队乘坐"尼亚加拉"回到纽约,迎接他的是盛大的全城巡游,菲尔德成了和平时期的国家英雄。

从此,人类越洋沟通成为现实,电报、洲际海底电缆将以人类电文明信息沟通的创造者身份,踏着海洋的浪花,走向全世界。

第三节　国际电报联盟成立

1855年,少数中欧国家为相互接线通报及结付报费等事宜,开始订立国际电报合约,其后逐渐推广,各国均认为有参加的必要,欧洲一些国家先后成立了"德奥电报联盟"和"西欧电报联盟",并开始了敷设洲际海底电报电缆的建设。

1865年5月17日,为实现国际的电报通信,丹、英、美、法、德、俄、意等20个欧洲国家的代表在法国巴黎签订了《国际电报公约》,并开始实施首个《电报规则》,国际电报在统一的业务规则下运营。这就是"国际电信联盟"的前身。

时一位国际电报联盟的创始人在致辞中说:我们在此召开的会议是一次真正意义上的和平大会,这是因为电报为遍布世界各地的人们提供了一个快捷且永不中断的沟通渠道。人们可以借助通信手段,交流思想观点,从而"减少误解,而误解往往是战争的起因"[1]。

---

[1] 百度:世界电信日。

从此，在这个沟通渠道里，电报，既传递着人类社会沟通中各民族、各人种之间的政治、军事、文化、经济信息，同时也是战争中的利器；电报，是手持橄榄枝的科技女神，亦是举弓持剑的战争圣女，她以清脆悦耳的嘀嗒声，演绎着和平与战争同在、科学发展与破坏同行、进步与掠夺相伴的人类沟通信息历史。

第一次国际电报联盟会议

在国际电报联盟组织的框架下，电报水线在海洋遨游，创造着"海洋，人类生命的共同体，海洋，人类文明的共同体，海洋，人类历史的共同体"[①]的人类电文明信息之光亮，沟通人类，传播信息，推动并改变着人类的社会生活。

电报——人类通信信息远距离的传播，改变了世界。

第四节 中国电报管理机构初诞

19世纪40年代以后，伴随着西方工业革命的电报声，伴随着第一次、第二次鸦片战争的硝烟，清政府与英国政府签订中英《南京条约》，广州、厦门、福州、宁波、上海成为中国社会历史上与国外经济、文化接轨的通商口岸。

随后，清政府又与美国政府签订中美《望厦条约》，之后清政府又签订了中法《黄埔条约》，中英、中法、中俄、中美《天津条约》，与沙皇俄国签订《中俄瑷珲和约》。比利时、瑞典等国也都与清政府签订类似不平等条约。

此时的清王朝，就如那赫图阿拉启运山12座山峰走势所预示的那样，在经历了康雍乾长达120多年的盛世之后，进入了外侵内乱、风雨飘摇的多事之秋，割地、赔款，中国由独立的封建国家逐步变成半殖民地半封建的国家。

各通商口岸开放以后，随着中外事务日渐增多，英、法、美等国或根据《天

---

① 白玉芳、冯台源著，《中国萨满女神——东海·南极》，黑龙江美术出版社，2011年，扉页。

津条约》《北京条约》的规定，或根据最惠国待遇，得以进京设馆。因此，法国公使布尔布隆、英国公使普鲁斯、美国公使蒲安臣、俄国公使巴留捷克等先后到京设馆。

咸丰十一年（1861年）一月二十日，咸丰帝①准光禄寺少卿焦佑瀛②、侍讲学士张之万③等4人之联奏：

咸丰皇帝读书图

驭夷之法，贵有责成。查向来夷务，由军机处办理。唯枢密之地，事务大繁，只能总持大纲，于细微曲折，不能详细考查……此次换约之后，应请旨设立办理通商处，以王大臣领之，分为各司，办理各国事务，则例案分明，事有专责，可以日久相安，实为第一要务。下旨设立总理各国通商事务衙门④。主管中外通商、关税事务。

同年一月，恭亲王奕訢亦上《统筹洋务全局酌拟章程六条》，请求建立总理各国事务衙门，以有效地办理洋务和外交事务。奏折称：近年各路军机络绎，外国事务，头绪纷繁，驻京以后，若不悉心经理，专一其事，必致办理延缓，未能悉协机宜。

此奏得到咸丰帝批准，各国通商事务衙门成立。

咸丰十一年（1861年）八月，年仅31岁的咸丰帝在避暑山庄去世。6岁的同治⑤登基，初定年号为祺祥，辛酉政变⑥后改为同治。同年，同治帝谕内阁：朕奉母后皇太后圣母皇太后懿旨。现在一切政务均蒙两宫皇太后躬亲裁决。谕令议政王军机大臣遵行。唯缮拟谕旨，仍应作为朕意。宣示中外自宜钦遵懋训。嗣后议政王军机大臣缮拟谕旨。著仍书朕字将此通谕中外知之。⑦十一月

---

① 咸丰帝（1831—1861年），在位11年，为清王朝历史上最后一位掌握实际统治权的皇帝。
② 焦佑瀛（生卒不详），历任军机大臣、辅政大臣，称"赞襄政务王大臣"，后受免职处分，归隐于天津"遁园"。
③ 张之万（1811—1897年），张之洞兄，历任江苏巡抚、闽浙总督、东阁大学士。
④ 地址在北京东堂子胡同19号。
⑤ 载淳（1856—1875年），爱新觉罗氏，清穆宗，清朝第十位皇帝，年号"同治"，为清文宗咸丰帝长子，生母为孝钦显皇后叶赫那拉氏。
⑥ 辛酉政变，又称祺祥政变或北京政变。
⑦ 《清实录同治朝实录》卷之九六。

慈禧皇太后画像

慈安皇太后画像

初一起,慈安①、慈禧②两皇太后在养心殿垂帘听政。王以下大学士、六部九卿于养心殿门外行礼。③

同治元年(1861年3月),慈禧皇太后下旨:唯以乐育人才,振兴学术,为致治之要。④并准恭亲王奕䜣⑤、大学士桂良⑥、户部左侍郎文祥⑦联衔《统计全局》章程之奏,下旨将各国通商事务衙门改为总理各国事务衙门(以下简称总理衙门,亦称为"总署""译署")。

时授恭亲王奕䜣为议政王、军机大臣,掌管总理衙门。批准总理衙门接管以往礼

同治皇帝画像

---

① 慈安皇太后(1837—1881年),钮祜禄氏,满洲镶黄旗人,与慈禧皇太后两宫并尊,称母后皇太后。
② 慈禧皇太后(1835—1908年),叶赫那拉氏,满洲镶蓝旗人(后抬入镶黄旗),与慈安皇太后两宫并尊,称圣母皇太后,又称西太后。
③ 《清实录同治朝实录》卷之九六。
④ 《大清穆宗毅(同治)皇帝实录(一)》,第3页。
⑤ 奕䜣(1833年1月—1898年5月),爱新觉罗氏,总理衙门首领,亦称为六王爷。
⑥ 桂良(1785—1862年),女真夹谷氏、满洲瓜尔佳氏,满洲正红旗人,历任兵部尚书、吏部尚书、直隶总督、东阁大学士、文华殿大学士、军机大臣。
⑦ 文祥(1818—1876年),女真夹谷氏、满洲瓜尔佳氏,满洲正红旗人,历任军机大臣、总理衙门大臣,兼任都察院左都御史、工部尚书、吏部尚书等职。

同治皇帝接受法国大使国书

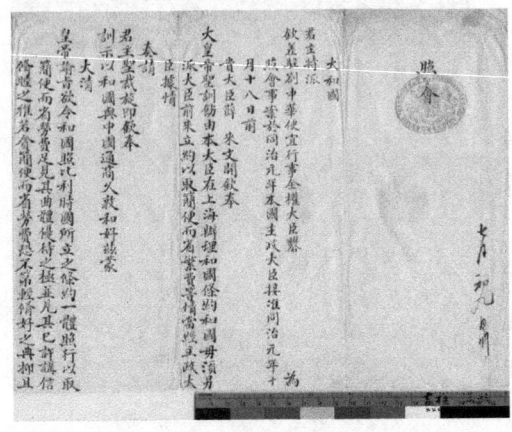

同治元年外国使臣向中国递交的照会

部和理藩院所执掌的对外事务，全面推行清朝中华文化与西方文化接轨，制定振国之策：变法乃素志，同治初即纳曾国藩①议，派子弟出洋留学，造船制械，以图富强也。② 中国社会历史上第一次图自强，欲与世界先进生产力同步发展的清代洋务运动③拉开帷幕。

总理衙门仿军机处体例，设大臣、章京两级职官，有总理大臣、总理大臣上行走、总理大臣上学习行走、办事大臣。初设时，奕訢、桂良、文祥3人为大臣，此后人数略有增加，从七八人至十多人不等，其中奕訢任职时间长达28年之久。大臣下设总办章京④（满汉各两人）、帮办章京（满汉各一人）、章京（满汉各10人）、额外章京（满汉各8人）。

在外国使臣递交大清国的照会上，"中华""中国"等名词成为官方外交用词。同文馆设立，翻译并出版第一本《英语集全》，等等。总理衙门的设立开启了中国近代化管理体制之端。其掌管的范围，正如刑部郎中沈瑞琳⑤日后的奏折中所奏：不特各国之约章公法律例税则在所必谙，即一切海防、矿物、铁路、电报、邮政、制造、商务诸事莫不由该衙门悉心筹画，以规久远。⑥

时总理衙门的编制设置如下。

英国股：主办英国、奥地利交涉的事务，兼办各国通商及各关税务等事。

---

① 曾国藩（1811年11月—1872年3月），"中兴四大名臣"之一，历任礼部侍郎、礼部右侍郎、兵部右侍郎、两江总督、直隶总督、武英殿大学士等职。
② 费行简，《慈禧传信录》。
③ 洋务运动，又称自强运动、同治维新，是清后期至清末时，清廷洋务派官员抱着"师夷长技以自强"的口号和目的，在全国展开工业运动。该运动自1861年年底（清咸丰十年）开始，至1895年大致告终，持续了近35年。
④ 章京，满语，努尔哈赤定为八旗将军之官名，1635年，皇太极定为清朝文武官员之称。
⑤ 沈瑞琳（生卒不详），两江制台沈秉成之子，历任晚清道台、刑部郎中等职。
⑥ 明清档案馆编，《戊戌变法档案史料》，中华书局1985年版，第178页。

法国股：主办与法国、荷兰、西班牙、巴西交涉的事务，兼办管理保护民教及招工等事。

俄国股：主办与俄国、日本交涉的事务，兼办陆路通商、边防疆界、外交礼仪、本衙门官员的考试任免、经费开支等事。

美国股：主办与美国、德国、秘鲁、意大利、瑞典、挪威、比利时、丹麦、葡萄牙交涉的事务，兼管设埠保工等事。

海防股：主办南北洋海防，包括长江水师、北洋海军、沿海炮台、船厂以及购置轮船、枪械、制造机器和置办电线（时电报被称为电线）、铁路、矿务等事务。

总理大臣恭亲王奕訢

司务厅：主管收发文件、呈递折件等秘书性质的事务工作。

清档房：主管缮写文件及保管档案等工作。

电报处：主管翻译电报等工作。

直属总理衙门的机构还有同文馆和海关总税务司署，客邮事宜由海关主管。

以上机构中，创设电线（报）由总理衙门海防股专职负责。同时另设考工司，掌理船政、铁路、矿物、电线，这4项工作成为洋务运动中的四大事务之一。

中国邮电通信事业管理体制由此发端。

此时中国社会的信息传递方式为：由英国人内放客邮，在上海开始产生。而中国邮政为空白。政府机构的信息传递方式，仍然是驿站铺兵传递信息。电信为空白。

数千年之中国通信史，将由此开始进入历史性的根本转变。

京城内没有一根电线杆（摄影：约翰·汤姆逊）

第五节 中国电报建设起步维艰

总理衙门官员与外国公使的合影

总理各国事务衙门成立后，直接执行慈禧太后、光绪皇帝御旨，负责派出驻外使节，管理通商、海防、关税、路矿、邮政、电报、军工、同文馆，派遣留学生及处理外交等事务，成为清政府重大决策中枢。

洋务运动是中国封建社会史无前例的改革开放运动，是封建制度跨入现代化历史的转型期。广州、厦门、福州、宁波、上海作为清代首批开放通商口岸，成为西风日渐，经济、文化融合的多元地，英、法、美等国的旗帜飘扬在口岸，西方文化、外国资本开始涌入各通商口岸。潮水般涌来的西方文化，悄然进入延续五千年的中国农耕社会生活之中。人们衣食住行里，出现许多神奇的新玩意，如洋枪、洋炮、洋火（火柴）、洋伞、洋灰（水泥）、洋钉、洋油灯、洋线团，就连犯罪的人也"享受"了洋铐。中国人语言开始出现亦中亦洋的新名词，在各通商口岸涌动。

在洋词、洋货进入中国社会生活之时，因西方工业革命而诞生的洋电码——电报，更是跃跃欲试要进入中国。

沙皇俄国及英、美、法等国驻华公使屡次向清政府总理衙门或地方官员提出要在北京、天津、上海建立电线的要求。同治三年（1864年），江海关①税务司狄妥玛致函上海道丁日昌，请由上海至吴淞安设电气铁线。丁以此事前所未有，合约所

---

① 清代上海海关总署，其官署办公地点在现静安区常德路429号内。

第一章 电报水线登陆中国上海

清代广州港（通草画）

19世纪60年代国外杂志上的上海街道

不载，自难准予开办。总署与李鸿章也相继拒绝狄妥玛之议。同治五年四月初一（1866年5月14日），法国公使馆翻译官李梅、法公使伯洛内分别向总理衙门条陈设立自恰克图至北京、上海电线办法三条。总理衙门未与采行[1]。同治六年（1867年），美国驻华公使蒲安臣[2]向清政府要求同意美东印度电线公司建设从广州至上海水线。美国商人拟由上海至香港及由上海至天津设立海底电线，未准设放。[3]

以上要求建设电报之事被拒绝，在以往，多被论为思想观念落后而致，而少有从当时的国家制度、社会历史背景、社会科学以及社会思想意识等方面去论证，更是少有从国家新的信息管理制度的建立、国家新的信息安全体系的建立、社会各阶层对于科技新生事物的接受和认可、电信科技的发展周期等方面去全面剖析，从电信科技的发展特性去分析。当然，不能否认，当时，这是因为电信的专业性，在相当长的一段历史时期里不被学术界所广泛了解，而电信业专家又大多注重于本地区电信业本身的发展和建设。

在当时通信还属于国家和军队专用，由兵部管辖的驿站来传递国家文件的历史条件下，对于一个火文明信息——烽火延续数千年——的封建农耕国家来说，要接受西方舶来的电文明信息——电报，一无人才，二无技术，三无管理体系，是开天辟地之举，电报要进入中国，或者是中国建设自己的电报都并非易事，其主要原因有以下几个方面。

一、清政府对国家管理体系信息传递的忧虑

第二次鸦片战争以后，西方的电报已遍布欧美，而古老的中国，却仍然是

---

[1] 上海市长途电信局史志办公室编，《长途电信百年大事记》，第2页。
[2] 蒲安臣（Anson Burlingame，1820年11月14日—1870年2月23日），美国著名的律师、政治家和外交家，美国对华合作政策的代表人物。美国共和党创始人之一，既是美国驻华公使，亦由清政府任命为中国第一个"钦命出使大臣"，是清末派驻外国的高级官员。
[3] 上海市长途电信局史志办公室编，《长途电信百年大事记》，第2页。

总理衙门和军机大臣在议事

驿站铺兵以六百里快骑传递信息，毫无疑问，这种对比悬殊的通信方式，使清政府对于严重威胁国家安全的外商电报进入中国抱有戒心。

早在1861年，咸丰帝未驾崩前，俄国电线设至西伯利亚，俄国公使巴留捷克首先向总理衙门提出设立京津间电线的要求，总理衙门就以不便为由加以拒绝。尔后，对于英、法等国公使和外商提出架设电报线的要求均拒绝[①]。

当时电报还被称为铜线。同治十年（1871年7月），军机大臣、总理各国事务衙门奏报俄国西悉毕尔地方官，由铜线致该国住京使臣信函，称该国由铜线寄信，词意简略，并无详细情节，亟应先事豫筹等。时慈禧皇太后下发两道谕旨，命以六百里各密谕知之：总理各国事务衙门奏、俄国西悉毕尔地方官，由铜线致该国住京公使信函，内称七河省巡抚廓派兵前赴伊犁，五月十七日，将伊犁代为收复等语，并闻俄人尚欲带兵前往收复乌鲁木齐，伊犁沦洎，兵力未能顾及，致俄国从而生心，难免觊觎要求情事，若乌鲁木齐再为该国收复，则更难于措手，成禄原系乌鲁木齐提督，著即统率所部出关，与景廉会合，力图收复，所有该军饷需，著户部遵照前旨，迅速查催，并宽为筹拨，以资饱腾。[②]

在军事信息传递方式如此悬殊的情况下，清政府对外商要求在中国建立电报线路之事高度警惕，密函各地将军暨各省督抚：中国地势与外洋情形不同，尚任其安置飞线，是地隔数千里之遥，一切事件，中国公文尚未递到，彼已先得消息，办事倍形掣肘。且该线偶值损坏，必归咎于官民不为保护，又必丛生枝节。若遇此事必须阻止之，以杜后患。[③]

时英、美各领事为保护其商船，欲于上海至川沙金团地方架造电线，以通吴淞口信息。清政府警惕地认为，此举"安知非迎合各公使之意，乘虚而入，一处得手，

[①] 钱其琛（1900—1973年），交通大学电机系毕业，历任国民政府交通部电政司帮办（兼中央文化驿站总管理处处长）、电信总局副局长、电信总局局长、交通部常务次长（兼电信总局局长）。本处引注于其主编的《铁路电信七十五周年纪念刊》，《七十五年来电信之国际关系》，台湾文海出版社，1982年，第72页。

[②] 《清实录同治朝实录》卷之三百一十六。

[③] 《总署致盛京将军玉明函》，《台湾海防档》（丁），电线，第一册，第5页。

必到处照式要求",并义正词严地说:"电线既非条约所准行。"中国地方权应自主,外洋不得借口侵权。①

根据清政府统一部署,在日后建立福州至闽江口电线时,总理衙门就致俄国公使布策的来函亦明确告知:查得近日外国公局照贵国所准,自福州至闽江口泊船地方,业经设立电线等因前来。案查中国现因办理台湾紧要事件,是以自福州至闽江口设立电线,专为往来便捷,均由中国官为经理;一切费用亦由中国官发给,并未准外国举办。至此事前经贵国把、倭两大臣屡向本处商办,本王大臣曾将各处碍难开办电线情形,详细函述在案;诚如贵大臣此次来函所称也。② 这些史实所反映的正是清政府出于对国家安全的考虑,而拒绝外商电报进入中国,并在外商电线违反合约敷设陆线上岸时,就以出资赎买的决策,遏制外商,以保中国电信利权。纵观清代电信开源建设之路,始终在国家的掌控中进行,慈禧皇太后、光绪帝亦给予极大的关注,以国家财政给予扶持,出台电信线路保护措施,派出国家军队负责维护电信线路,保证国家信息安全等。以上情况,在中国电信信息史上少有专著和完整叙述,其关键是各地电信史均以本地电信史论述,而对于清代电信建设的决策少有涉及。

二、中国电信技术与电信文化人才的匮乏

电报是清代洋务运动的产物之一,时初以"电线"之称与船政并列,在这中国社会深刻变革的历史时期里倍受慈禧太后、光绪皇帝重视,故之后由李鸿章、盛宣怀奏请申办电报、电话的奏折,均在一两天之内即迅速批复开办。

但是,在西方工业革命浪潮来临之际,作为一改中国数千年来通信方式的电文明信息——电报——的开办,开山之难,无可用之斧。电报的建设是网络性的建设,一旦开办,其设局、网络运营管理、业务管理皆需要成体系的建成,而其所需的开办要素中,有电报机、电报技术、电报线路、电报人才等,而这些要素皆为空白。对此清代电信建设的背景,著名电机专家、电信教育家郁秉坚论述道:吾国电信事业,不逮欧美,推厥原因,固在机料之匮乏,而人才短绌,实乃重大之因素。溯逊清同光之季,电报传入吾国,政府即有作育电信技术人才之举。③

这是一个遵循电信科学发展规律之公正严谨的叙述。于同治十年(1872年)出洋的第一批留美幼童回国后,全部服务于电报局,并成为清代建设电信事业的中坚力量。福州电报学堂建立后,开设报务、测量、施工等专业,培养出来的学生全部服务于电报局,以他们的青春为祖国的电信事业开山引河,建成了中国自主的电报网,就是对这段史实的验证。

---

① 《洋务运动史》,光绪元年十一月十四日,李鹤年文,《海防档》(一),电线,第218页。
② 《台湾海防档》,同治十三年八月初三,致俄国公使布策函称。
③ 郁秉坚著,《弁言》,《上海电信人员训练所复兴第一届纪念刊》,民国三十六年三月。

三、官员对建设电报事业的误解和否定

从视电报为妖魔鬼怪到接受电报，亦是一个全社会意识形态思想领域的转变。当时官员认为来自外国的洋电码"于中国毫无所益，而贻害于无穷""电报之设，深入地下，横冲直撞，四通八达，地脉即绝"。江西巡抚刘坤一[①]亦表示："轮车、电机，以中国之贸迁驿传，固无须此。"福建巡抚李福泰[②]则认为电报"惊民扰众，变乱风俗"。时任湖广总督、后为洋务派首领的李鸿章[③]也曾表示："电线、铁路此两事大有益于彼，大有害于我。"

在一场是否建设电报线之争中，工科给事中陈彝[④]还就建设福州电线事，到慈禧皇太后、光绪帝处告御状，这纸御状既记述了外商水线欲登陆中国之过程，又记述了官员对创建电报的抵制，同时也记录了百姓对于电报的心态，特全录在此，以一窥电报创建之官场纷争：为陆路电线万不可行，谨缕陈闽省办理舛谬情形，吁请停止，以免内忧而杜外衅事。窃维电线一事，可以用于外洋，不可用于中国。近年与洋人议定，准在海路安设，不准上岸，具见中外诸大臣显示和睦，隐分界限，实堪钦佩。乃今年夏、秋间，忽闻福建有陆路安设电线，几致民变之谣。臣祖籍该省，访问颠末，不敢不为朝廷陈之。先是，沈葆桢办台湾事务，欲通隔海消息，有自立电线之请，此一事也。洋人久有设立电线之意，我国总以"定章不准"与之相距，一闻沈葆桢之议，遂尔兴工，此又一事也。闽省百姓一闻此事，水深火热，大众齐心折毁；因而洋人亦知公愤可畏，议以已设未坏之线卖与中国，听中国自办，此又一事也。总理衙门于外国所请，可从则从，又以沈葆桢原有自办电线之议，行文该省，令其买回自办，此又一事也。夫买回则洋人无折本之患而不起衅端，自办则不复关涉洋人，尽可察看地方情形，徐为斟酌。乃该省通商局员藉"官办"二字，转复延请外国公司洋匠代造，既非沈葆桢试办之初意，又不体总理衙门行令买回自办之深心，此臣所谓舛谬者也。目下该省人心震动，纷纷吁请，迫切万分。语云："铤而走险，急何能择，今闽人之情可急矣。"至于华洋交涉，事关重大，往往中外互相谘议，积日累年。此次延请洋匠，既非大吏定议，亦未奉到总理明文，闻始终皆局员陆心源、丁嘉玮等为之。如此办理洋务，何异为虎傅翼？兼闻丁嘉玮系曾经参革"永不叙用"之员，未知确否？

[①] 刘坤一（1830年1月—1902年10月），中国自办电话的创始人之一，历任广西布政使、江西巡抚、两江总督，兼南洋通商大臣、帮办海军事务等职。

[②] 李福泰（1806—1871年），历任番禺知府，广东布政使，福建、广东、广西巡抚，两湖、两广、云贵总督，兵、工等部侍郎等要职。

[③] 李鸿章（1823—1901年），中国电报创始人、洋务运动的主要倡导者和领导人之一，直隶总督兼北洋通商大臣，著有《李文忠公全集》。

[④] 陈彝（？—1896年），字六舟，号听轩，晚号蜕翁，江苏省仪征县人。出身于官宦之家（清山西按察使、江西布政使陈嘉树之子）。同治元年（1862年）中进士二甲第一（为传胪，探花之后，相当于第四名），授修撰，转科道，敢于弹劾。历任宗人府府丞、浙江学政、顺天府尹、安徽巡抚、礼部侍郎、湖广道御史。

惟有吁请饬下该省督、抚查明。倘臣言不妄，先将陆心源、丁嘉玮等严参惩处，一面停办电线。其延到洋匠，或优与廪饩，或资遣回国。已设之线本议买回，仍如原议，亦不令洋人觖望。庶前此不准上岸定章永守勿替，不为他族借口摇动，而闽省之民，亦得长享无事之福。事关大局，臣不敢知而不言。是否有当？伏乞皇太后、皇上圣鉴。谨奏。①

如此众多官员对于电报的抵制，欲创建开天辟地的电文明信息之电报，困难重重，正如郑观应②在《盛世危言·游历》中所写的：方今朝廷创办一事，聚讼盈庭，非无深达时务之臣，而每建一言，辄多格於群议，诚如总署所谓同心少、异议多者。

对于这个现象，不能以现代人的思维来简单地对其进行评价，以往对清代电报建设这一事物常冠以"落后、腐朽"的定论，但任何新生事物的发展都与社会环境相辅相成、共同成长，电信建设也是如此。日后，众多洋务派官员积极推进电报、电话建设，并身体力行地运筹帷幄，这就是清代官员在通信信息思想观念上转变的例证。

四、全社会群体性对电报的误解

政府办事，必须考虑国情、民情。清政府也是如此。

由于中国社会封建意识浓重，民间信鬼普遍，所以，百姓们把电报线路视之为妖魔鬼怪，认为电线会炼人的魂魄、破坏风水，总署在致上海通商大臣的公文中告知：至风水农田，中国视为极要，而彼族或以不足为据，或以为无妨，言难破愚。③

李鸿章在同治六年（1867年）呈与清政府的奏折中亦写道：铁路、电线及内地开行栈、内河驶轮船、贩运食盐，皆中国商民所万不允行者。④

当时的情况也的确如此。时利富洋行的英商雷诺（E. A. Reynolds）为要先期了解吴淞口外各国海轮的活动情况，于同治四年（1865年6月），在上海浦东小岬（今陆家嘴）至黄浦江口金塘灯塔间架设电线，他擅自树立木杆227根，架设了42华里⑤的电报线路。就在这时有乡民因暴病而死。于是"洋人树立木杆破坏风水，所以死人"的消息不胫而走。乡民们于当月21日统一行动，一夜之间将227根电线杆

---

① 《台湾海防档》（丁），电线，上，第180～211页。
② 郑观应（1842—1921年），上海电报局首任总办。中国思想家、实业家、教育家、文学家、慈善家。其所创作的《盛世危言》是中国思想界中一部较早认真考虑从传统社会向现代社会转变的著作。就其对当时许多问题的思考，百年之后仍然不能抹杀其具有现实意义的光辉。《盛世危言》是一个全面系统地学习西方社会的纲领，它不讳言中国在社会生活的许多方面落后于西方，提出了从政治、经济、教育、舆论、司法等诸方面对中国社会进行改造的方案。
③ 《总署致上海通商大臣函》，《台湾海防档》（丁），电线，第一册，第77页。
④ 《筹议修约事宜折》，1867年12月29日，《李鸿章全集》，第3册，第166页。
⑤ 市里的别称，区别于"公里""英里"。

电线炼人魂魄（上海清代地方风俗画）

巴夏礼

全部拔除。当英国领事巴夏礼①强硬照会清政府总理衙门，要求赔偿和追回被拔掉电线木杆时，总理衙门理直气壮地拒绝了英商的无理要求，照会各国公使：议于海底设线之时，本衙门复函中曾有线端不得上岸，俾与通商口岸陆路不相干涉，庶界限分明，及沿海水底安设以后，中国碍难代为照料，倘有毁坏，与地方无涉，不能退赔修费。②

同时通告各省总督：利富洋行胆敢在不通商之川沙内地私立电杆，实为藐法行为，当随时示惩，勿任纠缠，嗣后凡有似此妄求者，一律严惩。③

同样的事情也发生在福建。丹麦大北电报公司在擅自修建福州至厦门电报陆线时，所立60里（1里＝500米）左右线路的电线杆也被民众拔杆毁坏。④福州乡民亦拆毁了番船浦至罗星塔的电线，以至于外商不得不停止了该路线的施工。⑤引述一段史实：福州各国领事屡以设立电报为请，经通商局遵照定章"只准安设水中、不准牵引上岸"与之辩驳；日来英、美两国领事复申前说等因。当经臣等以"向来洋人设立电线，只准水内安设，不引上岸。此次闽省奏准设立电线为省城至台郡信息便捷起见，系中国自行经理，水陆皆可不论。所有福建设立电线，均归中国自办：一切费用，官为筹给"答复。

至十月间，续接文煜⑥等咨函，内称：本年五月间，英、法、美、德四国领事

---

① 哈里·斯密·巴夏礼爵士（Sir Harry Smith Parkes, 1828—1885年），爵级司令勋章，英国获圣迈克尔和圣乔治大十字勋章的爵士，1846年8月，巴夏礼被派往上海担任翻译。1850—1851年，他离开了中国，回到欧洲。1851年，他返华出任厦门的翻译。他主要在中国与日本工作。英国人曾在上海南京路外滩码头立了一座6米多高的他的纪念铜像，至1941年被日本占领军当废铜拆除。
② 《台湾海防档》（一），电线，第77页。
③ 上海市长途电信局史志办公室编，《长途电信百年大事记》，第1页。
④ 陈爱萍主编，《闽台海底电缆探寻集》，第206页。
⑤ 陈爱萍主编，《闽台海底电缆探寻集》，第207页。
⑥ 文煜（？—1884年），费莫氏，满洲正蓝旗人，清朝大臣。同治七年后历任福州将军、兼署闽浙总督、都御史、刑部尚书、协办大学士、充总管内务府大臣、武英殿大学士。

联衔照会，请自福州南台起至罗星塔①止，设造电线。通商局委员会同洋人将电线安设水中；至陆路安设桩线，均未据通商局续报有案。又据通商局详称：此次戴领事请设电线，不过彼此相商，共同酌议；并未详立定章，自行签字。该领事不候议定，突然兴工等情。正在查办间，接臣衙门函述前因，随饬通商局委员赴该领事处给价买回官办。彼族显设刁难，故急切未能定局。臣等当即函覆，谓"此次系奏明由官设立，通商局委员未解此意，但较量于水底安设之不背奏案，由陆路之有违定章。岂知中国自办，何分水陆？惟一切委之洋人，其权不能由我自主，彼族暗为得计；无怪议欲买回，多方刁难，不能定局。总当设法买回自办，蔗免后患"。

嗣复接闽浙督臣李鹤年②等咨函，内称：洋人擅自陆路安桩，甫经照令停止，仍复接续兴工，以致乡民乘间偷窃。案经该委员苦心劝阻，并声明地方官不为保护等情。

停泊水师营战船的罗星港

英、法、美、德领事和赫德与福州官员合影

现有该国电线提调何士、蒂骑礼也二人自上海来闽，仍催通商局与之商议买回。俟事体成局，当即函知各等因。上年十二月，丹国翻译官傲尔赐来臣衙门，面说福建与丹国电报公司言明办理由福州至厦门电线，迨办有六十里光景，该处县官忽谓不能保护，且致有损。该国使臣拉斯勒福令伊来询，臣等允为函致闽省查明再复；旋即函寄文煜等迅为核办。

迨至本年正月初间，丹国使臣拉斯勒福来臣衙门，面称福州至厦门电线，当初实系闽省官员与公司商办，存有局员陆道所立合同为据。嗣复假百姓不愿为名，欲令撤去；公司不肯，随被匪徒损坏电线，并将公司人打伤、又抢去对象，实为无理。至所设电线，计有百里之长，现已坏去十余里；若不急行保护，以后更难归着。请由臣衙门行知闽省，迅饬地方官妥为保护，不可再有损伤。一面商议，或归中国自

---

① 罗星塔，既是国际公认的航标，又是闽江门户标志，有"中国塔"之誉，同时亦是福建军事要地。
② 李鹤年（1827—1890年），同治十年后历任闽浙总督、福州将军兼福建巡抚等职。

设亦可等因；并备具照会前来。臣等以现尚未据闽省咨覆，当再据情咨行闽省查明办理等因答复去后。查电线一事，前经沈葆桢奏准安设，现在该使臣所言买回一节，自宜及早商定。且事由通商局与之商设，刻下未便以"民情不愿"推卸不管为词。相应请旨饬下沈葆桢会同李鹤年等妥筹办理，务期迅速完结，而免借口。①

但不可否认的是，民间拆毁外商未经中国地方当局同意建造的陆线电路，对中国政府遏制外商水线不得上岸的规定起到了很大的辅助作用，得到了中国政府官方的支持。但是，人类生活在大自然生物圈，沟通是人类共同的需求。西方兴起的大航海时代，余波涟漪地来到东方，西方的冒险家们来到中国，他们带来西方文化元素，在上海生活、经商。宁静的黄浦江，已然泛起东方农耕文明与西方工业革命文明交汇、文化交融、经济初兴的浪花，一个个领事馆已经或正在兴建，黄浦江畔曾经的河滩上，一栋栋建筑物拔地而起，西方文化在这块处女地上精彩纷呈地展现。

电报水线，将跨越硝烟，以电文明信息传递者的身份，在黄浦江畔的南京路（现为南京东路）登陆。

第六节　大北电报水线登陆上海

大北电报公司水线船航行在海洋上

在中国政府官员还在为电报建设与否而犹豫，老百姓还认为电线杆是破风水的恐怖之物时，国外电报商已在紧锣密鼓地进行电报水线登陆上海的谋划。

---

① 《同治甲戌日兵侵台始末》，福州将军文煜、闽浙总督兼署福建巡抚李鹤年、总理船政前江巡抚沈葆桢奏，谕军机大臣等。

第一章　电报水线登陆中国上海

同治六年（1867年），美国驻华公使蒲安臣①向清政府要求同意美东印度电线公司建设从广州至上海的水线。美国商人拟由上海至香港及由上海至天津设立海底电线，未准设放。②

同治七年（1868年），美商旗昌洋行③擅自在美租界虹口该行所在地和法租界金利源码头货栈间建成一条电线，全长二英里半。这是上海地区建设的第一条电线。④

同年，丹麦银行家、金融家泰特捷⑤在丹麦投资成立丹麦大北欧电报公司，任董事会主席，并于1869年完成了与英国、法国的电报线路相连，并将眼光投向亚洲电报市场。而英国东方电报公司，准备将水线⑥穿过地中海、红海、印度洋，直达中国香港，再从中国香港向中国大陆沿海港口扩展。

同治八年（1869年6月1日），北欧英挪、英丹挪、丹俄三水线公司组成团队——丹麦大北电报公司。他们的奋斗目标是：将电线经俄西伯利亚陆线，向日本和中国扩张。俄国政府与大北电报公司订立合同，以许给海线专营权利30年，并允诺水线敷至日本横滨、长崎及中国上海、福州、香港时，由他们向中、日两国说项以助成事。

泰特捷　　　　　沙俄皇帝亚历山大二世

于是，势力范围、皇室利益与电报结合在一起，在西伯利亚的寒流里，变成美丽的花蝴蝶，在金碧辉煌的克里姆林宫飞扬。温暖如春的大厅里，宫廷乐队演奏着波菲里耶维奇·鲍罗丁的《第一交响曲》，美妙的乐曲声中，公爵和夫人们一个个喜笑颜开，沙俄皇帝亚历山大二世高扬着头，脸上露出矜持的笑容，他频频举杯，与大北电

---

① 蒲安臣（Anson Burlingame，1820年11月14日—1870年2月23日），美国著名的律师、政治家和外交家，美国对华合作政策的代表人物。美国共和党创始人之一，既是美国驻华公使，亦由清政府任命为中国第一个"钦命出使大臣"，是清末派驻外国的高级官员。
② 上海市长途电信局史志办公室编，《长途电信百年大事记》，第2页。
③ 旗昌洋行（Russell&Co.），19世纪远东最著名美资公司，1818年由塞缪尔·罗素（Samul Russell）创办于广州。1846年，旗昌洋行将总部迁往上海外滩9号。
④ 上海市长途电信局史志办公室编，《长途电信百年大事记》，第2页。
⑤ 泰特捷（Carl Frederik Tietgen，1829年3月19日—1901年10月19日），工业企业家、金融家，于1868年创立大北欧电报公司。
⑥ 水线：为海底电缆，架设在陆地的电线为明线。

报公司创办人泰特捷相互祝酒,为他们即将把电报线延展到中国而庆祝。

因为有俄皇室投资,在"名义上是俄丹公司,实际上是俄国公司"的背景下,大北电报公司从沙皇那里获得了独家敷设和经营跨俄罗斯境内的海底电缆的权力。次年,这条海底电缆把中国和日本与世界其他地区的电报线路连接了起来。电报即将进入中国上海。

两江总督的官员群像

但是,电文明信息之光的使者——电报,欲进入此时的上海,并非易事。八月初十(9月15日),总署接两江总督①兼通商大臣马新贻②咨文:外商在沪设立电报事,万不能行。此后再行续请,则坚持地方官无从保护,彼此有所顾虑,不致遽蹈前辙。③ 次日,总署复函马新贻:英美各领事所云只在上海一处设电线,将来断不以此为例彼,援为成案等语,以后该领事再来哓渎,可直告以中华有自主之权,愿办与否,外人不能干预,不能以一时便利洋商之计,而使中国官商士民群绞尽脑汁骇异。④

但是,此时此刻,在美丽的日德兰半岛之畔,一位丹麦皇家海军准将史温生⑤却萌发了到中国建立电报的主意。作为一个受过高等教育的海军军官,他以敏锐的学识和敏感的商业嗅觉,透过翻卷而去的海浪,他看到遥远的东方,有一片电报的处女地。他情不自禁憧憬地吟诵着:"在海的远处,水是那么蓝,像最美丽的矢车菊花瓣,同时又是那么清,像最明亮的玻璃。然而它是很深很深的,深得任何锚链都达不到底……不,能达到,电报能够达到。噢,上帝啊,你能告诉我,电报,是海的女儿?还是海的巫婆?也许都是?'我将向谁走去呢?''美丽的小人鱼,你骑上玫

---

① 两江总督,清代管理江南省(今江苏和安徽)和江西省的封疆大吏,从康熙四年(1665年)到宣统三年(1911年),有影响的计80余人,98任,历247年。历代两江总督如于成龙、张鹏翮、史贻直、尹继善、陶澍、林则徐、裕谦、曾国藩、左宗棠、李鸿章、刘坤一等皆为清代重臣。
② 马新贻(1821—1870年),回族,历任安徽建平知县、合肥知县、安徽按察使、布政使、浙江巡抚、两江总督兼通商大臣等职,有官声清正廉誉,死于清代四大奇案之一——刺马案。
③ 上海市长途电信局史志办公室编,《长途电信百年大事记》,第2页。
④ 上海市长途电信局史志办公室编,《长途电信百年大事记》,第3页。
⑤ 史温生(E. Suenson,1842—1921年),原丹麦皇家海军准将,首任丹麦大北电报公司上海站负责人。

瑰色的云块，升入天空里去了'①。我，要伴随着皇家海军'抓住这面旗帜就是胜利！'的响亮声音，离开'碧海作她的腰带；端庄的妇女、美丽的姑娘、刚强的男子和少年住在丹麦诸岛上'②的东海岸。把电报水线带到遥远的大清帝国！"

同治九年（1870 年），史温生来到日本，建立了大北电信株式会社。史温生1842 年 7 月 26 日出生于哥本哈根。他的父亲为丹麦海军司令、丹麦国防部部长，同时又担任丹麦皇家海军军官学校校长。1855 年，史温生进入其父亲管辖的海军学校接受教育，1861 年，他以优秀的学习成绩毕业，并获得了丹麦国王赏赐的军刀，成为一名丹麦皇家海军军官。1864年，他以中尉衔参军作战。1865—1868 年，他作为丹麦海军驻在奥地利，为法国服务。1870 年，28 岁的他来到日本，组织敷设由海参崴至长崎，长崎至上海，上海至香港，全长 2 237 海里③的电报水线，开始了他将电报传入中国，连接欧亚大陆的第一步。

史温生

与此同时，英国东方电报公司亦组建大东电报公司，拟将其已铺设到印度的电报水线延至中国香港，并向中国广州、汕头、厦门、福州、宁波、上海延展。

大东、大北，谁能第一个将水线引入中国？

四月（3 月 30 日），英国公使威妥玛④照会总理衙门，交涉敷设沪港海底电报线：英国至印度电报线已办妥有年，由印度到香港将于明夏完工，拟再修经广州等沿海各口岸通至上海，并牵引线端上岸，安放于洋行屋内。前议通线之法，俱系陆线明设，此次系海底暗设，其线端一头在船只内安放即在趸船埠口海面停泊，与从前所论迥殊，似与中国毫无亏损。"内洋外洋绵亘数万里，轮船往来络绎不绝，倘伊不告中国，暗设铜线，势亦无从禁止"。

总理衙门制定对策，并上奏：乃决定准允设置，但"线端不得牵引上岸，离口另设别法"。"安线之处如有民人损伤（电路），地方官无须追偿修费"。这是"于变通转圜之中，仍寓检制防维之意"。⑤

---

① 安徒生童话，《海的女儿》。
② 丹麦国歌。
③ 1 海里等于 1.852 米。
④ 威妥玛（Thomas Francis Wade, 1818—1895 年），英国外交官、著名汉学家，曾在中国生活 40 余年。
⑤ 上海市长途电信局史志办公室编，《长途电信百年大事记》，第 3 页。

四月初七（5月7日），总署回函威妥玛：允准英商由广州至上海设立海底电线，唯线端不得上岸，俾与通商口岸陆路不向干涉，庶界限分明免生纠葛。①

四月十三日（5月13日），大北电报公司和英国中国海底电报公司（英商大东电报公司的前身）背着清政府订立合同，划分双方在中国经营电报业务的势力范围，双方协议：丹商大北电报公司的水陆电报线不得延伸至香港以南；英商中国海底电报公司的水陆电报线不得延伸至上海以北；上海、香港间为双方共同营业区域；丹商大北电报公司得先在沪港间设一水线，此线收入由丹、英两公司平分。②

威妥玛

与此同时，他们也就此事向海关总税务司赫德③寻求帮助。

五月初八（6月6日），总署向清政府奏陈水线事宜：英使威妥玛提出广州至上海设立海底电线前后交涉事，请旨下南北洋通商大臣及沿海各督抚，通饬各关道地方官，只准外人将电线安设海底，如有不遵定章，引线上岸者，即照会领事立即查禁。清廷准行。④

五月二十六日（6月24日），大北电报公司以年租金4 000两上海银，从1870年8月1日起，向上海英美公共租界南京路的英国人Frederick Bowwr租用上海南京路5号、6号房屋，成立远东公司和上海站，首任经理为史温生。

同治十年（1871年）四月十八日，大北电报公司从香港敷设电报水线至上海，违反其向清总署的承诺，在海关总税务司赫德和港务长威基褐的帮助下，引水线于大戢岛上岸，设置水线房，并在租界当局的支持下，将水线溯扬子江（长江）而上至吴淞江，在美商旗昌洋行线路终点以下一哩（英里旧也作哩）处，将线头引入岸上，并在黄浦江右岸仓房头设立第二个水线房，将水线线端接进了南京路5号大北电报公司电

---

① 上海市长途电信局史志办公室编，《长途电信百年大事记》，第3页。
② 上海市长途电信局史志办公室编，《长途电信百年大事记》，第3页。
③ 赫德（1835—1911年），英国爱尔兰人，1835年2月20日生于英国北爱尔兰贝尔法斯特西南之阿尔马郡，1853年在贝尔法斯特女王学院毕业。1854年，英国外交部招考去中国服务的外交人员，由于成绩优秀，赫德被免试录用，分配到英国驻香港贸易督察处当翻译学员，同年，又调至宁波领事馆历任英国驻宁波、广州领事，担任翻译和助理、粤海关副税务司、代理总税务司、海关总税务司等职。1908年休假离职回国。为纪念他，现上海市静安区以其名命名的赫德路（1943年后改为常德路）。在上海建有塑像，后被日军所毁，其基座现存于上海博物馆。
④ 上海市长途电信局史志办公室编，《长途电信百年大事记》，第4页。

报站,开始收发电报。①

同治十年五月二十三日起起,大北电报公司使用以中国文字编制,由4个阿拉伯数字组成一组,可翻译成汉字6 500个字的电报码,发电报至香港。时称之为华文电报。营业之初"祇收发洋文电报"②不久,又印成电码书出售。

六月二十六日(8月12日),大北电报公司将海参崴经长崎到上海的沪崎水线从大戢岛沿同一路线接至上海,至此,大北电报公司在上海的电报,北可经日本与俄国通报,南经香港与欧美通报,中国与世界的电报通信正式开始。③

上海因此成为清代电报初创时期唯一的国际电报进出口局所在地。

同年,英商大东电报公司亦违反清政府关于不得架设陆线的规定,自香港经福州之川石山,放海线至宝山,长924海里(1海里=1.852米)(沪港线),与大北公司同处营业。④对丹商和英商违反与清政府合约的行为,清政府总理事务衙门提出照会,以示抗议,在既成事实的情况下,也始终没有对其发放法律规定的海线登陆许可证⑤,为日后中国电信事业的主权建设,预留了有效的法律依据。以往电信业内有关书籍记述这一历史时叙写道:清政府毫无反应,未予抗议,默许了这一既成事实。这皆源于其叙写的为地方企业史,对于国家电信事业的整体布局与清史档案不了解而致。

同治十二年(1873年),大北电报公司沪港水线开通上海—厦门电报电路,开办国内公众电报业务。⑤

从此,南京路上有了新行当——电报员生,有了新的信使——递报生(电报投递员)。在南京路电报公司里供职、能在手指下瞬间传递千万里外事情的人,是多么地让人仰慕。穿着长袍马褂、梳着长辫的电报员生在人们羡慕的目光里,优雅地

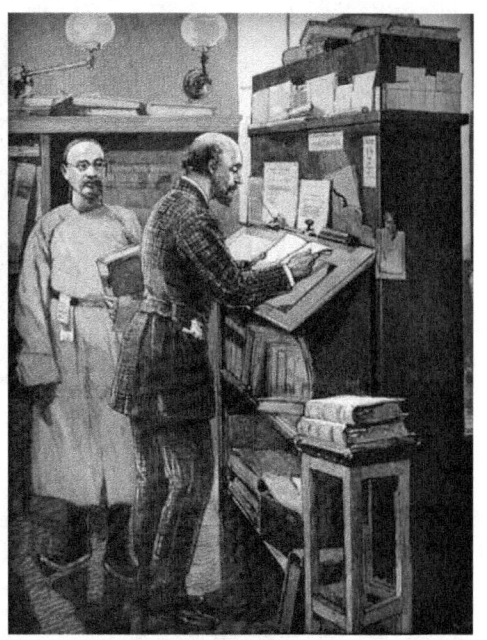

赫德在办公

---

① 高学良主编,王廉伯审订,《中国近代邮电史》,人民邮电出版社,1984年,第45页。
② 钱其琛主编,《铁路电信七十五周年纪念刊》,《七十五年来电信之国际关系》,台湾文海出版社,1982年,第72页。
③ 钱其琛主编,《七十五年来电信之国际关系》,台湾文海出版社,1956年,第73页。
④ 上海市长途电信局史志办公室编,《长途电信百年大事记》,第4页。
⑤ 上海市长途电信局史志办公室编,《长途电信百年大事记》,第5页。

大北电报公司黄浦江水线敷设

大北电报公司报房

大北电报公司上海电报站关防

大北电报公司上海电报站

走出落下的轿子,昂头走进电报公司,留下一个背影,让人们去想象他的手指将要讲述的神话。

从此,南京路上洋行的吆喝声,串街走巷的叫卖声,中国人的吴侬软语、燕赵豪言,外国冒险家的英格利西,还有那亦中亦西结合式语言的"洋泾浜"声音里,增添了一个许多人看不见、听不见,发往世界各地电报的"嘀嗒"声。

由海底而来的电报嘀嗒声,将电报传至中国。电文明信息的使者——电报——将改变中国社会的政治、经济、军事与文化状态。因为电报不是冷冰冰的,它所传递的,是人类沟通的信息。沟通改变了美洲、欧洲,也将改变中国。

中国电报的创始人之一李鸿章预见到:电线由海至沪似将盛行,中土若竟改驿递为电信,吾谓百数十年后,舍是莫由。[1]

然而,此时进入中国的电报,悄然点燃了电文明信息传递之火种,中国社会迈

---

[1] 《李文忠公全书·朋僚函稿》,卷十一,第27页,同治十一年九月十一日函。

入电文明信息传递时代。此时，由清政府部署，中国学习西方电机、船政技术已在中国封建社会改革开放的第一块试验田——福建——进行。仅在 10 年后，李鸿章的预言就成为现实。

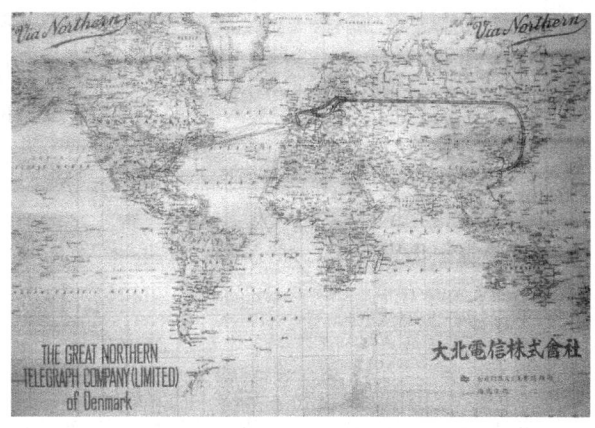

大北电报公司海底电缆图

而将电报传入中国的史温生，于 1874 年回到丹麦，1877 年任大北电报公司总经理。1891 年，他再次回到丹麦皇家海军部队任海军元帅，专职于皇家海军部队的电报通信工作。1898 年起，他兼任大北电报公司董事长。

通信科学成果可以由全人类分享。史温生主持敷设了中国、日本、俄罗斯东亚地区的海底电缆，为人类电信信息沟通事业，以及丹麦国家的经济、文化发展作出了特别贡献，与安徒生一起，成为享誉世界的丹麦名人，受到丹麦人民的爱戴。1881 年他被丹麦国王授以皇家骑士二级勋章，1894 年他被丹麦国王授以皇家骑士一级勋章，1900 年，他被丹麦国王特别授以皇家金质奖章。

Brønshøj 处史温生的墓碑

1906—1908 年，史温生因战伤从军队退休，专任大北电信公司董事长、名誉董事长等职，同时担任许多世界大公司的理事，并成为英国皇家艺术学会成员。

1921 年，史温生去世，安息在美丽如画的 Brønshøj[①]，他的纪念碑用砂岩、大理石制作，是由雕塑家延斯·伦德在 1923 年建成的。纪念碑上篆刻着丹麦人民给予他的评价。

在纪念碑上史温生肖像下方写着：KLAR I TANKE. SNAR I RAAD/FAST I VILIE. TRO I DAAD（老丹麦文）。可大致翻译为：思维清晰。刚毅/意志坚定。命运在行动。

---

① 哥本哈根布轮宋的一个区，离市中心 4 公里。

在纪念碑的右侧有一个奖章，上面描绘着一名年轻男子鞠躬。下面的奖章写着：DAAD（行动）。下面的底座写着：DET MAAL HANS IDR. T TOG I/ARV. /MED KRAFT SOM SPRANG AF SL. GTENS/MARV. /VAR DANMARKS H. DER DANMARKS/TARV。可大致翻译为：思想的网在延伸。这非穿针引线所及，将各大洲联系在一起。

在纪念馆的左侧有一个奖章，上面描绘着一名年轻的男子拿着一本书。下面的奖章上写着：DET STORE NORDISKE/TELEGRAFSELSKAB. HVIS/. RE OG FREMGANG HAN VI－/。可大致翻译为：伟大的诺丁克电报公司，荣誉和发展奉献给了生活。玫瑰献给他，感恩留在记忆中。

在 Brønshøj 这片绿荫葱郁的地方，微风荡漾，鸟儿鸣唱。史温生的在天之灵，听着海的涛声，遥望着他跨海越洋、踏浪逐波由丹麦经鄂霍次克海东海岸（Vladivostok），穿越鞑靼海峡，沿着日本、中国的海岸线，敷设了达到 8 392 海里的水线。这些水线从北欧跨越了广袤的冰原冻土，抵达远东，将远东与欧亚大陆连成一体，为中国和世界通信业、海底电缆事业作出了很大的贡献。

登陆中国的丹麦大北电报公司水线，开中国电信之源。在中国封建社会向现代化社会转型的历史时期里，一缕人类通信信息沟通的曙光，从海底而来。电信文明的使者——电报——记录着中国封建社会农耕文明与西方工业革命文明融汇的点点滴滴，记录着中国社会的沧桑巨变，记录着中国告别封建社会、走向现代化社会的路程。

第二章

中国电报教育事业肇起

为图自强，建立中国自主电报事业。清政府以"唯以乐育人才，振兴学术，为致治之要"之国策，开山建立新式教育，学习电机，并在船政学堂首设电报学堂，中国的电信教育事业由此起步。

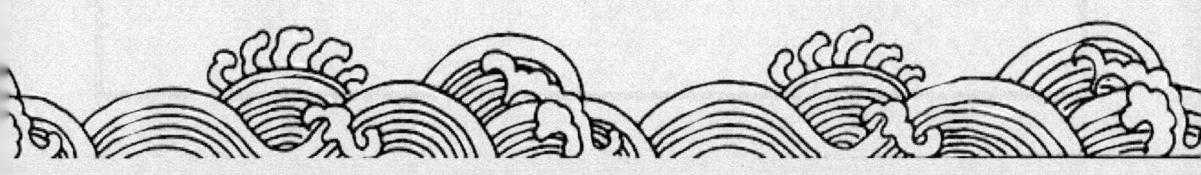

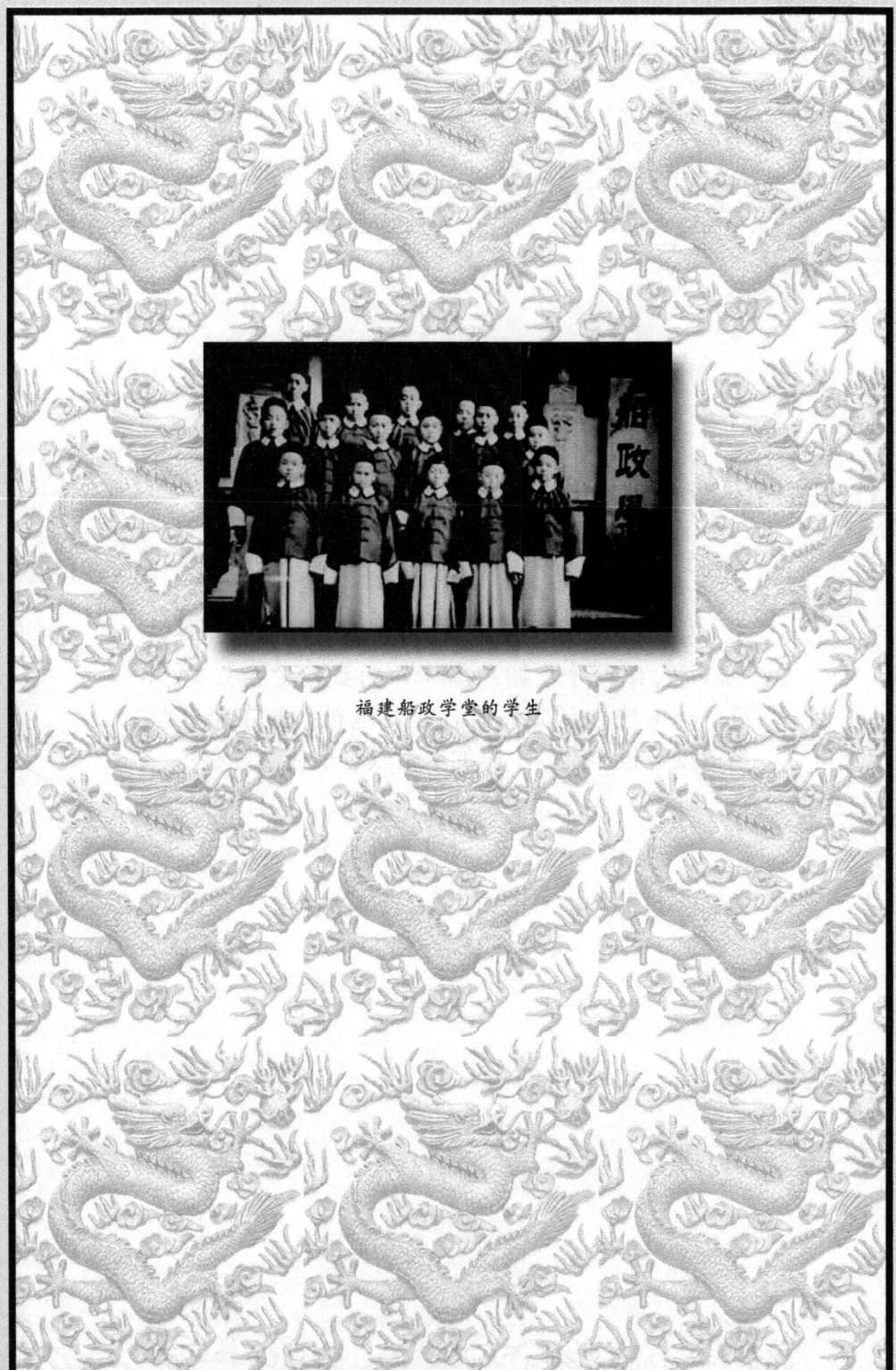

福建船政学堂的学生

第二章　中国电报教育事业肇起

第一节　电报教育起源背景

左宗棠

沈葆桢

丁日昌

国外的电报进入中国。创建中国电报亦是总署在洋务运动中渐次进行的工作。电报来无影，去无踪，飘飘荡荡，穿山越川，飞跃江河，瞬间千万里，要富强的中国，一定要有自我主权、自我掌控的电报事业，电报技术人才的培养迫在眉睫。

在清政府的部署下，中国电报教育事业初萌。

同治五年（1866年），慈禧皇太后、同治皇帝准左宗棠[①]"欲防海之害而收其利，非整理水师不可；欲整理水师，非设局监造轮船不可"[②] 之奏，命在福建设置由清中央政府直管的船政局。

福州船政局建置地形图

船政局的设置，建立了洋务运动第一块"改革开放"的试点，开启了中国海洋文化之大门，它既是中国近代最重要的军舰生产基地，又是为中国近现代培养人才

[①]　左宗棠（1812年11月—1885年9月），晚清重臣，军事家、政治家、湘军将领、洋务派首领，官至东阁大学士、军机大臣，封二等恪靖侯。

[②]　沈传经（四川大学历史系近代史专家）、刘泱泱（湖南省社会科学院历史所研究员）合著，《左宗棠传论》，四川大学出版社，2002年3月，第183页。

的重要基地，李鸿章赞其为"开山之祖"。时清政府引进西方学制，开创设立科学技术、自然科学等学科，出台聘请洋教习、派遣留学生等教育政策，建立了船政教育，同时也形成了由此而开始并逐渐发展齐全的中国海军、海事、造船、电信、科技等文化与实业教育体系。其中，电报学堂——电信教育之源——这一中国亘古未有的电信教育模式，从福州"求是堂艺局"在史无前例的洋务运动中开山而起，其过程由清代洋务运动重臣左宗棠、沈葆桢①、丁日昌② 3人秉烛续燃，历时11年。

船政学堂教习与学生合影

同治五年十一月五日〔1866年（丙寅年）12月11日〕，时任闽浙总督的左宗棠向清政府奏《详议创设船政章程折》，提出设立艺局为"造就人才之地"，同日又上奏清政府《密陈船政机宜并拟艺局章程折》，进一步阐述"夫习造轮船，非为造轮船也，欲尽其制造、驾驶之术耳，非徒求一二人能制造、驾驶也，欲广其传，使中国才艺日进，制造、驾驶辗转授受，传习无穷耳。故必开艺局，选少年颖悟子弟习其语言、文字，诵其书，通其算学，而后西法可衍于中国"。十一月二十四日（1866年12月30日），清政府准左宗棠所奏的艺局章程。

时作为引领洋务运动新潮重地的福州，设立了洋务局，局内设英、法文翻译，设立洋税分局、船政局等政府机构。其中，船政局由中央政府直管。历任福州将军对设立船政学堂等新政给予了极大的支持，均以政府官员身份接见外国使节及船政引进教习。同治六年正月十五日（1867年2月19日），福州将军英桂上总理衙门《陈办理船政事》折报，"于十一月十七日开局，先行鸠工庀材，派委员绅和洋员督同砌岸筑基，缭垣建屋。习学洋技之求是堂，亦经开设，并选聪颖幼童入堂，先行肄习英语、英文"③。

---

① 沈葆桢（1820—1879年），1867年接替左宗棠任福建船政大臣，同治十三年（1874年），以钦差大臣职赴台办理海防，兼理各国事务大臣。

② 丁日昌（1823—1882年），清朝洋务运动主要人物，军事家、政治家。1875年9月任福州船政大臣，次年署理福建巡抚。

③ 船政文化网，《求是堂艺局的诞生》，http://www.czwh.org.cn。

是年，左宗棠因授钦差大臣督办陕甘军务离开福建，由沈葆桢继任福建船政大臣，他继左宗棠之志，建立了中国第一所近代海军学堂——求是堂艺局，并亲自主持了求是堂艺局的首次录取考试和考试制定、批阅试卷、录取学生等建局之事。并以"船政根本，在于学堂，因就马尾甄别法学艺童，随及英学艺童。既因其勤惰，分别升降；复定章程，每日常课外，令读《圣谕广训》《孝经》兼习论策，以明义理。其续招入局者，择其文理明通，尤择其资质纯厚者，以待叙补。以中国之心思，通外国之技巧；可也。以外国之习气，变中国之性情；不可也。且浮浇险薄之子，必无持久之功；他日于天文、算学等事，安能精益求精、密益求密！谨始慎微之方，不能不讲"①。

清代海军学堂幼童

五月初五（6月6日）求是堂艺局迁移到马尾并改名为船政学堂。时船政学堂分前学堂与后学堂，前学堂学法国造船技术，后学堂学英国航海技术，开设有法语、基础数学、解析几何、微积分、物理、机械学、船体制造、蒸汽机制造等课程。以后增设了轮机专业，设英语、地理、航海天文、航海理论学等课程。学习优异者选送法英留学。随后又创办绘事院和中国第一所技工学校——艺圃。艺圃分为艺徒学堂和匠首学堂，艺徒学堂培养中级技工，匠首学堂学制为6年，培养高级技工和技师。

船政学堂上课复原场景

赴英留学的船政学堂学生在英合影

---

① 台湾文献清史列传选，http://wenxian.fanren8.com/06/06/13/7.htm。

琴江水师旗营

中国留学生在德国埃森梅喷射击场实弹发射

上述学校通称为船政学堂,至光绪元年,这所在洋务运动中诞生的中国第一所培养造船、航海、电报、海军、铁路、外交、军事、文化领域各专门人才的中国首家现代军事学院、首家现代高等专业院校,历届毕业生已有659名,其中多人成为中国造船业中坚、清代海军高级将领,他们以学以致用的西方与东方文化结合体,服务于国家军事、工业、文化体系,推动了中国造船、电灯、电信、铁路交通、飞机制造等近代工业的诞生和发展,促进了中国近现代化进程。

1876年(光绪二年)4月,英国皇家海军爵士寿尔在参观了船政学堂以后写道:"这样一个学校的建立,使中国学堂有希望在将来采用电报设施。"[①]

中国电报教育事业之门即将在船政学堂开启。

船政学堂所在地马尾船厂全景

---

① 寿尔,《田凫号航行记》,译文引自《洋务运动》(八),上海书店出版社,上海人民出版社,2009年,第392页。

第二节　选派留美幼童学习电报

洋务运动兴起，同治元年（1861年）慈禧皇太后下旨，令总理衙门组织洋务派人士编制出版了中国官方第一本《英语集全》。在这本书中，系统地以英文介绍了国外社会管理制度的六部、士、农、工、商及各国人民文化，中国文化与西方文化由以往多在文学艺术方面的融合进入民众间文化融合的局面。

随着洋务运动的进展，中国国际事务日益增多，迫切需要一

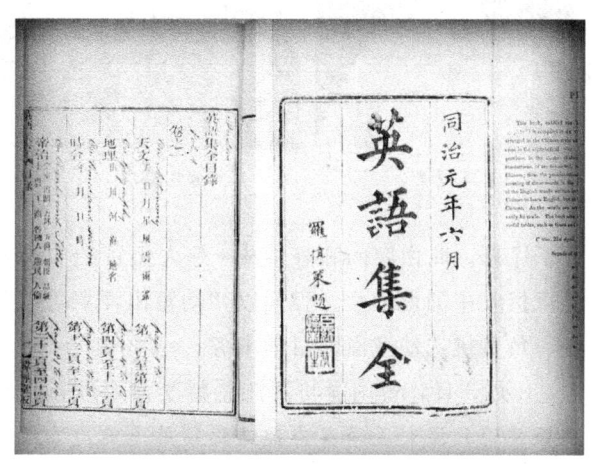

中国官方第一本《英语集全》

批掌握外国语言、了解外国情形的人才，虽然从同治五年（1866年）起，清政府分别于京师、上海、广州开办了同文馆或广方言馆，但远不能适应复杂的外交事务之需。

随着18世纪60年代中期洋务派主持的国家军事工业、民用企业的陆续创办，呈现出急需一批掌握国外先进科学知识和技术的科技人员之境况。"选派聪颖幼童赴外国学习各种科学技术，业成归来，在国内分科传授，中国便可以掌握西人之长技"[①]的创世之举，躁动于清王朝史无前例的改革大业腹胎之中。

同治九年（1870年），继福建创办船政学堂以后，中国近代史上首位留学美国的学生、中国近代早期改良主义者，誉为"中国留学生之父"的容闳[②]向曾国藩提出了"留学教育计划"的4项条陈，其中第二项为选派学生120名到外国去留学15年，以供国家日后之用。拟先派30名出去，如成绩优良，即可引以为例，按期选派。同时，留学生出洋应有中国教员一名随同前去，以便学生不致荒废本国文字，并另派监督两名以资照料。留学生之经费和出洋局之经费则可出之上海道库。此计划曾国藩非常赞同。

同治十年（1871年），清政府总理衙门在上海成立"总理幼童出洋肄业局"，此被曾国藩称为"中华创始之举，古来未有之事"，由国家官派学生留洋活动，至此拉

---

① 上海地方志，《上海侨务志》，第三节，留学。

② 容闳（1828年11月—1912年4月），1847年，在美传教士勃朗博士的带领下，容闳、黄胜、黄宽从上海出发赴美留学。

　　李鸿章　　　　　　曾国藩　　　　　　陈兰彬　　　　　容闳

开了序幕。时由容闳和陈兰彬①等人负责招收留美幼童，英美等国驻华公使亦表示愿意接收中国留学生。容闳以"幼童出洋肄业局"副委员之职，任留学事务所副监督，负责挑选幼童出国留学事务。

8月5日，曾国藩与两江总督李鸿章联衔向慈禧皇太后、同治皇帝汇奏，两江总督曾同北洋大臣李奏为拟选聪颖弟子前赴泰西各国肄习技艺以培人才恭摺仰祈圣鉴事。拟定的公派留学计划是：访选各省聪颖幼童，每年30名，4年共120名，分批搭船赴洋，15年后，按年分批回国效力。在此期间，政府负责全部开销，学成后听候总理衙门量才使用。

9月9日，慈禧皇太后批复："依议，钦此。"这4个字是清政府在史无前例的洋务运动中培养国家人才的重大决策，是洋务运动中为实现国家富强而殚精竭虑、苦心经营的国家重臣合力运作的重大成就，是培养信息与工业化管理人才的重大决策，是中国欲耳聪目明、图自强、崛起在世界东方的第一次起步。

是年，在上海山东路外万国公墓对面开办一所留美预备学堂（亦称"出洋局"），幼童在该学堂学习一年中文、英文，考试合格再赴美留学。② 学生须经考试入学，各学生之学费、食宿和零用完全由政府供给。1872年开始招收幼童，招生条件十分严格：凡是留学者必须身家清白，品貌端正，禀赋厚实，素质明敏方可入选。身体羸弱及有疾者概不收录。后来考虑留学人员为国效力的有效时间，特规定留学学生的年龄在10~15岁之间。

当时挑选留美幼童颇费周折。西风初来，欲突破中国几千年来"可怜天下父母心""父母在，不远游"之观念，跨洋越海，到一个陌生的国度去，对于学童和家长来说并非易事。陈兰彬、容闳为之多方奔波周全，直至1872年（同治十一年）8月11日，方招得首批留美幼童。

是年，清政府在上海成立"幼童肄业局"，任命陈兰彬、容闳为"肄业局"的正副委员，首批30名幼童在上海招商总局大楼前留下一张合影，踏上赴美留学的路程。

---

① 陈兰彬（1816—1895年），晚清大臣，学者，首任中国驻美公使。
② 上海地方志，《上海侨务志》，第三节，留学。

第二章 中国电报教育事业肇起

至光绪元年（1875年），清政府先后选派4批幼童120人从上海送往美国留学，其中有18人是上海籍。

光绪七年（1881年），由于电报事业急需用人，在留美学生回国的前半年，李鸿章电告驻美公使陈兰彬，转请容闳速在幼童中"择其颖悟纯静，尚未入大学院者20人，令速赴各处电报馆游历，讲求电学"①。当首批留美幼童回国的消息传来时，李鸿章欣喜非常，他上奏清政府：头批学生21名均送电局学传电报，二、三批学生内由船政局、上海机器局留用23名，其余50名经臣札饬津海关道周馥②会同机器、电报各局逐加考验，分拨天津水师、机器、鱼雷、水雷、电报、医馆等处学习当差。③因此，头批21名回国学生均送往津沪电报局。二、三、四批由福建船政局、江南制造局留用23名，50名分拨电报、天津水师、机器、鱼雷、医馆等处。

留美幼童出洋前在招商总局前合影

与工技人员在京张铁路验道专车前合影
詹天佑（前右三）　方伯梁（前左四）

清代，留美幼童在电报业任职的有：唐绍仪曾任邮传部副部长，朱宝奎④曾任邮传部左侍郎，周万鹏⑤、唐元湛、袁长坤、梁丕旭等人曾任全国（上海）电报总局局长。另有多人成为全国各大电报局局长，为中国电信事业的开山之

---

① 《清末留美幼童与电报》，邮电文史通讯，总第21期。
② 周馥（1837—1921年），历任永定河道、津海关道、天津兵备道、山东巡抚、直隶按察使、兵部尚书、两江总督兼南洋大臣，曾会办电报局事务，经手创办北塘至山海关电报线。
③ 中国史学会主编，《洋务运动》（二），上海人民出版社，1961年，第167页。
④ 朱宝奎（1861—1926年），由盛宣怀推荐公费去美国留学，攻读邮电专业，归国后任上海电报总办、邮传部左侍郎等职。
⑤ 周万鹏（1864—1928年），1874年，周万鹏被清政府选为留美学童，前往美国纽约州曲老理科大学学习电报。1881年毕业回国，至天津电报学堂学习电报工程。光绪八年（1882年）毕业后，先后任清江、汉口电报局领班，上海电报局总管、会办、总办，并兼任中国电报总局提调和襄办，升任中国电报总局（后改为电政局）总办后，仍兼上海电报局总办。

建而工作。如湖北省电报局局长陶廷赓、恰克图电报局局长和满洲里电报局局长程大业、江西省电报局局长吴焕荣、汉口电报局局长方伯梁。在建设中国第一条铁路——京张铁路——时，方伯梁负责主持架设京张铁路的电信线路，与詹天佑一起，为创建中国铁路事业作出了贡献。

梁敦彦

唐绍仪

黄开甲

陈金揆

周万鹏

周传谏

吴应科

蔡绍基

时担任电报局局长及服务电报业的还有容尚勤、卓仁志、李恩富、曹茂祥、吴焕荣、薛有福、陈金揆、潘斯炽、冯炳忠、梁丕旭、周传谏、黄开甲、梁敦彦、吴应科、蔡绍基、林联盛等。以上回国后在电报界任职的留美学童，是中国清代初萌通信业中披荆斩棘的一代人，是清代创建中国电信事业的中坚力量。他们以在国外所学的知识忠贞报国，毅力坚强地"躬冒瘴疠历于山嵩榛莽间，解装露卧，辍粮忍饥，历程万里"[①]，在祖国的大地上跋山涉水，是建设中国电报骨干网的中坚力量，他们当中亦有多人成为清末和民国社会历史的风云人物，他们的人生，正如原中国航空工业总公司科学技术委员会常务委员兼秘书长、北京航空航天大学顾问、教授梁赞勋在《中国留美幼童的遗产》一文里所论述的：

120位中国幼童留学美国，是中国现代化征程上的一次远航，是长期闭关自守

---

① 《宝山县志再续志载》。

的中国在教育、文化领域打开窗户，走向世界，救国图强的一声号角。他们漂泊在风云变幻的岁月，胸怀报国之心，奋斗不息，尽管每个人的际遇不同，在世修短各异，贡献大小不一，也不排除有个别人因时代和认识的局限而走过弯路，但这个团队作为一个整体，他们的人生之旅、开拓之旅，为当时垂危的祖国走向现代化，寻求振兴之路，做出了许多重要的贡献，创造了、也为我们提供了一笔十分宝贵的精神财富，足以供后人从中汲取营养，努力把它发扬光大。

第三节　开设福州电报学堂

光绪元年十二月（1875 年），为建设台湾电报线，清政府批准福建巡抚丁日昌在船政学堂附设中国第一家电报学堂，培养自己的电报人才。①

次年 3 月，丁日昌派唐廷枢②与丹麦大北公司签订《通商局延请丹国电线公司教习学生条款》。聘请大北电报公司恒宁生③任电报技术教习，代为训练电报技术人才。

唐廷枢——中国四大买办之一

时福州电报学堂又称电气学塾或电报学堂，学生分为两类：一是船政学堂已具有数理基础的学生、第一届制造班毕业生，如苏汝灼、陈平国等；二是约占 80% 的从广州、香港招收的懂英语的学生。当年三月十四日（4 月 8 日）学堂开学，延请洋教习 3 人，帮办教习 2 人，设两个电报生班和一个预备班。课程除了英语外，还有实用电报学、电学和电磁学。开设竖桩、建线、报打、书记、制造电气等，学制为一年，这是中国开办的第一所电报学堂，培养电报技术人才的电信教育事业因此开山。

电报学堂注重学生现代科学技术理论学习，强调实践性的操作实习。如福州罗星塔一段的电报线路就由学生操作。学校督办在 11 月写道："学生在短期内学会了各种

---

① 福州电信编纂委员会，《福州电信志》，2000 年，第 4 页。
② 唐廷枢（1832 年 5 月—1892 年 10 月），中国近代历史上著名的洋行买办，1873 年应北洋大臣、直隶总督李鸿章之请，出任轮船招商局总办，为洋务派的官僚企业实施官督商办、办理福建洋务等，其去世时，十三国驻津领事馆在公祭日下半旗志哀。
③ 恒宁生即亚科布·亨宁森（J. Heningson，1849—1913 年），丹麦人，上海大北电报公司总经理。曾于 1874 年以丹麦大北电报公司代表的身份来闽，筹设福州至罗星塔（马尾军港）电报线，为表彰恒宁生对中国电报事业的功劳，清政府特授予他四等宝星章。后恒离开大北回到丹麦，开办了亚洲商业公司（Asiatic Trading Company），其著有几部记录清末中国的书籍，如《天朝：中国概略》（Det himmelske rige：Skitser Fra Kina，1887 年）、《中华志：中国人的类型和梗概》（Djungrhua dji：Kinesiske typer og skitser，1894 年）、《邦交七·瑞典、挪威、丹墨、荷兰、日斯巴尼亚、比利时、意大利》。

丁日昌与电报学堂教习学生合影

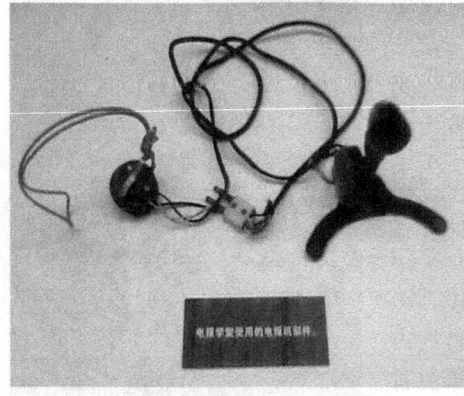

福州电报学堂的电报教学机件

电报工分内的操作知识,有些还能熟练地发明码电报。"① 一年学习期满,学生们"其竖桩、建线、报打书记、制造电气等艺,多已通晓",除酌留电局打报外,"余候拨往台湾遣用"②。如苏汝灼、陈平国就承担了建设中国第一条台湾电报线的工程设计、建造、监督的全部工作。这种教育模式日后演变为电信系统传统的职业教育模式,电信业凡开办训练班,教员皆为各工种岗位技术、业务优秀者担任,学制为半年,为电信网络的正常运转培养了熟练、可靠的技术工人。随后开设电报教育的,还有天津水雷学堂,光绪三年(1877年)五月,李鸿章复信丁日昌,"此间(指天津)水雷学堂兼习电报诸童颇有进益,昨将东局至敝署十六里内试设电线,需费数百元,使闽粤学生司其事,能用浅俗英语及播出华文,立刻往复通信,洵属奇捷。"③

福州电报学堂先后招两班学生,每班70人,到光绪八年(1882年)共培养出专业电信人员140人。他们毕业后分派到全国各地④,培养新的电信人才,架设各地电报线路。

附:福州马尾船政前学堂制造班历届毕业生名单

  魏 瀚 陈兆翱 郑清濂 林怡游 李寿田 吴德章 杨廉臣
  陈林璋 罗臻禄 池贞铨 林庆升 梁炳年 张金生 林日章
  陈季同 郑 诚 汪乔年 游学诗 林钟玑 陈平国 苏汝灼

附:福州电报学堂学生名单(由中国船政文化博物馆提供)

  苏汝灼⑤ 陈平国 林钟玑 林 森⑥(后转入台湾电报学堂)

---

① 福州市档案局,《中国最早的电报学堂》。
② 《台湾海防档》(三),电线,第469页。
③ 李鸿章,《李文忠公全集·奏稿》,光绪十七年七月二十八日奏折。
④ 陈道章,毕业于福建协和大学,马尾区政协副主席,福州市科协副主席,本处引注见其《船政与中国电信》。
⑤ 苏汝灼,后任台南电报局委员、候选县丞。
⑥ 林森(1868—1943年),于台北电报局工作,后任国民政府主席等职。

第三章

中国电报事业开山创建

光绪三年（1877年），由清政府批准建立的台湾南北电线竣工，这是中国自主建立的第一条电报线。

光绪六年（1880年），清政府以"南北洋必须消息灵通，以期无误军机"之要，批准建立中国第一条公众电报线路——津沪电报线，电信行政管理与业务运营体制由此建立。

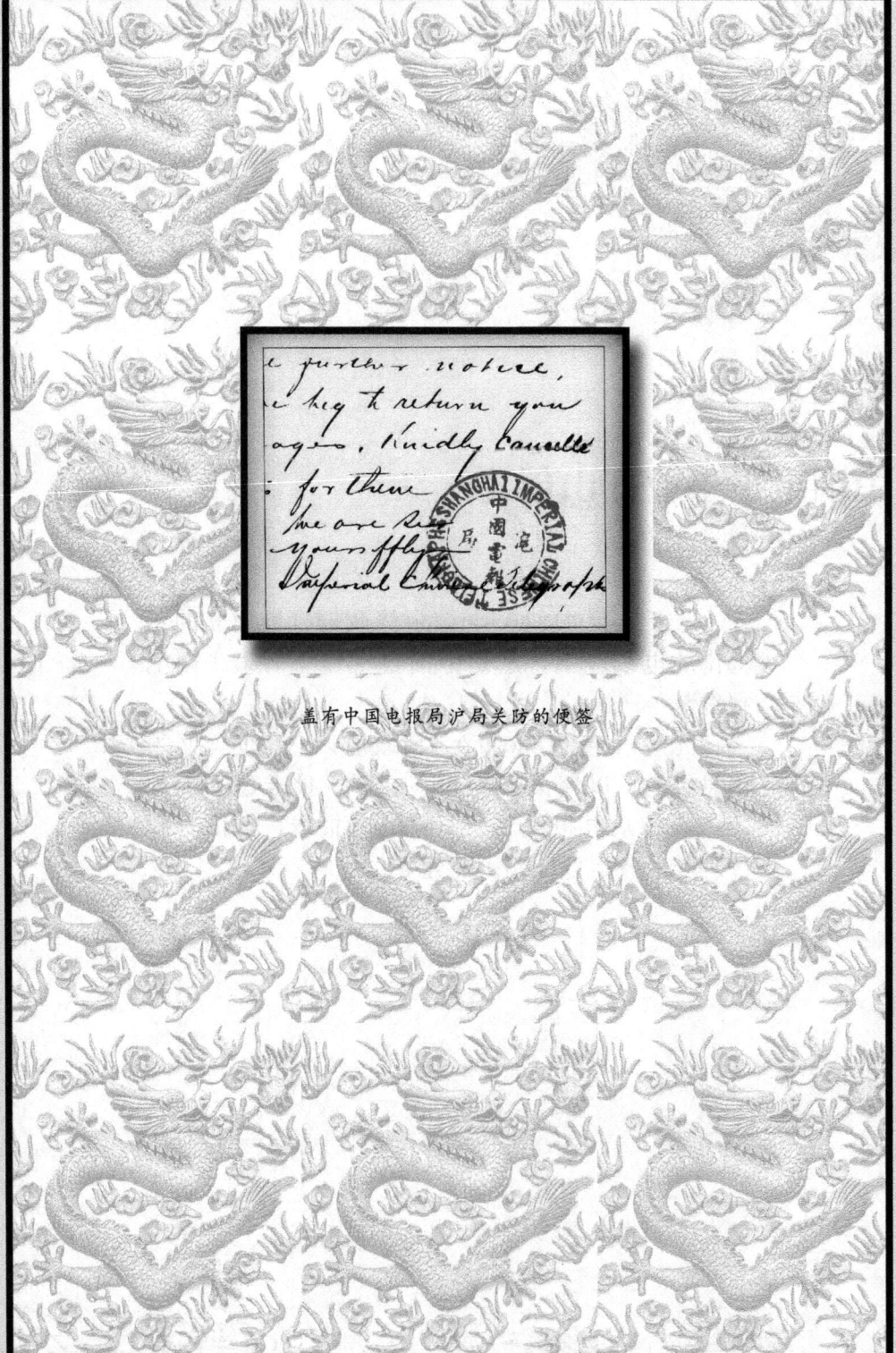

盖有中国电报局沪局关防的便签

第三章 中国电报事业开山创建

第一节 建立台湾电线

19世纪70年代,台湾以其"台洋之险甲诸海疆"之位,与清代洋务运动息息相关。

康熙二十三年(1684年),清政府在台湾设一府(台湾府)三县〔台湾县(今台南)、凤山县(今高雄)、诸罗县(今嘉义)〕,隶福建省,并在台湾设巡道一员,总兵官一员,副将两员,兵八千。在澎湖设副将一员,兵两千。从此,台湾领土海疆正式纳入大清王朝多民族、大一统版图。

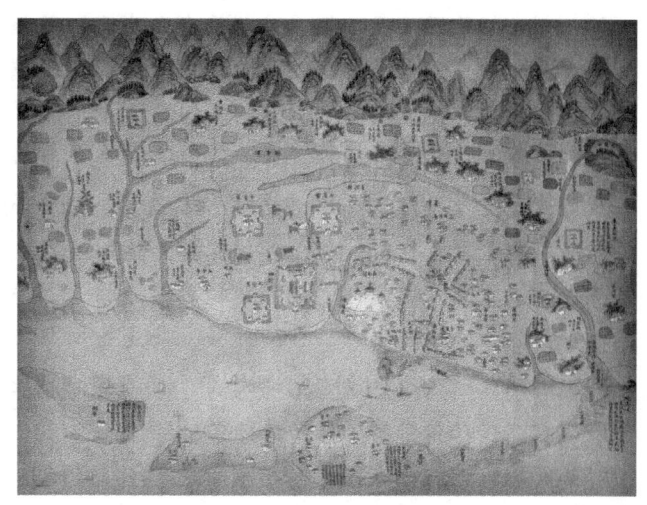

康熙统一台湾舆图

道光朝起,处于内外交困之中的清政府危机重重。内有各种以宗教名义发起的内乱,外有英军入侵的鸦片战争,时西北领土被沙俄、英国虎视眈眈,西南、云南有英国累起事端,东南领土海疆亦为列强涂炭和垂涎,国家领土遭到严重威胁。

同治元年,慈禧皇太后启动中国数千年之变的"同治中兴"洋务运动之源,在淡水、台湾(安平)两口设关开市,后又增加鸡笼、打狗(高雄)两个外口。四年(1866年)起,因南洋通商大臣由两江总督李鸿章兼任,台湾的建设在李鸿章、沈葆桢等洋务派领军人物的主持下运行。

同治十年(1871年),琉球人避风台东,与当地土著牡丹社发生冲突并造成流血事件。船上69人当中3人溺死,54人被本地人杀害,仅12人生还回国,史称牡丹社事件。翌年日本小田县人漂流至卑南被劫。然而,李鹤年并未将此事上报清廷。

同治十三年(1874年)2月,日本政府成立"台湾生番探险队",并在长崎设立侵台军事基地与台湾番地事务局,3月,此情由英国使臣威妥玛致函报总理各国事务衙门:现准住日本国之英国使臣由电线(电报)移知,知日本兵赴台湾沿海迤东地方,有事生番,并询及生番居住之地系隶中国版图,总理衙门回报台湾生番系中国版图。尔后英、法、日等国使臣及中税务司赫德先后到总理衙门面述此事。总理衙门即函致南北洋大臣、闽浙总督、福州将军确切探访后,上报实情,并上奏同治

43

帝。三月二十九日同治帝下发懿旨：

总理各国事务衙门奏日本兵船，现泊厦门，请派大员查看，日本国使臣。上年在京换约时，并未议及派员前赴台湾生番地方之事，今忽兴兵到闽。声称借地操兵。心怀叵测。据英国使臣函报。日本系有事生番。并据南北洋通商大臣咨覆。情形相同。事关中外交涉。亟应先事防范。以杜衅端，李鹤年于此等重大事件。至今未见奏报。殊堪诧异。生番地方。本系中国辖境。岂容日本窥伺。该处情形如何。必须详细查看。妥筹布置。以期有备无患。著派沈葆桢带领轮船兵弁。以巡阅为名。前往台湾生番一带察看。不动声色。相机筹办。应如何调拨兵弁之处。著会商文煜、李鹤年及提督罗大春等，酌量调拨。至生番如可开禁。即设法抚绥驾驭。俾为我用。藉卫地方。以免外国侵越。并著沈葆桢酌度情形。与文煜李鹤年等。悉心会商。请旨办理。日本兵船到闽后。作何动静。著文煜、李鹤年、沈葆桢。据实具奏，南北洋如探有确耗。并著李鸿章。李宗羲。随时咨明总理各国事务衙门核办。原摺均著钞给阅看。将此由六百里各密谕知之。①

福建船政大臣沈葆桢奉旨带领轮船、弁兵以巡阅为名，前往台湾相机筹办②与日谈判及办理台湾海防事务。

沈葆桢奉旨到台后，一面向日本军事当局交涉撤军，一面着手布置全岛防务，在府城于澎湖等处增建炮台③，安放西洋巨炮；命福州船政扬武、飞云、安澜、清远、镇威、伏波六舰常驻澎湖，另有福州水师营福星一号驻台北，万年一号驻厦门，济安一号驻福州。同时，筹划建设环岛电报线，以利沟通问题及海防信息。四月二十九日沈葆桢上奏"会筹台湾大概情形"：台洋之险甲诸海疆，欲消息常通，断不可无电线。计由福州陆路至厦门、由厦门水路至台湾，水路之费较多，陆路之费较少。

五月初一日，总理各国事务衙门向沈葆桢送达同治帝谕旨：所请设电线通消息，亦着沈葆桢等迅速办理④。十月，中日双方谈判签订《北京专约》：日本国明治七年十二月二十日日本国全行退兵，中国则于同治十三年（1875年）十一月十二日付给日本银50万两，均不得愆期之约定，日本侵台事件历经3年处理完毕。同治帝发下谕旨：此次退兵。原不可恃。沈葆桢等惟当于此时力图自强之策。以期未雨绸缪。庶几有备无患。⑤

十月底，同治帝生天花，命军机大臣李鸿藻⑥恭代批答章奏。十一月初，同治

---

① 《清实录同治朝实录》卷之三百六十四。
② 《清穆宗实录》卷三六四，同治十三年三月二十六日。
③ 澎湖炮台，位于台湾澎湖县西屿乡，是清军重要驻地，现为台湾著名古迹。
④ 沈葆桢等会奏，《遵旨会筹台湾防务大概情形折》，船政奏议汇编，卷十。
⑤ 《清实录同治朝实录》卷之三百七十二。
⑥ 李鸿藻（1820—1897年），同治元年，擢侍讲，深受西太后信任，累迁内阁学士，署户部左侍郎；光绪二年，命兼总理各国事务衙门，历任礼部尚书、协办大学士，调吏部尚书；光绪二十三年以病乞假，旋卒，年七十八岁，予谥文正，赠太子太傅，入祀贤良祠。

帝病重，下发谕旨：唯朕躬现在尚难耐劳。自应俯从所请。但恐诸事无所禀承。深虞旷误。再三吁恳两宫皇太后俯念朕躬正资调养。所有内外各衙门陈奏事件。呈请披览裁定。仰荷慈怀曲体。俯允权宜办理。朕心实深感幸。将此通谕中外知之。①

时年四旬的慈禧皇太后出政主理国家大事。十一月十五日以后，沈葆桢以"思全台后山除番社外，无非旷土。迹者南北各路虽渐开通，而深谷荒埔人踪罕到，有可耕之地，而无入耕之民"先后上奏《请移驻巡抚折》《台地后山请开旧禁折》：台地向称饶沃，久为他族所垂涎。今虽外患渐平，旁人仍眈眈相视，未雨绸缪之计正在斯时。而山前山后，其当变革者，其当创建者，非十数年不能成功；而化番为民，尤非渐渍优柔不能浑然无间。与其苟且仓皇，徒滋流弊，不如先得一主持大局者，事事得以纲举目张，为我国家亿万年之计。② 奏请慈禧皇太后办理开山招垦和驻防等事宜。

巡台御史六十七《番社采风图》之（左）捕猎（右）农耕

对此类奏折，慈禧皇太后均当即下发谕旨：谕军机大臣、沈葆桢等奏台湾近日情形。并淮军到台一折。日本兵船尚未退出台湾。刻下退兵章程。业经定议。惟此后海防各事宜。亟须认真讲求。以期有备无患，现在淮军三起。均抵澎湖。应如何分扎要隘之处。仍著沈葆桢等酌度情形。妥为布置。其南北开路以及郡城修筑炮垒各事。并著该大臣等悉心经理。毋得以日本事已办结。稍形松劲。著沈葆桢、文煜、李鹤年、王凯泰、潘霨、饬令派出各员设法招徕。随时抚恤。招垦事宜。仍须商同罗大春认真筹画。台郡城工。业已过半。安平炮台。现拟设于三鲲身地方。一切工程。沈葆桢等务当悉心经画。毋得畏难思阻。将此由五百里密谕沈葆桢、文煜、李

---

① 《清实录同治朝实录》卷之三百七十二。
② 沈葆桢等会奏，《遵旨会筹台湾防务大概情形折》，船政奏议汇编，卷十。

鹤年、王凯泰。并传谕潘霨知之。①

在军机处的部署下，清军官兵跨海赴台，与驻台官兵分别奔赴台湾东西之间的北、中、南山区"抚番开路，深入穷荒，披斩荆棘，冲犯瘴疠，通从古以来未开之途，蹈六合以内绝奇之险，其劳瘁艰苦过于军营"，但是官兵们勇往直前，署台防同知袁闻柝②，首率一旅，随山凿石，曲达卑南，草宿半年，纡途百折，舆病冒险，番族输诚；参将衔、浙江温州右营游击王开俊，移营风港一带，抚绥番社，以通后山；福建陆路提督罗大春③奉命到台，即赴北路调集各军十三营官兵，深入荒陬，由苏澳至歧莱，计开路二百余里；通路后，台湾进入开发建设期，当年仅宜兰地区就垦荒800甲（台湾计算田土面积的基本单位）。可开垦荒地，几乎开垦殆尽。北路竣工后，罗大春嘱咐僚属勒石立碑，以为纪念④。罗还捐资在苏澳地区兴办义学，开台北兴学教化之先河。为"淡、兰文风为全台之冠"⑤打下了良好的基础。《台湾通史》对此评价道：开山之役，为台大事。而能卒观厥成者，则沈葆桢创立之功，而闻柝、大春、光亮疏附之力也。

光绪元年（1875年），沈葆桢调任江西总督兼南洋通商大臣。9月，丁日昌上任福州船政大臣，次年署理福建巡抚。沈葆桢致函闽省，与丁商议收买福厦电线及罗星塔电线之事：电线价值昂贵，诚如尊谕所云，但彼有挟而求，较诸寻常议购议办工程，自难一律。续得丁守来信，罗星塔电线从前议价四千元，今忽索七千余元。诘以何以前后歧异？则云前谓福、厦电线可由外国办理，故罗星塔一节情愿减价相让；今则两处俱购归中国，无可生发，不能不索足原价。其鄙诈，殊非人情，而局员与之反复辩论，舌敝唇焦，牢不可破。然所争之数，亦复无多。惟福、厦电线造成后，需局费每年3万元，3年方能传授清楚；则未免过于离奇。已函嘱丁守：船政中张令斯桂、张倅斯栒兄弟颇熟电学，可邀与商酌。如能收回自造，所费不及半；即须伊教导，亦当不至3年。看丁守复书如何，再当驰闻，以凭核夺。⑥

主政台湾的丁日昌全面开始了台湾近代化的建设："轮路（海上运输）、矿务、电线（有线电报）三者，必须相辅而行，无矿务则轮路缺物转输而经费不继，无电线则轮路消息尚缓而呼应不灵。"并主张建设自我掌控的主权电报，"倘于理有窒碍

---

① 《清实录同治朝实录》卷之三百七十二。
② 袁闻柝（1821—1884年），历任同知、台湾知府、福建宁府知府等职，史赞其"自恒春以至埤南、水尾、以迄花莲港、南北八百里、咸沐王化，实自闻柝始也"。
③ 罗大春（1833—1890年），因军工授予"冲勇巴图鲁"称号，誉为晚清"中兴名将"。历任参将、总兵、福建陆路提督、福建船政轮船统领、福建水师提督、湖南提督、福建建宁总兵等职。在中国近代海军发展及台北开发史上立下卓越功勋。
④ 史称苏花古道，历经一百三十九年这块石碑仍然保存良好，民众在碑石前放置香炉，加以祀奉。碑文经过漆金，字句清晰可读，现为台湾著名古迹之一。
⑤ 沈葆桢，《台北拟建一府三县折》，光绪元年六月十八日。
⑥ 《清季台湾洋务史料》，第7页。

难通之处,即翻译泰西《电报全书》以穷奥妙,或短期雇用一二洋人,将来把洋字改译为汉字,作"通报军情,货价之用;然后我用我法,遇有紧急机务,不致漏泄"。① 他继沈葆桢建设台湾电报线之事,亲自与丹麦大北公司交涉,收买了原计划用于由福州至罗星塔②的电线,作为架设台湾电报线所用。

李鸿章完全支持丁日昌的建议,他指出:"至铁路电线二者互为表里,无事时,运货便商,有事时调兵通信,功用最大。丁日昌到台后迭次函称该处路远口多,防不胜防,非办铁路电线不能通血脉而制要害,亦无息各国之垂涎,洵笃论也。"③

光绪三年(1877年)三月二十五日,丁日昌上奏《将省城前存陆路电线移设台湾并拟学生专司其事片》:电线一件,所以达要报而速军情,为用至明,台湾南北路途相隔遥远,文报艰难,设立电线,尤为相宜。臣现拟将省城前存陆路电线移至台湾,化无用为有用,一举两得。并拟即派学生六品军功苏汝灼、陈平国等专司其事,定于4月开工,先向旗后④造至府城,再由府城造至鸡笼⑤。

慈禧皇太后就此奏下发谕旨,命丁日昌:办理矿务电线情形。鸡笼等处煤磺各矿。业经办有头绪。仍著饬令道员叶文澜。悉心讲求。广为开采。以裕利源台湾拟设电线。以通文报并著妥为筹办。将此由六百里各谕令知之。⑥

时之所以选择台南至旗后至安平,其主要原因为安平是清代台湾驻军重地。据《台湾通志》《府治》载:南北千有余里,越港即水师安平镇;又有七鲲身,沙线潮平可通

清军水师营鹿耳门驻防

安平港内,为水师战艘,商民舟楫止宿之地。港名鹿耳门,出入仅容三舟,左右皆沙石浅淤,此台湾之内门户也。衡渡至澎湖,岛屿错落,港泊有南风、北风二者殊澳,此台湾之外门户也。然台湾之可通大舟者,尚有南路之打狗及东港,北路之上淡水⑦,总之台湾三路,俱可登岸;而惟鹿耳门为用武必争之地者,以入港即可夺

---

① 《清季台湾洋务史料》,第27页。
② 罗星塔,清军福州水师停泊战船之军港。
③ 《李文忠公奏议》,卷八,第7页。
④ 旗后,今高雄市旗津区,在此设有海关、电报局、炮台等,是清驻军要地之一。
⑤ 鸡笼,基隆古名鸡笼,光绪元年(1875年)设基隆厅,将鸡笼改为基隆,其含意是"基地昌隆"。
⑥ 《清实录光绪朝实录》卷之五十。
⑦ 淡水,现台湾新北市西北沿海,历史上曾经是台湾第一大港,也是西方文明在台湾北部散播的起点。

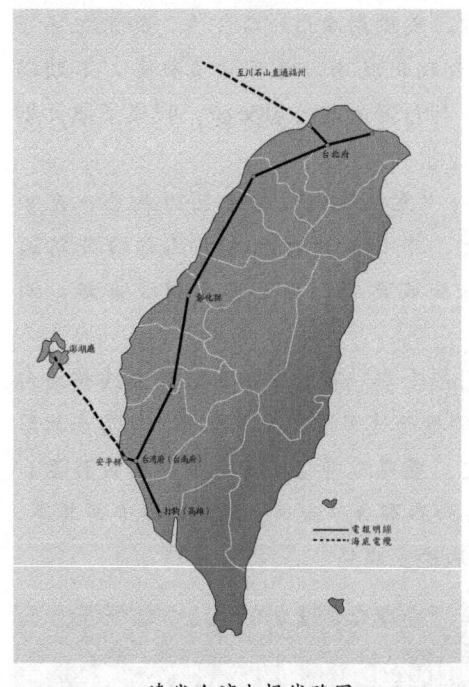

清代台湾电报线路图

安平，而扼府治也。夺安平而舟楫皆在港内，所以断其出海之路；扼府治，则足以号令南北二路，而绝依附之门。故一入鹿耳门，而台湾之全势举矣。或云：鹿耳门为天险门户，而又上设炮台，防亦密矣。①

七月，一条全长约54公里，一由郡局达安平镇海口、一由郡局至旗后的电报线路工程开工架设。丁日昌命游击（清军部队武官职）沈国光负责，苏汝灼、陈平国、林钟玑担任架线工程技术，落实由福建船政派马尾船厂建造的"飞云号"运电线及电器材料到台湾。台湾电报线建设亦备受李鸿章关注，五月，李鸿章覆信给福建巡抚丁日昌提到：此间（指天津）水雷学堂兼习电报诸童颇有进益，昨将京局至敝署十六里内试设电线，需费数百元，使闽粤学生司其事，能用浅俗英语及播出华文，立刻往复通信，洵属奇捷，闽中学堂已散，台地电报将如何试造，幸速筹办，俾可逐渐推广。②

九月初五，全线建设完工。这条台湾电线是经清政府批准建立，并自主管理的中国第一条电报线路。这条电报线路引起了国际国内的广泛重视。英文《北华捷报》刊登文章写道："打狗地方（即高雄）已建立了电报，并由中国人掌管。这些都是在福建巡抚丁日昌在任时的措施，他确实打算大规模经营并开发台湾资源。"③ 此条线路的建成由连横④在其所撰《台湾通志》卷之十九中记载：同治十三年牡丹之役，钦差大臣沈葆桢治军台南，奏请架设电线，以速军情。乃由丹麦国人德勒耶揽办。光绪三年，巡抚丁日昌议由台南府城至凤山之旗后，先行开办，饬游击沉国先率福州船政电报学堂学生苏汝灼等，以七月初十日自郡起工，九月初五日告成。凡二线：一自郡治达安平，一达旗后，计长九十五里。是为南路电线之始。

台湾电线的建成是清代洋务运动的重要成就之一，开创了中国电信业的辉煌开篇。中国自主建设电线由此起步。

---

① 清，薛绍元篆，《台湾通志》。
② 李鸿章，《李文忠公全集·朋僚函稿》，上海古籍出版社，1995年，第239页。
③ 《中国陆路商务导报》，1878年12月5日，卷21，第548～549页。
④ 连横（1878年2月—1936年6月），历史学家，著有《台湾通史》《台湾诗乘》《剑花室诗集》。

第二节　请设南北洋电报线

《中美五口通商章程》条约在澳门望厦村签订

自广州、厦门、福州、宁波、上海开放为沿海通商口岸后，天津、汉口、南京、九江津等地亦相继开放为通商口岸。清政府分设南北洋大臣管理口岸事务。

南洋大臣：

《南京条约》订立后，设置南洋大臣，称五口（广州、厦门、上海、宁波、福州）通商大臣，由两广总督兼任。咸丰八年（1858年）改由两江总督兼任，一度曾由江苏巡抚兼任。咸丰十年十二月（1861年1月），置三口通商大臣，并沿鸦片战争以来旧例，设立五口通商大臣，列于总理各国事务衙门之下，驻上海，管理广州、福州、厦门、宁波、上海及潮州、琼州、淡水各通商事务及各项"洋务"，由江苏巡抚兼任。后改称南洋通商大臣。同治四年（1866年），以两江总督李鸿章兼任。其后江督例兼遂成定制。同治十二年（1873年）以后两江总督兼任成定例。南洋大臣先后由湘系集团的曾国藩、曾国荃[①]、左宗棠、沈葆桢、刘坤一等专任40余年，职掌除交涉、通商、海防外，还训练南洋海陆军，兴办工矿交通事业，但局限于两江一带。

北洋大臣：

咸丰十一年（1861年），清政府设总理各国事务衙门，下设三口通商大臣及五口通商大臣，负责处理对外通商（包括外交）事务。三口通商大臣驻天津，管

---

① 曾国荃（1824—1890年），曾国藩的九弟。因军"有功"赏"伟勇巴图鲁"名号和一品顶戴，加太子少保，封一等伯爵。同治间，与郭嵩焘等修纂《湖南通志》。历任陕西、山西巡抚，署两广总督，署礼部尚书，两江总督兼通商事务大臣，加太子太保衔。

理牛庄、天津、登州三口通商事务。开始是专职，首任大臣是崇厚①。同治九年（1870年）改三口通商大臣为北洋通商大臣，简称北洋大臣，由直隶总督兼任。管理直隶（今河北）、山东、奉天（今辽宁）三省通商、洋务，办理有关外交、海防、招商、电报、煤矿、铁路以及训练北洋海陆军、统辖海关关税等事务。第一任北洋大臣是李鸿章，专此职28年之久。担任过北洋大臣的有王文韶、荣禄、袁世凯②等。

南北洋事务受到清政府高度重视，皇帝亲自召见各国驻华大臣、外国客商，并制定了对外国工商人士奖励制度，同时派出钦差大臣前往南北洋视察工作。

清醇亲王载沣一行在上海南京路

时南北洋各开放口岸城市，呈现出西方文明勃起的社会生活状态，正如学界所述：

尽管主要通商口岸的开放是外力强迫的结果，与之相伴随的一系列不平等条约都严重损害了中国的主权。然而，开放通商口岸的影响，并非全是负面的、消极的。③

道光二十二年（1842年）以来，沿海沿江通商口岸的渐次开放和国内外贸易的发展，给中国经济面貌带来了深刻的变化，已将中国各地从以前相对封闭、自给自足的经济状态带入世界经济体系，并开始了现代化的进程。在这一现代化进程中，沿海沿江口岸城市起到了现代化的示范者和辐射源的作用，而口岸城市和其腹地的

---

① 完颜崇厚（1826—1893年），道光年间举人。咸丰十一年（1861年）充三口通商大臣，办洋务。同治年署直隶总督。

② 袁世凯（1859—1916年），清廷重臣、北洋军阀领袖。

③ 吴松弟（复旦大学中国历史地理研究所教授、博士生导师）、戴鞍钢（上海复旦大学历史地理研究所教授），本处引注刊载于郑州大学学报《近代开埠城市与区域发展研究》一文，哲学社会科学版，2006年11月。

双向经济联系形成的港口——腹地体系，促使商业联系、交通格局、区域发展、城市经济诸方面都发生了根本性的变化，从而形成全新的经济格局，并一直维持下来。①

在这一现代化社会的新格局下，广州、福州、上海、天津执南北洋之牛耳，带动和改变着中国社会之格局。至19世纪70年代末，各口岸城市经济发展迅速，文化勃兴，社会生活方式发生变化，经济的发展与文化的沟通带来了南北洋口岸城市之间的通信需求。

光绪三年（1877年6月15日），李鸿章在上海行辕架设电报线至江南机器制造局。这是中国第一条地方政府军政电报专用线。

光绪五年（1879年），李鸿章命天津机器局电报学堂师生在天津老城和北塘大沽口炮台之间

外商在广州十三行建立商馆

上海租界工部局

架设了一条长约60公里的电报线。之后又在天津东机器局和直隶总督②衙门之间架设了一条长达6.5公里的电报线。这两条电报线架设后所带来的信息沟通之便利和快捷，为建设南北洋电报线积累了经验和依据。

时任署天津河间兵备道的盛宣怀亦就建立南北洋电报线进言于李鸿章："宜仿轮船招商之例，酾集商股，速设津沪陆线，以通南北两洋之邮，遏外线潜侵之患；并设电报学堂，育人才，备任使。"③ 鸿章韪之。

光绪六年（1880年）8月12日，李鸿章向慈禧皇太后、光绪皇帝奏请建设南北

---

① 吴松弟（复旦大学中国历史地理研究所教授、博士生导师）、戴鞍钢（上海复旦大学历史地理研究所教授），本处引注刊载于郑州大学学报《近代开埠城市与区域发展研究》一文，哲学社会科学版，2006年11月。

② 直隶总督，为清朝九位最高级的封疆大臣之一，总管直隶、河南和山东的军民政务。而由于直隶省地处京畿要地，因此直隶总督被称为疆臣之首。

③ 赵尔巽主编，《清史稿》，志一百二十六，交通三·电报。

洋之间电报线。这个奏折，以官方文件正式将"电线"称为"电报"，是中国通信历史上第一个重要文本。在这个奏折里，说明了电报的重要性，已经做过的电报试验如何，办电报的资金从哪里出，电报的发展走什么路，电报的技术人员从哪里来等，可以说是事无巨细，一概都已考虑周全。

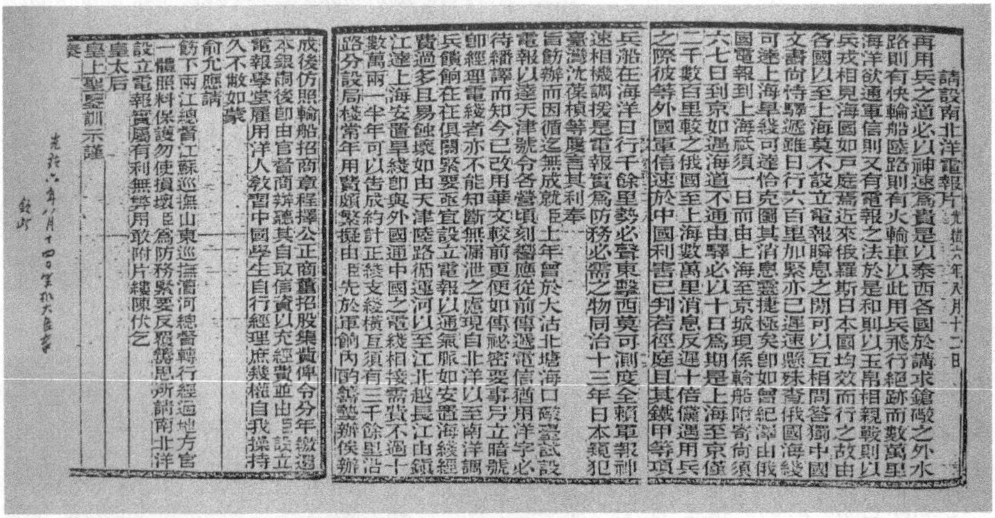

李鸿章《请设南北洋电报片》

这份奏折既是一份完美的"可行性电报项目筹划书"，又是一份中国古代通信史的总结和近代通信史的开先河之篇。现将这份1880年的奏折（本文加标点符号，以便读者阅读）抄录如下，以飨读者。

请设南北洋电报片①

光绪六年八月十二日

在用兵之道，必以神速为贵。是以泰西各国于讲求枪炮之外，水路则有快轮船，陆路则有火轮车，以此用兵，飞行绝迹而数万里，海洋欲通军信，则又有电报之法。于是和则以玉帛相亲，战则以兵戎相见，海国如户庭焉。近来俄罗斯、日本国均效而行之，故由各国以至上海莫不设立电报，瞬息之间可以互相问答。独中国文书尚恃驿递，虽日行六百里加紧，亦已迟速悬殊。查俄国海线可达上海，旱线可达恰克图，其消息灵捷极矣。即如曾纪泽由俄国电报到上海只须一日，而由上海至京城现系轮船附寄尚须六七日到京。如遇海道不通，由驿必以十日为期。是上海至京仅二千数百里，较之俄国至上海数万里，消息反迟十倍。倘遇用兵之际，彼等外国军信速于中国，利害已判若径庭。且其铁甲等项兵船，在海洋日行千余里，势必声东击西莫可测度，全赖军报神速，相

---

① 李鸿章，《李文忠公全集》，《奏稿三十六》。

机调援，是电报实为防务必需之物。同治十三年，日本窥犯台湾，沈葆桢等屡言其利奉旨饬办，而因循迄无成就。臣上年曾于大沽北塘海口炮台试设电报以达天津，号令各营，顷刻响应。从前传递电信，犹用洋字，必待翻译而知。而今已改用华文，较前更便。如传秘密要事，另立暗号。即经理电线者亦不能知，断无漏泄之虑。现自北洋以至南洋调兵馈饷在俱关紧要，亟宜设立电报，以通气脉。如安置海线经费过多，且易蚀坏。如由天津陆路循运河以至江北，越长江由镇江达上海安置旱线，即与外国通中国之电线相接，需费不过十数万两，一半年可以告成，约计正线支线横亘须有三千余里，沿线分设局栈，常年用费颇繁，拟由臣先于军饷内酌筹垫办。俟办成后，仿照轮船招商局章程，择公正商董，招股集赀，俾令分年缴还本银。嗣后即由官督商办，听其自取信资以充经费。并由臣设立电报学堂，雇用洋人教习中国学生，自行经理，庶几权自我操，持久不敝。如蒙俞允，应请饬下两江总督、江苏巡抚、山东巡抚、漕河总督转行经过地方官一体照料保护，勿使损坏。臣为防务紧要，反复筹思，所请南北洋设立电报，实属有利无弊，用敢附片缕陈。

伏乞皇太后

皇上圣鉴训示谨奏

这件奏折经总理衙门上奏后，在两天后即获得慈禧皇太后和光绪皇帝的恩准：

李鸿章奏请设南北洋电报等语，现在筹办防务，南北洋必须消息灵通，以期无误军机，该大臣请于陆路由天津循运河以至江北，越长江由镇达上海，安置电线，系为因时制宜起见，即著妥速筹办，并著两江总署、江

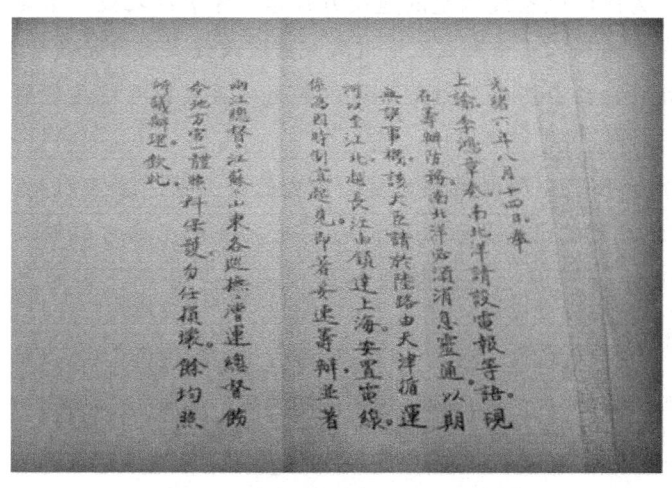

慈禧皇太后和光绪帝批准办理津沪电报的谕旨

苏、山东各巡抚，漕运总督饬令地方官一体照料保护，勿任损坏，余均照所议办理，钦此。①

---

① 《台湾海防档》(丁)，电线，上，第225～267页。

第三节　建立津沪电报总局

郑藻如　　　　盛宣怀　　　　郑观应　　　　经元善

有了慈禧皇太后的御批，李鸿章大展宏图，他亲任总裁，召集天津海关道郑藻如①、直隶候补道盛宣怀②、刘含芳③与洋务派实业家郑观应、经元善④、谢家福⑤等人到津，商议在天津与上海之间建设津沪电报线，开办电报事宜。

电报建设事关国家利益，为津沪电报线拟定的建设方针是：津沪线之设，系与丹国大北电报公司商立合同代为购料人，查勘设线电道路，除聘请丹国人为教习外，一切用人行政始终保持独立精神，丝毫不受外力之束缚，实为此后我国电信建设树立良好之规模。⑥

之所以选择大北电报公司合作，是李鸿章作为目光远大的政治家之真知灼见，他"赞成铁路、电报及许多外国的发明，并承认他们的用处，但是在把它们输入并应用到中国来的时候他则务必坚决地尽量不依赖外国人，并避开外国的势

---

① 郑藻如（1824—1894年），因军功获授内阁中书衔。历任江南机械制造局帮办、总理局务、天津津海关道等职。光绪七年（1881年）以三品官衔大臣出使美国、日斯巴尼亚（西班牙）、秘鲁三国。

② 盛宣怀（1844年11月—1916年4月），洋务运动领袖人物之一，中国电报、电话创始人之一，被誉为"中国实业之父"和"中国商父"，创造了11项"中国第一"，创办了中国红十字。

③ 刘含芳（1840—1898年），通晓法文，授二品衔直隶候补道员，后调补山东登莱青兵备道，在海防工程建设中，功绩显著，去世后赠内阁学士，在烟台立祠堂祭祀，国史馆特立传记。

④ 经元善（1840—1903年），实业家、教育家、慈善家，中国电报事业创始人之一，并主管上海电报局18年，取得良好经营业绩。光绪二十六年，因领衔1231名上海坤商发出反对"已亥交储"的通电，遭通缉而逃亡澳门。

⑤ 谢家福（1847—1897年），清末慈善家，中国电报创始人之一。参加筹办津沪电报线和上海电报分局的工作，同年十月调苏州电报分局，担任分局总办，光绪九年（1883年）二月调回上海局。上海分局改称上海电报总局后曾任总局提调。

⑥ 钱其琛主编，《铁路电信七十五周年纪念刊》，《电信政策之检讨》，台湾文海出版社，1982年，第2页。

力"①。正是因为丹麦有别于英、法等列强,其一直是个中立国家,并不热衷于谋取在华的政治利益,李鸿章才与之合作,使中国的电报事业可保利权自主,而不致被外人所操控。

开办电报,首先需要解决费用,决定申请国家款项,采用官督商办之方针。由于是官督商办的电信企业,需要制定周密细致,严谨可行,既强调官方政策,又照顾商界利益的电信政策,同时还需要有电报的规章制度和业务管理措施,在大北电报公司的协助下,时津沪电报总局制定出《禀呈大略章程》《中国电局章程》《总管规约》《报房成案》《收发报房规约》《按报生规约》《津沪电报电路巡护章程》等整套规章制度。从管理到工作现场均有章可循②。在向清政府呈奏的《大略章程》奏折中,以官方文件将电报之内涵定义为电信,并将电信的权利与义务、企业责任与社会责任、企业效益与社会的关系,一一清晰理明,堪称是中国电信业管理经营的第一份官方文件,也是中国电信业第一个成系统的经营运作预案,其要点是:

一、中国兴造电线以通军报为第一要务,便商民次之,今先由天津以达上海,所需资本约仅十余万两,或会拨官本,或会集商资,均属易事,唯此等有益富强之举创始不易,持久尤难,倘非官为扶持,无以创始,若非商为经营,无以持久,故拟先招商本六万两,其余暂领官本,随后陆续招商股,分年缴还官垫银两,以附奏案。

二、中国人众,自必信多,将来四通八达,所取信资,当可日增月盛。但开办之初,寄信者未必能多,所收信资,万一不敷开销,应准核实暂由北洋洋药加厘项下具领津贴,获有余利,再将津贴之款,分次归补。

三、中国电线势必先难后获,故必有远识者,乐从其事,所收商本应以一百两为一股,给发股份,印票为凭,认票不认人。拟定按年结账,所有信资,开出经费之外,苟或不敷,暂停津贴,如有盈余,先提六成,均匀分派,其余四成,作为公积,以备添换电线,愈推愈广,利益无穷。

四、本局奏明官督商办听其自取信资,以充经费,所有中国官商及洋商寄信,取资应由本局议定价目,其有与上海大北公司海线交易寄信,取资应由本局与大北公司妥议价目,一并刊刻章程,以归划一。

五、本局经费浩繁,全赖信资开支,各省官府过多,若稍一通融,势必经费无出,尽欲借支津贴,何以持久,拟仿造轮船局章程,无论官商,皆须一律取资,以充经费,并须先付信资,再行发电,不得通融拖欠。

---

① 《洋务运动》,丛刊八,第394页。
② 上海市长途电信局史志办公室编,《上海长途电信局历史丛书之四:上海长途电信百年大事记》,第7页。

六、电报原为洋务军务而设，军机处、总理衙门、各省督抚衙门、各国出使大臣所寄洋务军务电信，自应区别，以存体制，应请由以上衙门于寄报信纸上面，盖用关防，局中验明，随到随发，除代转洋商电报公司照给信资外，所有本局应取信资，另册登记，年终汇报，如本局有应归补贴之款，皆准以此项信资抵缴，倘无抵缴之款，即亦无庸具领，此外中外文武各衙门监局台所，皆不在此例。

七、学堂与本局相为表里，其学生俟到局派事之后，薪水即由本局开支，所有设立学堂经费系为国家造就人才起见，应在军饷内开支，免在商本内归还。

八、商人出资承办意在急公，凡属西法创举，必应历年久远，以数十年为通筹，庶可翼后日之益，以补今日之绌，现在众商出资报效，自应准其永远承办，推广施行，是商人之利，亦国家之福也。

九、本局系官督商办，所有银钱收支，应如各局所规定之例，详报呈核，并应如各公司之例，刊账传观，不论何时，均准有股之人，赴局看账，如有人侵蚀，皆可诉知总办查究。

十、本局总办应驻天津，其各分局均归调度，此举专为军务洋务而设，凡有关道及机器制造局军械所应帮同料理之事，各该道均应尽力代维持，以顾大局。①

光绪六年九月（1880年10月），津沪电报总局在天津东门里杨家花园成立，李鸿章委任盛宣怀、郑藻如、刘含芳为电报总局总办（今局长），郑观应、经元善、谢家福任会办（今副局长）②，在天津开办电报。

津沪电报总局局房

津沪电报总局的成立，开中国通信公众事业之先河。从丹麦大北电报公司进入上海的第一条电报水线始，从中国自主建设的台湾第一条电报线路起，到津沪电报线路的建设，中国信息传播形式发生历史性变革——电报成为一座里程碑，它遥望着贺兰山古老的岩画、空寂的长城烽火台、即将放归南山的驿马，开创新的信息时代。

---

① 钱其琛主编，《铁路电信七十五周年纪念刊》，《电信政策之检讨》，台湾文海出版社，1982年，第4页。
② 《天津邮电志》，天津社会科学院出版社，2002年1月，第一篇，机构沿革，第105页。

第三章 中国电报事业开山创建

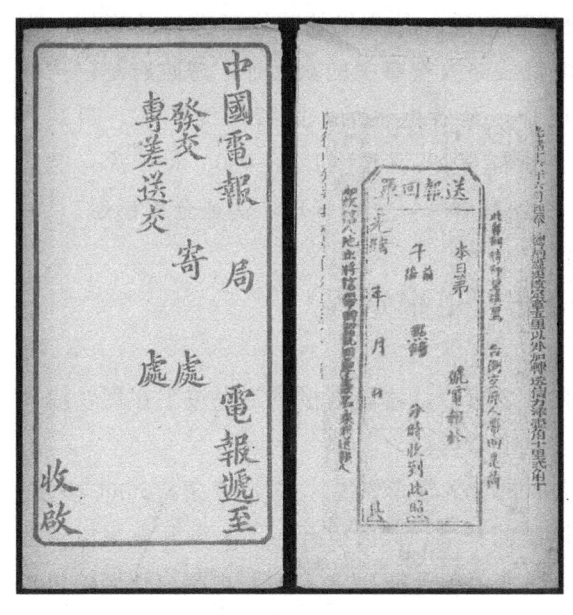

中国电报局报封

津沪电报总局的成立，开创了中国电信业的业务管理体系和网络运营的基本规章制度，是中国社会史无前例的信息传递之文明变革，是洋务运动的重大成就，电信成为引领清代中国社会文化与生活发生巨大变革的隐形孵化器。

津沪电报总局成立后，中国电信管理体制初创：清政府总理衙门下设电政总办，受北洋大臣节制，天津设电报总局，沿线设分局[①]。任命南、北两个督造电线工程委员，负责津沪电报线路全线工程，其中，南路督造为电线督造委员王锦堂。聘任丹麦人任总管，筹办津沪电报线南段架线工程和联络大北电报公司[②]。

为保证电报局工作人员的任用，李鸿章奏请设立电报学堂为清政府培养电报人才。他的上奏得到批准后，天津电报学堂于当年成立。光绪六年九月三日（1880年10月6日），天津电报学堂开学，时学制为一年，聘请大北电报公司技师博尔森和克利钦生及法国和英国籍教师，招收学员，教授数学、制图、英文、电磁学、电测试、材料学、基础电信、仪器规章、电报实习、国际电报公约等20门课程来训练管报生。时实业家、慈善家陈一甫[③]担任天津电报学堂总稽查。朱格仁主其事，聘请丹麦人博尔森等为教师培养电报人才。留美回国的周万鹏、刘玉麟等人都曾在电报学堂学习电报规程，留美回国的梁敦彦曾任电报学堂教习。

北洋电报学堂总稽查陈一甫

[①] 钱其琛主编，《总管理机构之演变》，引自《铁路电信七十五周年纪念刊》，台湾文海出版社，1982年，第13页。

[②] 梅绍祖、宋刚刚主编，《百年电信铸辉煌》，中国计划出版社，1998年6月，第16页。

[③] 陈一甫（1869—1948），历任江苏候补道、农工商部议员、北洋海防、东海关监督幕、开平矿务局驻沪员、北洋银元局提调等职。

清政府给以新生的中国电报事业优惠政策，凡为修筑陆线而进口的电线、电器免纳正税和口子税（关税）。由于电报线路安全事关国家大计，清政府制定护线章程，责成文武员弁员兵役、节节巡护，至各电报局，则有沿线工丁，归其调遣①。电报总局制定了《巡线章程》，每隔 40～59 里（1 里＝500 米）就有电兵房，津沪两局各制有汛兵巡查杆线，一旦有故障，立即修理，保证全线畅通。

第四节　公布《电报章程》

光绪七年十一月初二（1881 年 12 月 22 日），津沪电报线工程竣工在即，津沪电报总局在《申报》及其他报刊登载《电报章程》。

这是中国电信业第一部面向社会公布的业务规章制度，共计 35 条，3 000 多字。其第一条宣告了中国电报电信业管理体制的开端，同时也开始了与国际电报电信业的同等业务运行，中国电报走向世界之路亦由此开端："本局现设电报自津至沪以天津为总局，紫竹林大沽附之，以临清、济宁、清江浦、镇江、苏州、上海六处为分局，嗣后如有添设地方，再行随时布告，凡中外客商送寄电报，均按照万国电报通例以及本局所订专章，随时收发，不致泄露迟误。"②

《电报章程》对国际电报业务亦根据国家外交事务政策作出规定，对传递洋字电音分为 3 个种类：显语、暗语、机密暗号。

用户拍发电报的方式为：①传递显语尽人可知，须用万国电报通用之文；②暗语之信能使人识其字而不介意，唯须用英、法、德、意、荷、葡、日、拉八国文字，至于人名、地名，不准借作暗语，至于暗语底本应准局中查看；③机密暗号之信若用号码或速写或几号裁成一段，局中不必明其意，唯商民之信不准用外国不成字之字母以作暗号，如果一信之内，暗号与机密暗号与显语兼用则所写暗号必须用笔截出，全用暗号者听之；④洋字书函均有定格，若电信不按款式及有错字省文者，均不代传。③

《电报章程》涵盖电报等级、官电与商报的拍发规定，如对官电规定在"本局收发电报，无论中外官商须先取报费，后与传递"。在拍发一等官电时，须凭"有关防印信为凭者"，而且要遵照详定章程，才能送报即发，其报费还要暂时登册汇案详报；对商电规定了不得妨碍民生，遇有私事可提前立发电报等。

《电报章程》对电报局的营业时间做了明确规定，"春夏收发电报早以七点钟，

---

①　钱其琛主编，《铁路电信七十五周年纪念刊》《工务组织之演变》，台湾文海出版社，1982 年，第 15 页。
②　《电报章程》，《上海邮电志》，上海社会科学院出版社，1998 年 10 月，附录，第 833 页。
③　《电报章程》，《上海邮电志》，上海社会科学院出版社，1998 年 10 月，附录，第 835 页。

第三章　中国电报事业开山创建

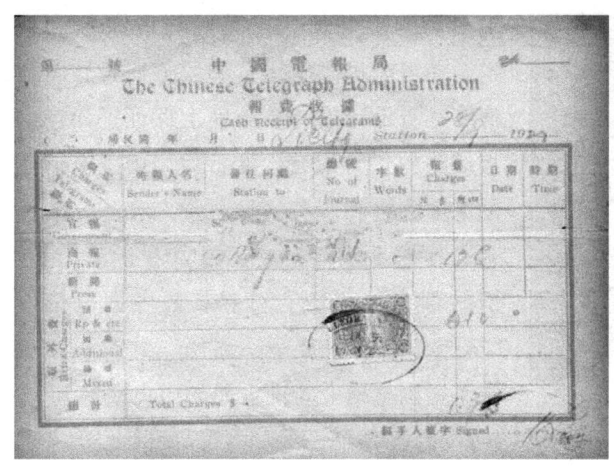

中国电报局报费收据

晚以九点钟止,秋冬收发电报早以八点钟,晚以十点钟止"。对电报去报、来报的书写,电码的使用,译电等规定"凡官商委托传华字电报,需将信中字句就本局电报新编此书可向各局购买查明,逐字逐句之号码用本局印成信纸将号码开写送局,不必写明字句,局中即将号码代为传递。收信人亦须备电报新编方可查对号码。号码或有涂抹,更注刀刮挖补等情,应由寄信者签名信纸或加盖图章,即有差误与局无涉,倘遇代传密信。凭寄信人照检字法第五条伸缩号码之法送局代传"①。

《电报章程》对营业收费定为"寄信至费至少以七个字起算三码作一字算,七字以外按字加算,路有远近,费有等差"。使用的电报收据冠名为"中国电报局",这一收据沿用至民国初年。

对电报投递规定,"投送电报时或交收信本人或其家属,伙友同居司阍之人均无不可,倘收信人预致局中某信不可他人取代者,必应交付本人,惟不论何人经收,均须于送信簿上亲自签押或盖图章"。这些详细的规定,为企业与社会公众使用电报建立了有法律依据界定的准则。

在电报业务准备上,津沪沿线各局所用的报封和来去电报纸,统一由电报总局采购后分发给各局使用,局名均印"中国电报局",由各局另行填上"沪""津""镇"等局名简称,局戳也同此名②。

《电报章程》是中国电信业第一份业务管理和网络运营文本,它确立了电报是国家通信工具,便军政

清代上海电报局投递员

---

① 《电报章程》,引自《上海邮电志》,上海社会科学院出版社,1999年10月,附录,第833页。
② 上海市长途电信图志编委会,《上海长途电信图志(1871—1996)》,局章,第21页。

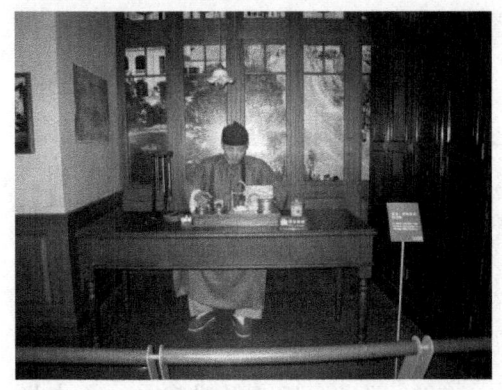

清代报务员工作场景复原

利民众的服务原则，其明详的条款和规定，使得电报网络运营和服务质量皆赏罚清晰，有章可循，从制度上保证了津沪电报线路的正常运营。在日后，中国电信业的电信网络和服务区域虽逐渐拓展，传输手段逐渐进步，但《电报章程》其内核，历一百多年仍历久弥新，是中国电信业“迅速、准确、安全、方便”之源，亦奠定了中国电信业走向世界的历史根基。

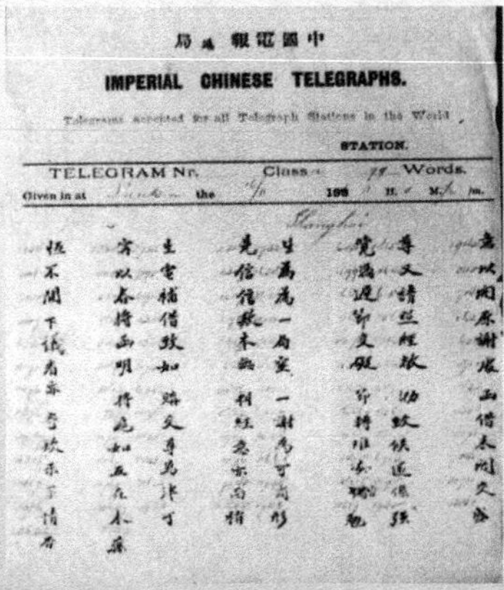

中國電報局

IMPERIAL CHINESE TELEGRAPHS.

STATION.

TELEGRAM Nr. Class Words.

上海电报局华文电报

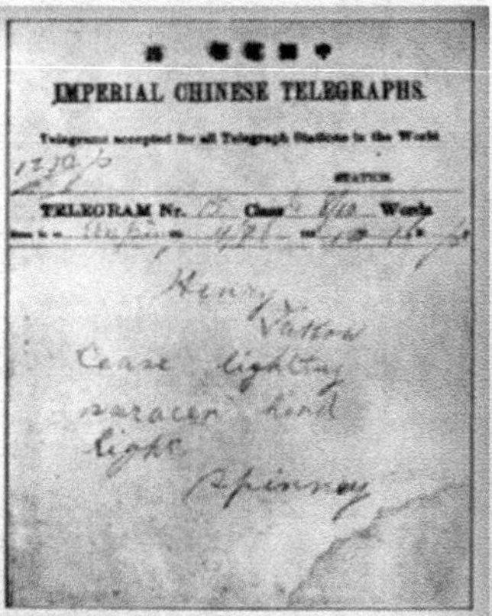

IMPERIAL CHINESE TELEGRAPHS.

Telegrams accepted for all Telegraph Stations in the World

STATION

TELEGRAM Nr. Class Words

台湾电报局洋文电报

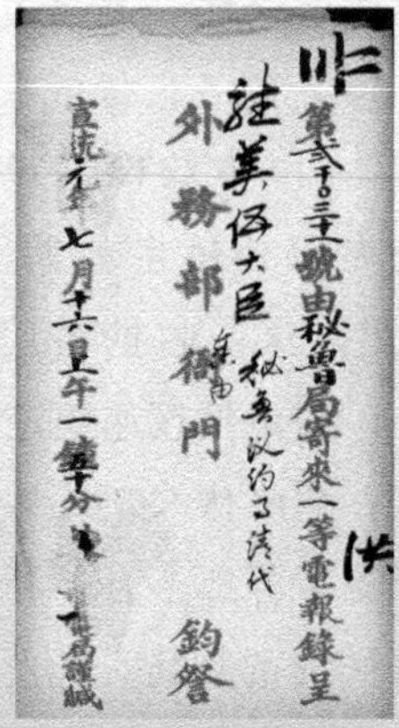

駐美伍大臣

外務部衙門

鈞鑒

驻美大使发来的电报

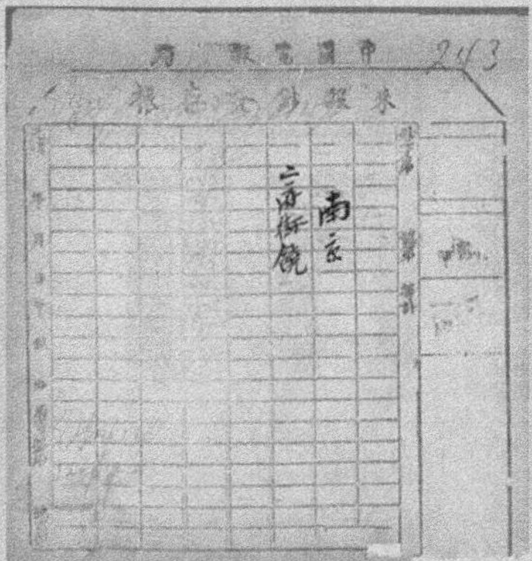

上海电报局来报存根

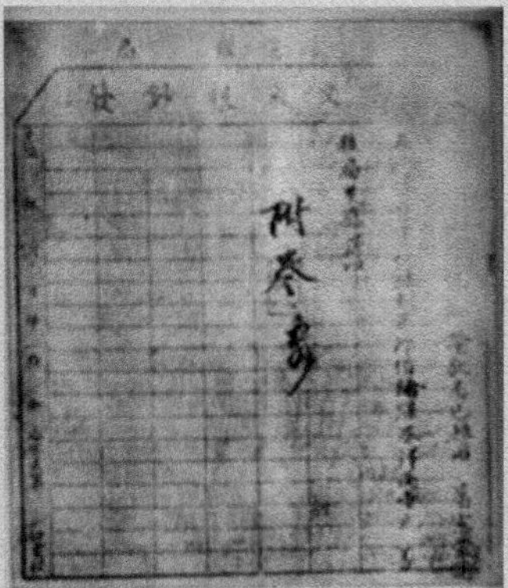

台湾电报局报存根

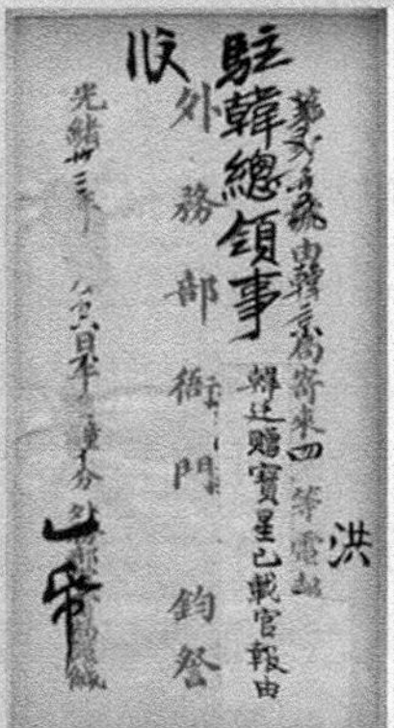

駐韓總領事

外務部衙門

鈞鑒

驻韩总领事发来的电报

第五节　第一条津沪公众电报线启用

光绪七年二月（1881年3月），上海电报局成立，局址在二洋泾桥北堍（今延安东路四川路口北侧）。郑观应首任上海电报局总办（局长），谢家福任会办（副局长），不久，谢因母病辞职回苏州。于7月委任经元善为会办。同时，聘任丹麦人任总管，筹办津沪电报线南段架线工程和联络大北电报公司。

上海电报局局房

由于初开办的中国电报尚需依赖大北电报公司在技术和业务上给以一定的支持，上海电报局的报房就设在大北电报公司报房里。

光绪七年（1881年）五月十五日（6月11日），李鸿章向总理衙门送呈禀批准办理电报文书并将附呈大北电报公司的约定，请总理衙门合咨、查核立案：

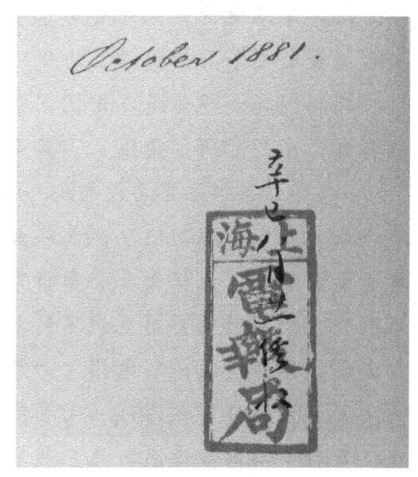

上海电报局关防印模

当经派员设局购料，酌定章程；并令现办上海至外洋之丹国大北电报公司代雇洋师教习学生，代购机器、电线一切应用物料，均尚妥速省俭，较由别家购用者合算。将来津、沪电报设成，必须与该公司联络一气，呼应乃能灵通。兹据该公司来津禀商嗣后彼此电报交涉事宜，本大臣参考各国办理电报公法，与之反覆筹酌定议，由该公司拟呈六条，禀请批准立案等情。查丹国大北公司在沪设立海线，通行外洋已十余年，向无中国官宪允准之案。所拟第一、二条：自此次奉准之日起，以二十年为限，不准他国公司于中国地界内另立海线；即该公司再添海线，必请中国官允行方可。中国若添设海线、旱线与该公司无碍者，可自设立。是于权宜之中，稍有限制。第四条：以后总理衙门、南北洋大臣、各国出使大臣及总领事等往来电报，凡从大北公司电线寄发者，该公司情愿奉让，二十年限内均不取费；但出他国公使接递之费，各署须将电号盖印送交，以为凭信。自应分别咨行照办。①

---

① 《台湾海防档》（丁），电线，上，第225~267页。

照录丹国电报大北公司的文件为：

敬禀者：中国现创设电报，所有与敝公司电报交涉事宜，理应预为议明。谨拟六条，仰求中国国家恩准照办。敝公司既得保护之益，亦可不失中国自有之权利。且敝公司尚有所禀一节，去年敝公司奉中国总理衙门、南北洋各处送交代发电报大概字数，计送往俄国一万字、送往他国各处六千字，二共一万六千字；收到所来外洋覆信电报共八千字，通往来二万四千字。按照以上字数核算，共须报费洋银五万二千八百元。如果第四条内办法能于去年议定，则中国所出报费，往来俄国者祗七千五百元、往来他国各处者祗一万二千元，共须报费一万九千五百元。凡属敝公司者，早可奉让；是中国可省报费三万三千元之数也。即此可知彼此议定办法，互相情让，两有裨益。如蒙批准施行，敝公司以后必竭力诚心报效中国。

专肃谨禀，祗请勋安。

一、大北公司之海线，现已经设立在中国地面者，中国国家允可独享其利；倘大北公司再添设海线，必请中国国家允准方可。自此次奉准之日起，此海线以二十年为限，不准他国及他处公司于中国地界内另立海线。在此年限之内，凡中国租界及台湾等处亦不准他国设立海线。

二、以二十年为限，中国国家欲造海线或旱线，凡大北公司已经设立之处有与相碍者，中国官商不便设立。其无碍于大北公司者，尽可自行设立。

三、凡以后中国欲再设电线，如大北公司所索之价较他人便宜，中国国家准其包办。

四、中国总理衙门、南北洋大臣、出使大臣及总领事往来之电报，在中国、日本、泰西等处，凡从大北公司自家电线寄发者，大北公司情愿奉让，二十年限内均不取费。设有大北公司电线不到之处，须劳他国公司电线转寄，仍应出他国公司费用若干。惟所有往来之电报，必须各署印送去，以为凭信，大北公司方能免费。

五、大北公司之海线，由香港与泰西相连者曰南线，由日本与俄国相连者曰北线。日后中国电线设成，凡中西商民之在中国者寄电信前往外洋，从中国电线交大北公司转寄。倘其电报内不指明从南线寄往外洋，大北公司从北线转寄，较为迅速。

六、嗣后如有争辩之处，以中国文字为凭。①

经总理衙门报请慈禧皇太后、光绪帝同意后，7月5日，津沪电报线路从上海、天津两端同时开工立杆架线。是日，上海端在南京路5号报房所在地的门前树立第一根电杆，这根电杆向世人宣布了中国公众电报线路建设的开始。施工采取建成一段即试通一段的办法，如上海—苏州段完工后，当即试行通报，每日代传钱业公所报送上海行情两次，9月下旬，电线架到镇江，也有从镇江发至上海英国领事的电报。② 10月28日，全长3 075华里③、竖电杆2万余根的津沪电报

---

① 《台湾海防档》（丁），电线，上，第225～267页。
② 梅绍祖、宋刚刚主编，《百年电信铸辉煌》，中国计划出版社，1998年6月，第16页。
③ 市里的别称，区别于"公里""英里"。

线南北线路工程在山东境内会合（因清江浦和济宁两局机器尚未装托，故至12月24日全线始行试通）。①津沪电报线以短短10个月的时间，凌空飞架于津沪大地。如此之速度，与目前已经是机械化土建施工来相比，仍然不啻为奇迹，足以让中国电信业后人为之敬仰。

十一月初八（12月28日），共斥资湘平银十七万八千七百两六钱八分六厘零四丝四忽六微建成的津沪电报线全线竣工，使清政府批准的十九万两银预算还有剩余。津沪全线在天津紫竹林、大沽、临清、济宁、清江浦（今淮安市）、镇江、苏州、上海设立的8个电报局全部正式开放营业，收发公私电报。沿途设立几十个巡房站，保证电路畅通无阻。

时天津端的官电电报由东门内官电局收发，商电电报由紫竹林局办理，光绪八年（1882年1月），天津至上海的电报业务量共6 769份（含大沽26份），其中发报3 235份，收报3 534份②。

中国第一条公众电报线——津沪电报线，开始为公众提供电信服务，时《申报》称其为"国家肇兴先路""中国五千年来之

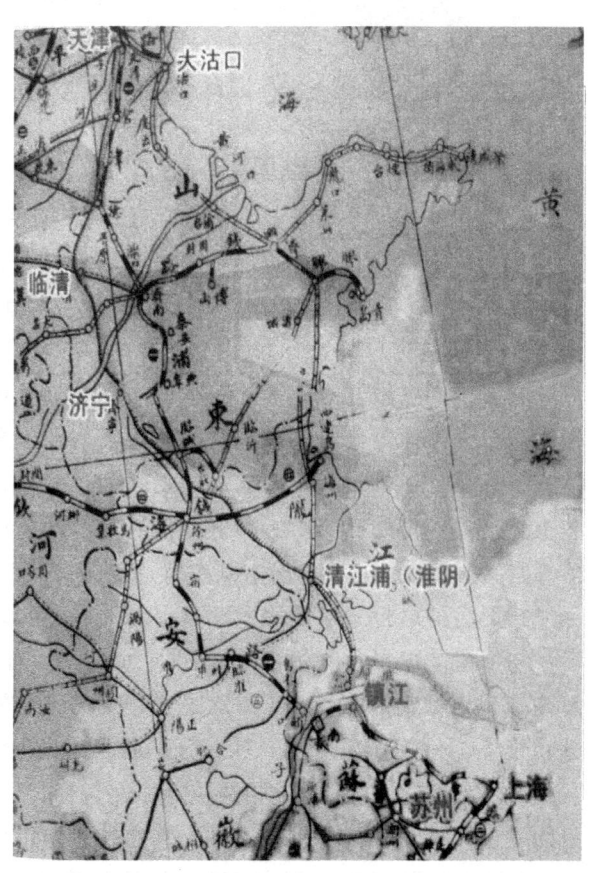

津沪电报线路图

创举""富国强兵兴也勃焉"。《津门杂记》亦曾有咏电报诗：消息灵通异等闲，巧凭电线露机关，不须山海嫌修阻，千里音书一瞬还③。

初开张的电报局在业务管理上设总办，直至清朝逊朝，担任总办的为郑观应、经元善④、朱宝奎、周万鹏、唐元湛。

---

① 梅绍祖、宋刚刚主编，《百年电信铸辉煌》，中国计划出版社，1998年6月，第16页。
② 《天津电信志》，第三篇，电信通信，第388页。
③ 《天津邮电志》，综述。
④ 经元善，担任总办18年，在他的管理经营下，上海电报局迅速改变了创办初期的亏损局面，改为官督商办仅一年，就获利近2万元，居全国电报局之首。

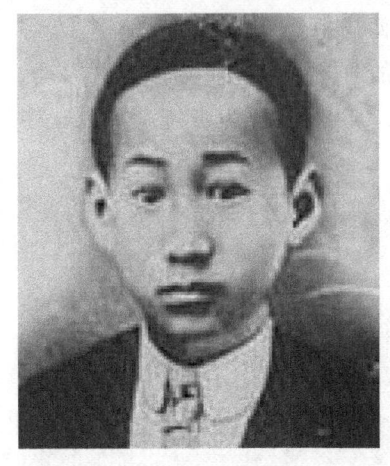

陆皓东

电报局聘用丹籍人员为总管，报房配有打报生①、测电生、领班等工作人员，由领班负责现场管理，清末民初著名人物陆皓东②曾于1890年前后，在报房担任领班。局内设来报投递部门，由报差负责来报投递。时报务员均由电报学堂派来，薪水为测电生一、二等月洋25元，三等月洋20元。打报生一等月洋17元，二等月洋15元，三等月洋12元。③

初诞生的电报为人工电报，发报速度约为每分钟20～25个汉字。电报机使用莫尔斯单工机，按规定除日常维修外，每年送大北公司全面检修一次。

初诞生的电报分为4等：①军机大臣、总理衙门大臣、各省将军督抚、出使各国大臣、外国商人兼任领事拍发的电报盖有公章的列为官电，称一等国务电音，也称官报，实行半价收费；②电报局之间处理公务的往来电报；③私事紧急电报，所收报费是寻常报的三倍；④私事寻常电报。据统计数字记录，上海电报局报房1882年1月共发出电报3 978份，其中普通电报3 759份，占94.5%。④

初诞生的电报文体使用大北电报公司以中文编制的电报码。

初诞生的电报收费标准按"路有远近，费有等差"的原则制订。以上海为例：发往苏州为每字1角、镇江1角1分、清江浦1角2分、济宁1角3分、临清1角4分、天津1角5分、大沽1角6分。而当时的物价比是银元1角可以买大米16斤（1斤＝500克），或烧饼80个，或猪肉2.1斤，或鸡蛋30个。由此可见，发一封电报的支出，是寻常百姓人家近一个月的生活费用。

学成归来的留美幼童在津沪电报线的管理上担当重任，如朱宝奎⑤担任紫竹林电报局总办，袁长坤⑥担任与大北电报公司合作设立的水线联合报局总办，周万鹏则在日后担任了上海电报局总管。

---

① 打报生，电报局发报员。电报初建，工作人员为电报学堂学生，在校称为报生，进电报局工作的最初称呼为打报生。

② 陆皓东（1895年11月—1868年9月），青天白日旗设计者。

③ 梅绍祖、宋刚刚主编，《百年电信铸辉煌》，中国计划出版社，1998年6月，第17页。

④ 梅绍祖、宋刚刚主编，《百年电信铸辉煌》，中国计划出版社，1998年6月，第16页。

⑤ 朱宝奎（1861—1926），由盛宣怀推荐公费去美国留学，攻读邮电专业，归国后任上海电报局总办、邮传部左侍郎等职。

⑥ 袁长坤，1880年回国，分配在刚创办的天津电报学堂，学习收发报、勘测和电讯原理。离开学堂后即投入大规模的"电线"建设。历任上海电报局局长、清朝邮传部电政负责人、交通部电报总局局长兼教育部副主考等职。

第六节 中国电报总局成立

津沪电报线建成开通，即按照《开办大略》的预定方案，将上海和天津电报局改为官商督办，此工作如期开展。

光绪七年（1881年2月和3月），紫竹林电报局和天津官电局相继成立。时紫竹林电报局总办为余思诏①，官电局总办为黄建莞②。

光绪八年三月初一（1882年4月18日）起，天津紫竹林电报局与上海电报局招集商股，时称商电局③。其中，上海电报局共招集商股10万银元（每股100元，共1000股）。所集资金一半归还所垫军饷，一半用于电报线建设。由清政府派员监督。上海电报局与天津电报局正式改官办为官商督办④。时上海电报局亦称为上海商电总局。

光绪十年春（1884年），津沪电报总局从天津迁至上海，改名为中国电报总局，由盛宣怀任

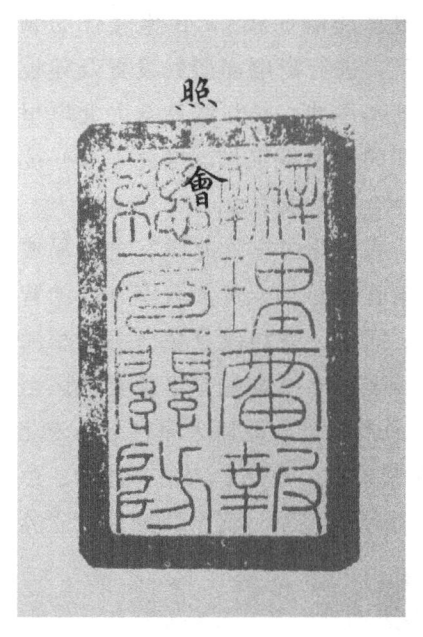

办理电报总局关防印模

总办，局址在上海法租界郑家木桥（今福建路、延安东路南侧）。中国电报总局下设商电总局、官电总局。其管理机构的设置与管理职能为：改上海电报局为上海电报总局；负责全国商办电报局的设局与业务管理，总办为经元善。官电局设在天津官电局，业内亦称北洋官电总局或直隶官电总局，负责官电局的设局与业务管理。

由于时中国电报初起步，管理人才、业务人才都极为缺乏。因此，即将建立的电报局所，"在都会补道人员主管，这些人员即

电报沪局石质局名牌

---

① 余思诏（生卒不详），曾任武缘县知县，捐廉建造起由观音阁和文昌阁组成的凤山庙。
② 黄建莞（生卒不详），曾任江宁布政使。
③ 《上海邮电志》第三章，近代电信机构，第七节，中央驻沪电信机构，第99页。
④ 苏全有，《清末邮传部研究》，作者为河南师范大学历史文化学院教授、图书馆馆长，兼任中国辛亥革命史研究会副理事长。中华书局，2005年8月，第三章，机构，第123页。

李鸿章从直隶总督衙门出行视察工作

非业务专才,更安望业务发展"①,所以,时上海电报局的总办还兼任中国电报总局提调和襄办,以上海商电总局的职权②,在盛宣怀的领导下,进行商电局所的设置及建设苏浙闽粤线、长江线和与大北电报公司的联系等工作。因此上海一度成为全国电报中心。③

官电业内亦称北洋官电总局或直隶官电总局,负责政府官电的管理。同年,为加强京畿防务,李鸿章奏准兴办沿渤海军事扼要地区至东北三省电报线工程,以迅通军讯。在原津沪电报总局旧址,改原天津官电局为北洋官电总局,首任总办为佘昌宇。时北洋官电局在紫竹林、小站、大沽、北塘、芦台、乐亭、山海关以及奉天的荆州、营口、金州、旅顺、盛京(沈阳)等地设立分局,进行东北三省及京畿地区的电报线路建设。

商电局和官电局所辖各电局等级分为分局、子局、子店、报房四等。④

官电总局建立后,清政府军机处正式建立电寄档,对皇帝、各省要员来电作为档案留存在案,据中国第一历史档案馆研究员雁旭介绍,凡皇帝、总督大员来往的电报,由官电报房送军机处誊抄,以"华文来报抄发"的电报纸注明来报局名、时间留底,作为官方文书留档,以备待查。

官电局报封

商电局报封

---

① 钱其琛主编,《铁路电信七十五周年纪念刊》,《七十五年来电信大事之回忆与述评》,文海出版社,1982年,第101页。

② 《内蒙古邮电志》,内蒙古出版社,2000年4月,第二章,电信机构,第82页。

③ 《上海邮电志》,第十篇,人物,上海社会科学院出版社,1999年10月,第762页。

④ 钱其琛主编,《铁路电信七十五周年纪念刊》,《总管理机构之演变》,文海出版社,1982年,第13页。

第七节　电报总局电报学堂成立

上海电报局会办谢家福

津沪电报线建成以后，电报事业建设即次第展开，各新建分局需要大批报务员生。

光绪九年（1883年），津沪电报总局在上海胡家宅会香里（今福州路西藏路转角），租民屋三间，开设按报塾。由总局提调谢家福任总教习[1]，姚彦鸿任按报塾总办，聘大东电报公司报务员唐壁田任教习。首期招收20名学生，教以按报等法，当时毕业无定期，择其优者，派局值班，缺额则陆续考补。[2]

学堂第一届毕业生为曾清鉴、王锡麟、张衷甫、钱泰阶、苏上达、朱传珍、朱文骏、袁长末、李正洪、徐增、沈振国、徐仲哲、王祖庆、姚景贤、李承铨、黄焜晖、陆琛、徐佩聪、陈席儒、张文达、高有成、姚训才、彭大经、姚简、徐树春、黄锡伟、黄礼福、刘天瑞。

光绪十年春，津沪电报总局迁沪，并改名中国电报总局后，上海电报学堂亦随迁至总局中，改为电报总局学堂。因学额渐增，添聘教习，并增设测量塾，招收学生20名，添聘教习牛尚周、张兆堜等人，聘丹麦人博怡生[3]（J. J. Bojesen）教授电气测定、整修机器、架设杆线等科目。时先后担任教职员的多为电信专业人士，主要的管理人员和教职员有曾书祥、吴锺史、王延枢、周万鹏、黄堃等人。丹麦籍的教习有毕德生（V. Petersen）、依勃生（Ibscn）、葛雷生（Christjensen）、德连升（F. N. Dresing）[4]、依立克生（E. Riksen）等。

随着电报线路的延伸，"电局益多，用人愈广"，电报学堂又添

电报学堂学生在上英文课

---

① 谢家福于光绪七年（1881年）调苏州电报分局任分局总办，光绪九年（1883年）二月调回上海局。光绪十年（1884年）任上海电报总局提调。

② 华士锑（1895—1975年），民国三年毕业于交通部电报传习所高等班，历任常德、洪江、九江、绍兴、上海等电报局领班、总管、局长、业务长、交通部工程师、交通部电信学校教师、上海厦大大学教师等职。本处引注见《上海电信人员训练所复兴第一届纪念刊》，《校史》，第1页，民国三十六年三月。

③ 博怡生，任中国电报局总理西匠。

④ 德连升，后任丹麦使领馆参赞兼任总教习。

设额外按报塾,简称为外学堂,新生入学,先在外学堂受初步训练,再入正式按报塾,俗称内学堂,并先后制定《上海电报学堂内办章程》《电报总局学堂汇纂章程》,使学堂教育达到与电报局"互为表里"、服务与电信需要之目的,时由曾清鉴、唐文高、余书祥、荣永清等人先后任教习。与此同时,全国各地亦纷纷开办电报学堂,南京宁堂、广州粤堂、福建闽堂、云南滇堂、甘肃甘堂、雷州雷堂、台湾台堂、朝鲜韩堂等亦相继设立。①

国民政府主席林森

时谢家福因母病回苏州,在离故居不远处的五亩园正道书院故址上,创建义塾"儒孤学舍",专授"新学"。光绪十八年(1892年),他在儒孤学舍内开办了苏州电报传习所,时称为"苏堂"。传习所创办宗旨是培训电报值机生(报务员),下设儒孤、中西两个班,每班招收学生20~30名。儒孤班为初级班,"选儒孤之颖秀子弟"学习电报收发业务、文化知识,结业后,以"报效生"资格送苏州电报分局见习。中西班为高一级的报务训练班,学习中文和英文的电报收发,毕业后,作为电报值机员保送各地电报局工作。谢家福"苏堂"开办了3年,还开办了"太仓太堂"等电报学堂,为电报界输送了报务人才800余人,遍布全国,影响深远。

时上海电报学堂负责全国报房领班及电报技术人员的培养,于光绪十一年(1885年)首次举办全国报务员升班惠考,以后定制为每三年一次,参加及格者,三班报务员可升二班,二班报务员可升一班,并可留所学习测量,以期深造。据电信人员训练所资料显示,有名可查留所深造人员达到326人,为全国电报局所的建设提供了大量人才,其中佼佼者为担任国民政府主席的林森,他以台湾报务员出身之资格,来沪参加第六届升班会考,留所学习测量。①日后回到台湾电报局工作。

---

① 《上海电信人员训练所复兴第一届纪念刊》,《校史》,第1页,民国三十六年三月印。

第四章

电信事业的创立与发展

经清代电信创业者精心谋划、励精图治的建设，电信事业由初萌而形成体系，国家电报网、清政府与各省本地军政电报网先后建成，电话、长途电话、无线电通信也先后诞生，实现了电信全业务运营。

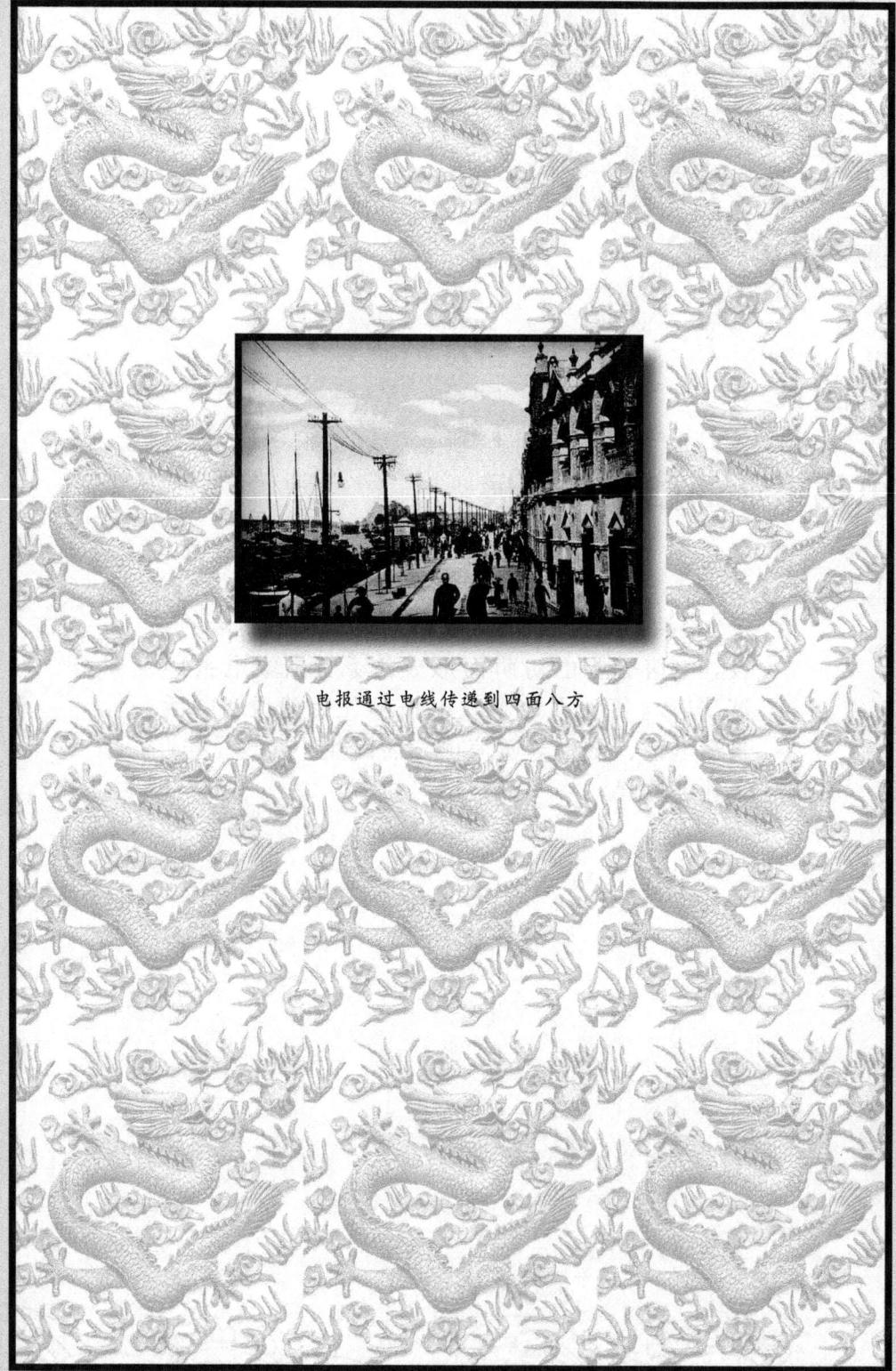
电报通过电线传递到四面八方

第四章 电信事业的创立与发展

1880年的上海外滩

第一节　第一个人工电话交换所在上海开通

电话继电报后诞生。时国际电信业界电话发明和使用情况为：电话由美国人亚历山大·格雷厄姆·贝尔于1875年6月2日发明。1876年3月7日，贝尔获得电话专利证号码：No.174655。1877年，美国大发明家爱迪生发明炭精送话器，使贝尔发明的电话的性能获得很大改进。1878年1月28日，在美国康涅狄格州的纽好恩，世界上第一个市内电话交换所开通。当时有20个用户。

贝尔在向人们展示电话

电话登陆中国的情况为：光绪三年（1877年），上海招商局从金利源栈至总局公务厅首次使声器（即初期对讲电话）通话。同年，租界之内，中外大行家，以及办公事处，皆有此器以通消息，更于各马路间设立此器，以便通报火灾及报捕等要事。租界之外，亦有设者，南通至江南制造总局，北通至虹口之外，西通至徐家汇等处。电话的神奇着实让人们惊叹不已，有位上海人偕几位朋友往试，一人一端，"相隔颇远，果能传言达语，不爽毫厘，且无论中外言语，俱能传达无差，虽远至数里，亦不有误"①。晚清文人袁祖志在竹枝词《望江南》第二十四首云："申江好，电线疾雷霆。万里语言同面晤，重洋信息霎时听，机括竟无形。"②

光绪七年（1881年6月26日），大北电报公司第一个人工交换所开始筹备，是日，其向公董局提出在法租界安设电杆经营电话的要求。

11月18日，大北电报公司和英、美租界工部局签订了经营该租界电话合约，规定大北公司可在上海洋泾浜北部属于工部局管辖范围内装设电话。同月30日，又和法租界公董局签订合约16款，其中第一款规定"大北"可在法租界内以及越界筑路等处公董局指定场所架杆立线，以通电话。

12月14日，大北电报公司与英国东方公司订立关于在上海、厦门、香港三地联合经营市内电话业务的合同，明确"大北"负责

上海的老电话

交换所的房屋设置、交换所的经营管理、招揽电话用户收取电话租费等；"东方"则负责交换所一应机械设备和外线工程。③

光绪八年（1882年3月1日），丹麦大北电报公司设在上海外滩7号的第一个人工电话交换所开放通话。④

初登上海的人工电话交换所有用户10户。年费用为150银元。为招揽用户，至3月15日，降至100银元，3月23日，降至50银元。至3月29日，人工交换所用户达到41户，其中3户为中国人。以第一而位于首位电话号码的是瑞记洋行。

---

① 《格致汇编》第11卷，第207条，"互相问答"。
② 见黄式权，《淞南梦影录》，第142页。
③ 上海电话局史志办公室编，《上海市内电话》，1994年，大事记，第6~7页。
④ 上海电话局史志办公室编，《上海市内电话》，1994年，大事记，第8页。

第四章　电信事业的创立与发展

上海外滩亮起了电灯

那时的电话机是高档消费品，电话是财富的象征，设计精美的电话颇有身价，电话底座上面放着一副精致的耳机和话筒，各有电线和铜盒相连，铜盒上还有一个小巧的手摇柄。用户要打电话时，摇几下手摇柄，拿起听筒，就会有话务员出来跟用户说话，帮用户把电话接到对方。这，就是第一代磁石电话机。

这一年，与电话一起展现在世人面前的，还有电灯。英商上海电气公司开始发电，上海外滩首先用弧光灯替代煤气灯。

是年，公共租界工部局英籍电气技师别晓泼[①]将电话线从十六铺接到正丰街（今广东路），两端各设一座公共通话室，每通话一次，收制钱36枚。其组织的电话互助协会也在九江路2号开办交换所，每部电话的年费初定100银元。时大北电话交换所与电话互助协会的电话网路之间互不相通。

光绪九年（1883年），英国伦敦的英商中国东洋德律风有限公司（China and Japan Telephne Co.）在上海设立分公司——上海东洋德律风公司，接办丹商大北公司电话交换所，合并电话互助协会。电话年费为每年100银元，后调整为50银元和规元60两。交换所仍设外滩7号大北公司内，后迁四川路14号。首任经理为别晓泼。

光绪十年（1884年2月27日），丹商大北公司、英商东方电话公司、英商中国德律风公司、英商大东电报公司签订合同。大

别晓泼

---

① 别晓泼（J. D. Bishop），将许多美制机电设备引进到中国，曾在福州任鱼雷工程师/建造师，并获得福州地方政府颁发的银质奖杯。1883—1899年在英商中国东洋德律风公司任总经理。

连接浦东和浦西的电话线路

华洋德律风最初的报时台

汉口路14号的德律风人工电话交换台

北、东方签订有关在上海、厦门、香港三地经营市内电话的合同终止生效，大北公司将签订合同中有关电话的利益转让给英商中国东洋德律风公司。同年东洋德律风公司接通徐家汇天文台和法租界外滩信号台之间的电话专线，使该信号台能提供正午的时间信息。①

光绪十二年（1886年12月1日），丹商大北电报公司、英商东方电话公司、英商中国东洋德律风公司三方签订一项协议，大北和东方应东洋德律风公司的要求，同意德律风公司有权在黄浦江上架设一条连接浦东和浦西的电话线路，并从签订本协议的一年时间内，负责维护这条线路。此后，东洋德律风公司的电话线不断侵入浦东、南市、闸北地区，扩装电话②，由此形成了上海地区日后长达近70多年两网运营的历史。

至1898年，东洋德律风公司有职员10人，电话用户为338户，其中原英租界192户，虹口美租界62户，法租界23户，越界筑路地区61户。但由于其经营不善、服务不良，由公共租界部工部局决定允给30年专营权，招请外商经营上海租界内电话。

是年11月13日，工部局发布通告：①招商承办租界内电话业务；②招商供应经营电话所需的全套设备和招聘有关技术人员。

瑞典爱立信电话局机制造长上海经理人奥贝格拟具解决上海租界内电话服务不

---

① 上海电话局史志办公室编，《上海市内电话》，1994年，大事记，第8页。
② 上海电话局史志办公室编，《上海市内电话》，1994年，大事记，第9页。

良问题的计划,召集英商中国东洋德律风公司电话用户开会讨论,会议决定组织一个委员会对这个计划提出报告,在德律风公司电话用户二次集会上,决议组织一家公司,参加工部局关于在租界内经营电话的投标。29日,英商华洋德律风公司公布章程,正式成立。① 由奥贝格任经理兼董事会秘书。该公司办事处初设上海汉口路4号,后迁汉口路14号。

1900年,英商中国东洋德律风公司被瑞典、英商和华商合组而成的华洋德律风公司所取代。1908年,新瑞记洋行为德律风公司在江西路设计了新大楼,这是由早期中国营造厂承建的,也是中国第一座完全采用钢筋混凝土框架结构的建筑。公司里出现了当时最早的女职员。第二年,租界内外电话用户已增为3 400多家。业务除私人电话、公用电话外,还兼营徐家汇天文台发布的天气预报。该台将天气情况通过电话通知外滩信号台,由信号台挂报风讯号,发布天气预报至清末,华洋德律风公司的电话交换设备为1万号线,有人工接线台51座。②

1908年的华洋德律风公司大楼

---

① 上海电话局史志办公室编,《上海市内电话》,1994年,大事记,第9页。
② 上海电话局史志办公室编,《上海市内电话》,1994年,大事记,第13页。

第二节 建成全程全网的国家电报网

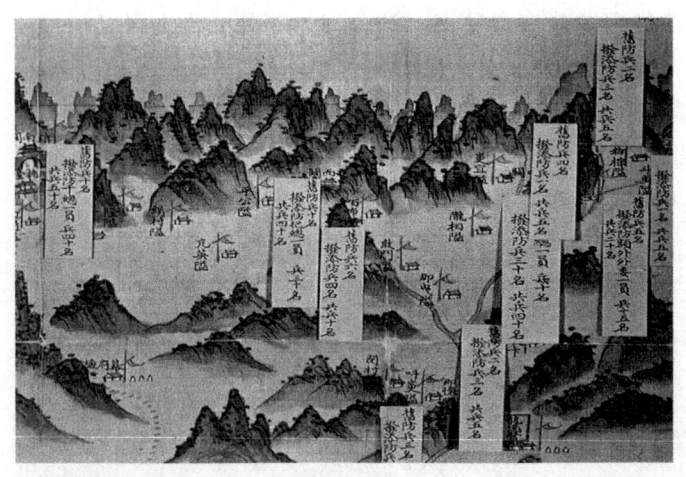

清军镇南关布防图

光绪九年（1883年），法国武装侵略越南北部，严重威胁我国南部边疆的安全，战争迫在眉睫。

御史陈启泰①以沿海陆线未设，海疆万里，消息阻绝，缓急无以为备，上防海六策："洋面既派兵轮分驻，即不可不设电线以通消息。议者必以不急之务虚糜钜款为疑。不知非常之原，断非省啬所能集事。即以目前而论，越南情形，每藉各国新闻纸以为耳目。今年朝鲜之变，非由日本发来电信，中国尚不得知。军情紧急，日夕万状，邮传迂缓，既恐有误机宜，藉助外人，事体更多窒碍，自不如招雇洋匠自行安设之为愈。中国电报，似宜推广各省海口，凡兵船寄椗之处，一律开办。"②

此策得到批准，清政府在部署镇南关防守调兵遣将之时，加快了电报建设的步伐。是年三月初二，2条贯通苏浙闽粤电报线路建设工程开工。光绪十年（1884年）春，建设工程全线完工。该线干支线全长5 035华里，其中干线为4 350华里，经沪、浙、闽诸省到达广州，其中设上海—广州直达电路一条，同时，开通上海至福州、绍兴、宁波、杭州、南浔同线电路。当年从南京至汉口的长江电报线也在左宗棠的主持下建成，与沪宁线相接，沪汉间开通直达电路，上海至九江、安庆、芜湖开通同线电路。

与此同时，由天津延伸到北京的电报线也在建设中。当年津沪电报线启用以后，北京经津沪线通外洋之电报，在京津间相距200多里间，仍以驿站传递，时间仍有耽搁，每当夏间雨水汛涨时，由津至京之河道数处开决，马差跋涉尤为艰难。为了战事通信，曾纪泽③请求"延展津沪电线至京师近畿"④，以达到"壮声威以保和局，

---

① 陈启泰（生卒不详），历任江苏巡抚、监察御史。
② 《清史稿》，志一百二十六，交通三，电报。
③ 曾纪泽（1839—1890年），曾国藩之子。同治年间出使英、法、俄诸国，官至户部左侍郎。有《佩文韵来古编》《说文重文本部考》《群经说》等传于世。
④ 上海市长途电信局史志办公室编，《上海长途电信百年大事记》，第10页。

第四章 电信事业的创立与发展

户部左侍郎曾纪泽　　　两广总督张树声画像

灵呼应以利战事"①。

总理衙门与李鸿章等人磋商延伸办法，时李鸿章言：颇虑士大夫见闻未熟，或滋口舌，是以暂在天津设起，以渐开风气。其于军国要务，裨益实多，今总理衙门与曾纪泽皆以近畿展线为善策，拟暂设至通州，逐渐展节至京。②光绪九年（1883年9月18日），由天津延至北京通州的电报线建成，所有京师与外洋和各省官电均经通州收转。随着中法战争的发展，清政府准许津通线再进一步延伸到京都。

在中法战争的最前线，两广总督张树声③以：君民一体，上下一心，务实而戒虚，谋定而后动，轮船、大炮、洋枪、水雷、铁路、电线此其用也，奏请清政府把广州的有线电报延伸至广西龙州，以沟通北京和龙州边防前线的联系，使中国南北"发递急报，弹指千里可达"，改变原来依靠驿站数月才能往返的局面。清政府

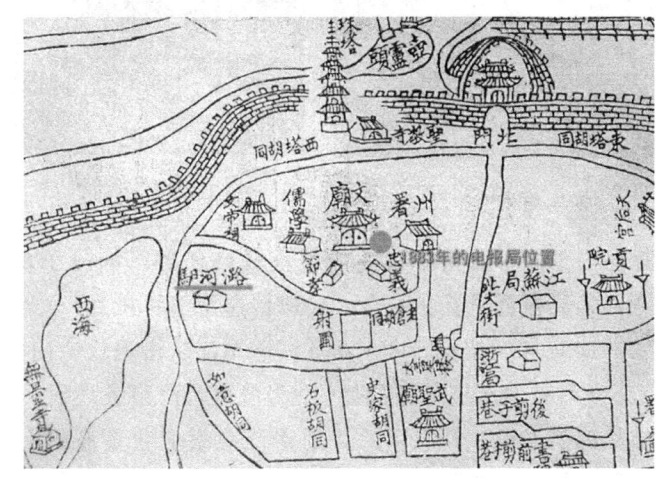

通州电报局及潞河驿位置图

准奏，批准中国电报总局建造广州—梧州支线，梧州府设立广西第一个官电局，其后广西官电设总局、分局、子局、大报房、小报房及巡房，电报线路迅速延展至广西的南宁、贵县、横州、北海等地，建立了前线通信指挥联络系统。沿线各局均担负传递清政府、两广总督与广西抗法前线的官军往来电报。④其中龙州电报局于3

---

① 《清史稿》，志一百二十六，交通三，电报。
② 《清史稿》，志一百二十六，交通三，电报。
③ 张树声（1824—1884年），清末淮军将领，历任道台、直隶按察使、布政使、山西、江西、贵州、广西巡抚、署理两江总督、通商事务大臣等职。
④ 广西壮族自治区地方志编纂委员会编，《广西通志》，邮电志，第三章，电信局所，第一节，清末官电局房，1994年5月，第38页。

月成立,局址设在该县驮苗街北帝庙,时由丹麦人莫赖任开办委员,刘天瑞①为领班,建设由广州至龙州的有线电报线路。

中法战争中,官电和军电电报频繁传递。作为国家重要的战时通信系统,电报总局向全国各电报局下达重要通信任务:"关外军报重大,即移饬各营汛认真巡守,如果错误定于参处!"②

在电报总局的部署下,全国各官电报局紧急行动起来,"司事学生日夜值班,刻无闲暇","军兴以来,(电报)日夜不停,各局司事学生莫不加班轮值"③,沿途电报干线也加强巡视,随时检修,保证官电畅通无阻。

处于战事前沿,刚刚成立的龙州电报局,更是在国家边疆危急之时大显身手。在法军侵占镇南关(今友谊关)的炮火中,电报局职员坚守在通信岗位上,头戴耳机,手按电键,发出一封封官电电报,出色地完成了清军边疆前线

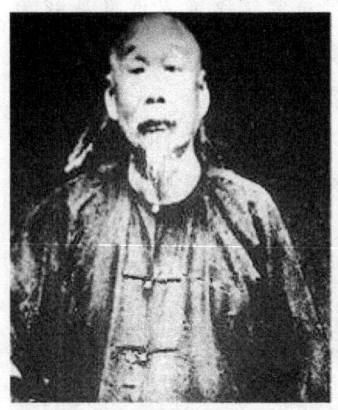

清军将领冯子材

刘铭传

部队与国家军队指挥机关的电报联络任务。如冯子材④在镇南关取得大捷的电报,就由各局报务员互相配合,迅速传递至清军机处。

1884年(光绪十年)6月,清军部队击退攻谅山的法军。

7月,清政府任命刘铭传⑤为督办台湾事务大臣,筹备抗法,不久又授福建巡抚加兵部尚书衔。到职伊始,刘铭传视察全台要塞炮台,检查军事设施,增筑炮台、护营,加强台北防务。

8月,法国将其在中国和越南的舰队合成远东舰队,任命孤拔⑥为统帅,分别开进福州和基隆、淡水等地,企图一方面胁迫中国接受法国条件,一方面准备随时发动攻击,占领这些口岸。5日,法舰轰击基隆,强行登陆,清军将士与台湾民众在督办台湾事务大臣刘铭传的统帅下,顽强抵抗,使法军不得不退

---

① 刘天瑞,上海电报学堂第一期毕业生。
② 《中法战争》,丛刊三,第227页。
③ 《中法战争》,丛刊六,第64页。
④ 冯子材(1818年7月—1903年9月),中法之战任广西关外军务帮办,大败法军于镇南关,攻克文渊、谅山,重创法军司令尼格里,授云南提督。
⑤ 刘铭传(1836—1896年),淮军将领,洋务派骨干,台湾第一任巡抚,在台湾建设方面卓有成就。
⑥ 孤拔(Amde Anatole Pros-per Courbet,1827年6月26日—1885年6月11日),法国海军中将,先后任法国交趾支那舰队司令、法国远征军总司令,侵略台湾时死于澎湖妈宫(现澎湖县马公市)。

第四章 电信事业的创立与发展

回海上待机再举。

战时的电报联系如下。慈禧皇太后下发两道谕旨。①基隆及台北各口防务。均极吃重。布置情形。设法电报总署奏闻。① ②所有电报密本已谕令该衙门颁发矣。② 电寄纂修官由杨兆麟担任。

时军机处奉旨派张佩纶③往福建会办海疆事务。抵达福建后,他与福州将军穆图善④、福建按察使裴荫森⑤一起查勘船政局及闽江沿岸各要塞形势,并"购买电机全副,于船政公署内另盖洋式楼房一座,作为电报房,派学生数人专递紧要之事,以与将军行营、督抚省署互通消息"⑥。

中法战争进行中,福建、台湾前线与军机处之间电报频繁。时电报的传递为人工转接,路由为福州—上海—天津—北京。如7月14日清政府接到会办海疆事务的钦差大臣张佩纶来电,提及"前由北洋寄奉电旨"⑦。

8月19日,法国再次向清政府提出勒索巨款的最后通牒,清政府断然拒绝。21日法国政府令驻北京代理公使撤旗回国,同时下令孤拔准备开战。26日,清政府颁发上谕,谴责法国"横索无名兵费,恣意要求",是"先启兵端",令陆路各军迅速进兵,沿海各地严防法军侵入。这道上谕的发布,宣告清政府对法国侵略者宣战。

一封封电报的往来中,马江海战在穆图善的指挥下,布阵排兵,率领驻闽清军部队的福州水师、三江口八旗水师营⑧、八旗洋枪队、绿营等全体将士浴血奋战,连续获得福州大捷、长门大捷,使法军占领福州的计划破灭,胜利保卫了祖国的领土和海疆。其

福州将军视察三江口水师营

---

① 《清实录光绪朝实录》,卷之一百八十七。
② 《清实录光绪朝实录》,卷之一百八十八。
③ 张佩纶(1848—1903年),以三品卿衔会办福建海疆事宜,兼署船政大臣。
④ 穆图善(？—1886年),满洲那拉塔氏,世居黑龙江齐齐哈尔,隶满洲镶黄旗,因军功赐"西林巴图鲁"。中法战争时任福州将军,率军前线作战,取得福州大捷。
⑤ 裴荫森(1823—1895年),钦赐进士,光绪九年(1883年)二月,裴荫森任福建按察使。
⑥ 《船政奏议汇编》,卷二十八,裴荫森,《洋教习到工添盖学堂洋房片》。
⑦ 《船政奏议汇编》,卷三十四,1886年11月3日,裴荫森奏文。
⑧ 三江口八旗水师营,雍正七年(1729年)由京八旗、驻闽八旗部队抽调满洲氏族145姓513名将士来此驻防。马江海战中牺牲100多人,仅剩90余姓。至今,300年驻军营房尚存,其在台湾、海外及在闽的后裔又捐资复原将军行辕,建有八旗烈士陵园等,是被评为中国历史文化名村的满族村。

福州长门大捷图

中,仅三江口八旗水师营就牺牲了100多名将士,从设营时的150多个姓氏减至90余姓。

10月初,法舰分头进犯台湾基隆和淡水,刘铭传率军奋战,致使法军虽占领基隆一隅,却无法深入开战,转而从23日起对台湾实行海上封锁。

光绪十一年(1885年年初)法舰骚扰浙江。浙江军民已是严阵以待,战时通信联络也在长江线延展。时慈禧皇太后对于电报线的建设给予极大的关注,凡为建设电报线申请款项,皆要求有关部门办妥,如直隶总督李鸿章奏请安设电线①。

在建设浙江段电线时,浙江巡抚刘秉璋。② 两次到镇海实地勘察海防备战情况,并派人绘制、用以上报军机处的军事地图全图及10幅分图,其中"添设电线"数幅。为架设电线,上海电报局总办郑观应率施工人员赶赴前线,紧急架设镇海—宁波—杭州的电报线路,并敷设由吴淞经浏河穿越长江至崇明岛的电报水线③,保证了中法战争镇海战役中的信息传递和快速指挥,使战役取得了击沉法舰一艘,重创三艘,破坏火轮多个、小船多只的战果,给侵略者以沉重的打击。自此,法军不敢再犯。

贯穿全国的三条电报干线开通后,沿途电报局也纷纷成立,电报开始成为新的

---

① 《清实录光绪朝实录》卷之二百三十一。
② 刘秉璋(1826—1905年),清末淮军名将,因军功被赏振勇巴图鲁名号,历任江苏按察使、江西巡抚、浙江巡抚、四川总督等职。
③ 上海市长途电信局史志办公室编,《上海长途电信百年大事记》,第12页。

通信方式。"各省咸知电报之利。或本无而创设，或已有而引伸。其尤要之区，则陆线、水线兼营，正线、支线并设，纵横全国，经纬相维，直、苏、粤、桂、滇、鲁、鄂诸省，设局多至二十余所，馀省亦十余局或数局有差。"① 据不完全统计，中法战争期间，全国共新建电报线路 11 060 余华里。

新建成的电报干线，控制了全部陆路电报的权利，在保卫国家安全方面发挥了重要作用。在中法战争爆发时，电报总办盛宣怀因"各国有人改装侦探，用洋文密码发电，大碍军情"，特饬各电报局，"不准收发洋文密码电报，并上报总理各国事务衙门备案"②。

中国电报总局还发出公告，公开宣布停止收发法国的密码电报及涉及战事的明语电报，以至于法国舰队在攻打浙东时，不得不以重金收买大北电报公司的线路，从大戢山岛收发电报。

光绪十一年（1885 年 4 月 4 日），中、法两国在法国巴黎签订停战协议《巴黎协议书》。清政府批准《中法会议简明条约》，下令北越驻军分期撤退回国，法国解除对台湾和北海的封锁。中法战争停止，慈禧太后颁发了停战诏令。

9 月 23 日，李鸿章上奏折向清政府汇报了电报建设的进展：

甬江、招宝山和金鸡山添设电线图

镇海三江口、教堂电报线路图

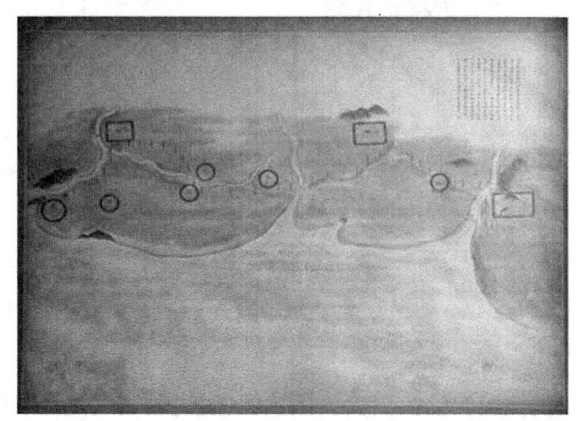

镇海电报线路施工图

---

① 《清史稿》，志一百二十六，交通三，电报。
② 《光绪十一年八月十五日直隶总督李鸿章奏》，引自《洋务运动》，第 369 页。

北方边疆街头竖起了电线杆

架设在京师繁华商业区的电报线路

清末广州商业区的电信线路

南北官报、商报瞬息可通,成效立见。五年以来,创设沿江沿海各省电线,绵亘一万数千里,国家所费无多,巨款悉由商集。适值法人起衅,沿海戒严,将帅入告军谋,朝廷发踪指示,皆得相机立应,无少隔阂。朝鲜两次内乱,遣兵保护,克日奏功,中国自古用兵未有如此之神速者。其京外一切要政,及与出使大臣往来问答,莫不朝发夕至,海外直若户庭。①

李鸿章还呈上奏折,为在中法战争中参与电报收发工作的电报局员工请赏:

适值法人起衅,沿海戒严。将帅入告军谋,朝廷发纵指示,皆得相机立应,无少隔阂,中国自古用兵,未有如此之神速者。②

在第一中国历史档案馆珍藏的军机处电报档案中,专设有中法战役收电档,时间分别是:

从光绪十年三月法军进攻兴化开始,到十七年十二月勘定边界为止,涵盖了中法战争的全部过程,主要内容有:光绪十年,中法观音桥战役清军告捷;谅山战役法军兵败;闽浙台之战,包括马江战役、台海封禁、台湾战役、澎湖战役、浙江战役,法舰焚劫沿海渔民船等;以及滇桂、广东、闽浙、台湾、江南、北洋筹备防务;禁止帮助法人,保护在华洋人等;光绪十年,李鸿章与福禄诺签订简约之事与撤兵争议;光绪十一年,合约酝酿、合约议定、互换新约等;以及

---

① 《清史稿》,志一百二十六,交通三,电报。
② 《李文忠公奏议》,卷十六,第1~4页。

撤兵与释俘、遣散安置刘永福①军队、保护商教、开通口岸等。②

日后,在台湾基隆建立了一座民族英雄墓,一面碑文上写着"气壮山河"四个大字,一面碑文上记载了台湾军民抵抗法军侵略的历史:

十八世纪欧洲列强争霸海权,竞相东侵,亚洲地区多遭蚕食。基隆位居北台要津,为入侵台湾之门户,久为法国垂涎之地,光绪十年(1884年)6月15日法国提督孤拔率舰来犯,引燃战火。巡抚刘铭传奉召督办台湾军务,躬赴基隆,率师抵御,激战经年,歼敌千余,而我军民牺牲虽多,终获胜利,法国议和,孤拔气死。当时我兵器落伍,训练装备未周,唯一可用者为民心士气尔。此光荣事迹,正气凛然,肃然起敬,以永垂纪念,藉使市民瞻仰史迹之余,益增其爱乡卫国之念为记。

基隆民族英雄墓

以上文字与福建马江纪念馆影壁上篆刻的"浩气长存"四个大字交相辉映,千秋万代地讲述着清军部队将士和台湾同胞同心同德,抵抗外来侵略,中国军队以巨大的战斗损失,换取了法军没有得以占领中国一村领土的胜利,讲述了一个中华民族共同守卫中华民族福祉的历史故事。

南北洋的电报已经成网,但对于辽阔的中国北方边疆来说,电报尚鞭长莫及。为防御

马江纪念馆影壁

沙俄侵略,加强边防联系,李鸿章又奏准朝廷,将奉天(今沈阳)至吉林的电报线经宁古塔(今黑龙江宁安市)再延至珲春。这条线路全长1 072.5公里,于光绪十

---

① 刘永福(1837—1917年),黑旗军将领,率黑旗军参加中法战争,屡次大败法军。
② 雁旭,中国第一历史档案馆副研究员,见其著《清代军机处电报档案综述》。

二年（1886年9月）建成。这是黑龙江地区的第一条电报线路。1887年，经练兵大臣穆图善奏请光绪皇帝，设吉林—黑河电报线路，途经黑龙江茂兴、齐齐哈尔、布拉哈、墨尔根（今嫩江）、黑河，全长达到1 080公里。由于满文为清代官方文字，在东北还设有满文报局，直至光绪二十三年六月一日才照章裁撤满文报局。一系列电报线路的竣工，使全国电报网初步建成。

清代上海南京路

光绪十五年十一月二日（1889年11月24日）李鸿章就中国电报网建设，上奏清政府：

电报创造未及十年，现已北至东三省，东至山东、河南、江苏、浙、闽、两广，沿江而上至皖、鄂、入川、黔，以达云南之极边，南与桂边相接，腹地旁推，交通几于无省不有，即隔海之台湾，属国之朝鲜，亦皆遍设。①

据不完全统计，从光绪十年（1884年）至光绪二十五年（1899年），共架设电报线路55 000多华里②。比初创时期增长250％。在电报传输上，光绪二十七年（1901年），上海之天津、汉口电路上使用韦斯登自动高速收发报机，收发电报③。随着电报网络的扩充和电报传输手段的进步，中国电报的发源地上海，已然成为清代国内、国际电报通信的重要枢纽。

中国电报网的建设完成，起始于光绪三年（1877年）台湾建立的第一条台南、旗后、安平电报线路，辉煌于津沪电报线，完成于全国各地通联。建设发展之快捷的主要原因如下。

一是慈禧皇太后在中法战争以后进行的国家管理体制和用人制度的改革，慈禧皇太后重用有见识、能干实事的洋务派官员，让他们有实权、能干事。

二是慈禧皇太后、光绪皇帝对创建国家电信事业极为重视，如由沈葆桢、刘铭传、李鸿章、盛宣怀、刘坤一等洋务派官员关于创建电报、电话的奏折都是在两到三天内即下旨批复准办，并从国家军费中拨出款项，给予巨大支持。一个国家的重大科技行动，是必须在国家管理体系中运转和操作的，需要"君臣一心"，有国家政策的支持，有大臣的精心运作，有老百姓的拥护，方能合力而开山造海。

---

① 《洋务运动》（六），第369页。
② 市里的别称，区别于"公里""英里"。
③ 上海市长途电信局史志办公室编，《上海长途电信百年大事记》，第14页。

三是社会的合力。清政府各级官员对电报建设亲力亲为,各部衙门给予高度关注和支持,从清总理衙门到各省主管官员都对电报建设释放出极大的热情,扶持电报事业的发展。文化名人、公众舆论对电报建设极为关注,每有一事,即连篇累牍报道,对于社会资本的投资,上海电报总局(负责全国商电电报局的管理)股票连年分红,带动社会资金积极参与,电报事业的建设得到快速发展。

四是一代政治家、实业家秉承"国家兴亡,匹夫有责"的理念,积极创办电报,并在创建中国的电报事业中殚精沥血。如电报创始人之一、著名清末维新派思想家和实业家郑观应睿智地提出:欲攘外,亟须自强;欲自强,必先致富,必首在振工商;欲振工商,必先讲求学校,速立宪法,尊重道德,改良政治。并在《盛世危言》一书里写道:大率富强之道,无论何事皆须平日官为提倡,如农、工、商务,当创新法。正是基于此,他毅然辞去待遇优厚、收入颇丰的英商太古轮船公司总理高管职位,奔走呼号于社会各界,积极倡导,联络各方,身体力行地创办中国电报,盼望灵通快捷的信息——电报——尽快建立,从而能使洋务运动耳聪目明,使中国正在发展中的各个领域因信息的沟通而完善、发展、壮大,达到"我中国地大物博,将见青出于蓝,冰寒于水,驾泰西之上"之理想。担任上海电报局总办后,他翻译并编辑出版《万国电报通例》和《测量浅说》等业务书籍,供全国各地电报局应用参考,为电信业务的统一奠定了开山之基。

五是社会各界仁人志士热心创办电报。如通事①王永荣、福州船政局派往法国公出人员王斌曾上书总理衙门请求以他们自制"专传汉字"②的电报机开办电报,中国首位驻外使节郭嵩焘③等人,也都于1873年前后,提倡开办电报,但由于此时清政府已布局派出留美幼童学习电机(电报),而王永荣只"专传汉字"的电报,因在电报文体上与西方国家通用的洋文电报码通例不合,同时中国还没有大规模制造电报机械的能力等而未被

出使英、法的钦差大臣郭嵩焘

---

① 通事,商人除了行商以外,海关监督指派为通事,并持有执照,和外国侨民联系,被称为通事。通事的职责还包括到商馆去分发政府有关外商事务。

② 钱其琛主编,《铁路电信七十五周年纪念刊》,第一章,电信政策之检讨,台湾文海出版社,1982年,第1页。

③ 郭嵩焘(1818年4月—1891年7月),历任广东巡抚、入直总理各国事务衙门、兵部侍郎等职,首任出使英国钦差大臣,兼出使法国钦差大臣等职,台湾文海出版社,1956年,第1页。

采用。而郭嵩焘虽思想敏锐，却势单力薄，其倡导电报的理念难以获得认同，正是以上原因，以至于他们或是因时势，或是因未有适合电信事业网络性建设之切实可行的完善方案，未能成为中国电报事业的创始人，但他们因此而做的努力，却是电报星火之萌的培养基之一，他们的努力和见识，亦同样让电信业界后来人为之敬仰，通信科技的进步，是由众多智者共同创造的。

第三节　收回外商擅建陆线以保主权

毫无疑问，建立电报线，是一场商战。只是这商战非同一般，是国家政治、经济、文化中流血和不流血的战争，是有关国家信息安全的终极之战。

自津沪电报线建成，一场争夺中国电报市场的竞争在中国领土上展开。这是一场不见硝烟的战斗，中国胜利了，就将牢牢地掌握电报的主动权；如果失败了，就将在电报事业的发展上受制于人，刚刚起步的电报事业有可能会发育不良而致全军覆没，再要从这场战斗的血泊里爬起来，那就有待时日了。

中国电报网的建成，使拥有了电报主权的中国电信业扬眉吐气，在清政府制定将外商所设陆上旱线"议定由政府备价收回借给公司运用以保主权"[①] 政策的支撑下，始终坚持以国家陆线遏制外商海线，并以此为主权与外商电报公司通过谈判、订立合同的方式，收回外商擅设陆线，与其进行国际电报报费摊分的谈判，维护中国电报利权。

从以下两个历史阶段来叙述。

一、第一阶段：外商独占电报市场时期

大北电报公司敷设陆线电缆

同治十年（1871年）丹麦大北电报公司敷设水线至上海，同年，英商大东电报公司亦自香港经福州之川石山，放海线至宝山，长九百二十四海里（沪港线），与大北电报公司等又擅自架设陆线与海线连接以至上海。对此违背由英使威妥玛与清政府签订的关于电报水线不得上岸的约定之事，"经清政府抗议多次"[②]，但终因中国没有自主电报线而未果。

[①] 钱其琛主编，《铁路电信七十五周年纪念刊》，《七十五年来电信之国际关系》，《水线交涉》，台湾文海出版社，1956年，第72～73页。

[②] 钱其琛主编，《铁路电信七十五周年纪念刊》，《七十五年来电信之国际关系》，《水线交涉》，台湾文海出版社，1956年，第72～73页。

第四章　电信事业的创立与发展

光绪六年（1880年），中国筹建津沪电报线。即将诞生的中国电报，将打破原外商独占电报市场的局面。时大东电报公司董事长正在与中国电报总局、俄国谈判北京—恰克图电报线之事，直接给英国外交部发去密信：中国政府正计划在边界直接与俄国陆线相接，在我看来该计划尤其是违犯特权，直接妨害英国与丹麦在华利益。如该电路连接，（我们）自公众得来的利益将处于一个非常可疑的地位，损害公司的收入，也许使水线降低服务效率。①

英商大东公司设在福州石川的报房（1884年）

大北电报公司驻华总办恒宁生也在致总公司的报告中哀叹："我们知道李（鸿章）的态度依旧敌对，又他将不惜任何代价支持盛（宣怀）……现在中国人没有被列强指挥的心情。"

为捍卫本国电报公司的利益，美、英、法、德等国公使也来到总理衙门，递上照会，表示他们的强烈愤慨和不满。② 外商电报公司之间的竞争也随之开始。英国大东电报公司唯恐俄国的电报经营权延伸到长江以南，又怕大北电报公司真的就此独享垄断中国对外电报的经营权利，就以香港与上海的电报多、业务量大和一条水线不够用为说辞，游说法、美、德三国联合在上海建立万国电报公司，同时想要增建一条上海至香港的水线，以图与大北电报公司争夺中国电报市场的份额。大北电报公司则采取棋高一招的"中外合资"，他们积极联络中国商人，要合办第二条沪港水线。

这是一场不见硝烟的商战，李鸿章上奏总理衙门，果断提出对策：归并海线尚是中策，华商独造旱线方为上策。若准华商添设由沪至沿海陆线，成本较轻，修理较易，报费较省，则海线必衰，英人将闻之夺气，即大北亦无所挟持，是亦釜底抽薪，息争止沸之策也。当此外人窥伺，必须激励华商，群策群力，共图抵制。③

恭亲王立即回复：华商接办沿海陆线，杜外人之狡谋，收自有之权利，诚为要着。深愿早日开办，无不同心维持。③

---

① 《致英国外交部函》，1886年12月31日。
② 《恒宁生报告》第五号。
③ 《李文忠全书》卷十三，第51页。

二、第二阶段：中国自主电报诞生并进入快速发展时期

光绪八年（1882年2月），经南洋大臣会商北洋大臣，津沪电报线陆续由镇江开口，接线至江宁（今南京），架设计程160里，耗资11 900余两。12月23日，李鸿章批准盛宣怀集资创办江苏至浙、闽、粤电报线。①

厦门丹麦大北电报公司

光绪十年（1884年），中国电报总局在上海成立。时英国大东公司正由上海至香港敷设海线。该公司援引丹麦吴淞旱线与厦门上岸之线为例，坚持要在上海福州牵引海线上岸。为维护中国电信主权利益，盛宣怀、郑观应等人根据同治九年清政府关于海线不准牵引上岸的规定，要求丹麦大北电报公司拆除吴淞旱线和它在厦门上岸之线后，与大东公司即按此原则订立合同，合同规定：大东公司所设海线，只能由吴淞口径达香港，所有沿海各处，无论已开未开口岸，一概不准添水线，所过口岸，亦不得分设线端，亦不得援照上海与旱线接头递报，以归中国自主之权利。其中在上海中国允许大东海线做至吴淞口为止，与中国旱线头相接。如大东须趸船，即泊吴淞口近口处所电报总局先期就今后中国电报水线的建设、国际电报报费的收取和摊分与外商电报公司签订合同，以便日后争取中国电报线的建设和利益摊分。

这一合同的签订，维护了中国电信利权，为中国电信国际通信网络的建设奠定了基础。具体史实如下。

（一）遏制外商建设陆线

光绪九年二月二十三日（1883年3月31日），中国电报总局和大东电报公司签订《中英会订上海至香港电报合同》十六款。其主要内容为：中国同意大东水线在羊子角登陆，英方同意中国日后可把电报线从广州接至香港。②

四月初一（1883年5月7日），中国电报总局和大东电报公司签订《上海香港电报章程》六款。其主要内容为：大东水线改在吴淞登陆，中国设淞沪旱线与之相接；外洋各国至中国电报经过这条电线的，中国收取沪港间报费的25%。

四月十三日（1883年5月19日），中国电报总局与大北电报公司签订了《收售上海吴淞旱线合同》，由中国电报局以规银三千两买回大北电报公司所设吴淞至上海

---

① 上海市长途电信局史志办公室编，《上海长途电信百年大事记》，第8页。
② 上海市长途电信局史志办公室编，《上海长途电信百年大事记》，第9页。

之旱线。① 从法律上结束了大北公司非法架设长达10年的陆上电线,维护了中国陆上电报的主权。②

正是有了以上的作为,清史稿上留下了中国电信业捍卫国家通信利权之辉煌的一页:时英、法、德、美各使拟设万国电报公司于上海,增沪至香港各口海线。英使格维纳并援案请增上海至宁波、温州、福州、厦门、汕头海线。李鸿章言:"宜令华商速设沿海陆线,以争先著,使彼无利可图,庶几中止。且从此海疆各省与京、外脉络贯注,实与洋务海防有裨。即商民转输贸易,消息灵通,为利更大。"③ 在苏州至浙、闽、粤陆线因之告成后,其时香港英商方欲设水线至广州,粤督曾国荃④亟造陆线以遏之。于是港线不得侵入粤境,英线不获造至福州。而上海丹线、九龙英线先后毁去,或赏购之。沿海电线,其权悉操于中国之手。此因外线之侵入而次第创设者也。

两广总督曾国荃

(二) 与外商订立合同摊分国际电报报费

光绪十三年五月十七日(1887年7月7日)中国电报公司总办盛杏荪、丹国大北电报公司总理恒宁生、英国大东电报公司经理总办直德签订《华洋电报三公司会订合同九款》⑤。

一、外洋电报,香港、上海、福州、厦门与欧洲过去诸国来往者,不论由海旱线传递,俄国不在其内,均归两水线公司所得。两水线公司将上海、福州、厦门寄至欧洲并欧洲过去诸国,寄至该三口之报费,分与华公司一百分之十分,如海线断一年内不出60日之外,华公司代寄前项电报,仍归还水线公司应得之全寸民费,如出六十日之外,则于第61日为始,全报费归华公司得。

二、外洋电报,除沪、福、厦三口外,不论中国何处与欧洲及欧洲过去诸国来往者,不论由海旱线传递,均归公司,如华旱线断,一年内不出60日之外,水线公司代寄前项电报,仍归还华公司应得之全报费,如出60日之外,则于第61日为始,水线公司每字归还现在旱线报费。

---

① 《清史稿》,志一百二十六,交通三斋,电报。
② 高学良主编,王廉伯审订,《中国近代邮电史》,第187页。
③ 《清史稿》,志一百二十六,交通三。
④ 曾国荃(1824—1890年),曾国藩九弟,湘军主要将领之一,咸丰二年(1852年)取优贡生,赏"伟勇巴图鲁"名号和一品顶戴,加太子少保,封一等伯爵等。与郭嵩焘等修纂《湖南通志》。后历任陕西、山西巡抚,署两广总督,礼部尚书,两江总督兼通商事务大臣。
⑤ 见夏东元《洋务运动史》。

三、华公司两水线公司，于一、二款所注明之外洋报，不论由海旱线传递，香港在内，俄国不在内，一律取价二元，即八法郎克半，如欲更改，须三公司允准方可。

四、现在海边沪、福、港本地电报价目，须三公司允准，方能更改。

五、所有电报，欧洲及欧洲过去诸国，与他国来往经过中国旱线者，定取价五法朗克半。

六、沪、福、港过线费一概除去。

七、所有中国官报，不论由何处寄发，沪、福、厦在内，如走旱线全归华公司，如海线传递，仍出全价，无须分与华公司一百分之十分。此合同与1883年，即光绪九年所订之吴淞合同，同时满期。

以上七款，系合同大根本，其余详细章程后议。

此合同签订后，光绪十三年六月二十一日（1887年8月10日）中国电报总局和大北电报公司、大东电报公司签订《电报齐价摊分详细合同》二十款。其主要内容为：中国和欧美来往电报三方面价必须一律，但淞沪间过线费从此免除不收。①此后中国在英、丹海线摊分所得费用为每年五六十万，岁入共二百数十万元，开支经费利息报效之外，岁有公积。此后，中国电报总局又大东、大北订立齐价合同，从此逐年所入日见加增。②

光绪二十二年六月初一（1896年7月11日），中国电报总局和大北电报公司、大东电报公司签订《电报合同》十六款。其主要内容为：中、丹、英三方经过边界接线处往来电报价目必须一律；三方所得本线费悉归公款之内3份平分；沪、福、厦、港四地相互往来本地电报价目一律，中国得沪、福、厦三地间来往电报报费，两公司得香港与沪、福、厦三地间来往电报报费，以前所订各有关展期至1910年底。③

（三）收买外商沪烟沽、淞沪等电报陆线为国产

光绪二十四年十二月十八日（1899年1月29日），中国电报总局和大北电报公司、大东电报公司签订《中丹英续议条款》，规定在1910年年底以前，非经三方面同意，不得允许他人在中国沿海经营水线电报业务。③

光绪二十六年七月初十（1900年8月4日），义和团运动爆发，华北陆上电线全部被毁，南北信息阻梗，盛宣怀与大东、大北两公司密议安放自天津大沽口经烟台至上海水线（沪烟沽第一线），外假公司知名，实为电局之产，此项水线之费，计合英金21万两，当时无此巨款，订期30年，以报费摊还本息，在未清偿前，由该两公司代

---

① 上海市长途电信局史志办公室编，《上海长途电信百年大事记》，第11页。
② 见夏东元《洋务运动史》。
③ 见夏东元《洋务运动史》，第12页。

第四章 电信事业的创立与发展

办。九月初四（10月26日）中国电报总局和大北电报公司、大东电报公司签订《沪沽新水线合同》十一款，规定两公司代办代管沪、烟、沽水线的详细办法[①]。

是年，德国德荷电报公司将其青岛至烟台的电报线延伸至上海，在宝山登陆，接线至四川路B21号（今四川中路200号）公开营业[②]。美水线电报公司亦与大北、大东两电报公司谈判，谋划在上海登陆，为彼此的商业利益，大北、大东两电报公司以与清政府签订海线独占权为条件，与美商签订密约，美商太平洋公司以50％的股金抵押给英商大东电报公司，以25％的股金抵押给丹商大北电报公司，换取两公司放弃特权，支持美商水线在上海登陆。密约签订后，美商太平洋商务水线电报公司经营的马尼拉至上海电报水线于光绪二十九年（1903年）敷设完成，在宝山县境海门外借用大东公司水线登陆，自设陆线，通达上海公共租界外滩七号，与大北公司合设在一处的该公司报房，收发国际电报[③]。

山东烟台电报局

因以上外商的密约，使中国方面的国际电报摊分一无所得。为争取应该摊分的国际电报报费，

大北电报公司浦东水线房

中国电报总局于光绪三十一年三月初二（1905年4月6日），准许太平洋商务水线电报公司水线在上海登陆。经该水线来往中国和欧美间电报，该公司应按中国所订本线费率的1/3付给中国，电报局去美国电报，不论发报人指定交美线寄发与否，一律交美线传递，但报费应较大东、大北为低，有效期至1929年12月31日[④]。

同时中国电报总局还与大北、大东两电报公司签订《中丹英续订联合齐价摊分合

---

① 钱其琛主编，《铁路电信七十五周年纪念刊》，《七十五年来电信之国际关系》，《水线交涉》，台湾文海出版社，1982年，第72～73页。

② 上海市长途电信局史志办公室编，《上海长途电信百年大事记》，第13页。

③ 上海市长途电信局史志办公室编，《上海长途电信百年大事记》，第14页。

④ 上海市长途电信局史志办公室编，《上海长途电信百年大事记》，第15页。

外商水线公司电缆施工工程进行中

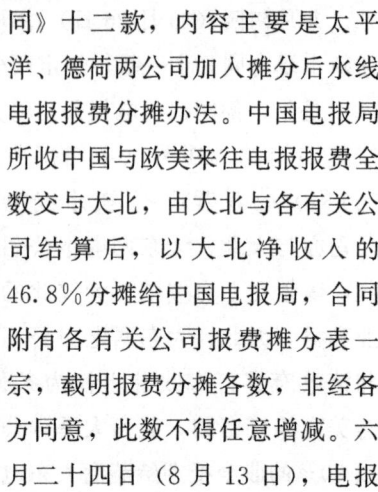

》十二款，内容主要是太平洋、德荷两公司加入摊分后水线电报报费分摊办法。中国电报局所收中国与欧美来往电报报费全数交与大北，由大北与各有关公司结算后，以大北净收入的46.8%分摊给中国电报局，合同附有各有关公司报费摊分表一宗，载明报费分摊各数，非经各方同意，此数不得任意增减。六月二十四日（8月13日），电报总局以虚价银50元收买淞沪电报陆线"作为我国产业"①。双方签署了交还安县凭照②。

（四）自主建设国际电路陆线，维护陆线权利

据《德宗实录》记载：光绪十年（1884年）七月辛未，谕张之洞③："前令广西至云南安设电线。现在滇粤督抚已否办理。能否由龙州径至马白关。著张之洞转电潘鼎新。迅咨岑毓英。立即商办。以速军报。并一面奏闻。勿得迟误。电寄。"④

军机大臣张之洞

光绪十年九月丁卯，云贵总督岑毓英⑤又奏，复陈由广西龙州至云南马白关安设电线。光绪十一年九月庚子，李鸿章奏，筹造云南电线，拟改接鄂线，由川入滇，请饬四川筹借银十万两，湖北筹借银五万两。慈禧皇太后下发谕旨：著丁宝桢、裕禄、彭祖贤如数筹解。以资应用。俟事竣分年缴还归款。并著沿途各督抚。派委妥员帮同办理。仍严饬各地方官一体保护。勿任拆毁。原片

---

① 钱其琛主编，《铁路电信七十五周年纪念刊》，《国际陆线电路》，文海出版社，1982年，第73页。
② 上海市长途电信局史志办公室编，《上海长途电信百年大事记》，第15页。
③ 张之洞（1837—1909年），洋务派代表人物之一，其提出的"中学为体，西学为用"，与曾国藩、李鸿章、左宗棠并称晚清"四大名臣"。同治二年（1863年）中进士第三名探花，授翰林院修撰，历任教习、侍读、侍讲、内阁学士、山西巡抚、两广总督、湖广总督、两江总督（多次署理，从未实授）、军机大臣等职，官至体仁阁大学士。
④ 《清实录光绪朝实录》卷之一百九十。
⑤ 岑毓英（1829—1889年），1868年授云南巡抚，1873年兼署云贵总督，1879年为贵州巡抚，1883年任云贵总督，去世后清廷追赠为太子太傅，谥"襄勤"。

均著钞给阅看。将此由四百里谕知丁宝桢、岑毓英、裕禄、彭祖贤、张凯嵩、潘霨,并传谕李用清知之。①

光绪十二年（1886年），法国驻京公使照会总署，广西边界中国电线距越南、东京之法国电线甚近，若彼此接连，受益匪浅。总署以咨据请北洋大臣李鸿章查复有无窒碍，鸿章因饬总办电报事宜，东海官道盛宣怀查复。旋盛宣怀称：法国陆路电线自镇南关边外起，以达越国、东京至西贡，并通越南各内地。又因西贡接通英线，至暹罗（现泰国）之都城彭高地方，且绕出缅甸，至印度洋等处。中国陆线如与接通，则价目较海线便宜。以上各处电报皆由此线转递获利，诚于中国有益。中国电线即与英丹海线接连，法线事同一律，抵须章程严密，中国界内不准该国陆线侵越尺寸地步，亦不准该国设立电局，无事时不妨接线，以利收益，有事时仍可断线以示隔绝，自无窒碍。李鸿章遂咨商总署核准，照复法使，允其接通②。

光绪十三年三月壬寅，云贵总督岑毓英奏川滇电线接合工成，请分别饬议电奏、驿奏章程，下该衙门议："嗣后该省循例奏案，仍应照常驿递。如有边务紧要事件，应准其先行电达臣衙门代奏，以期迅捷。"③

以上电线的敷设，为建造滇越电线创造了条件。光绪十四年十月，中法签订滇越边界接电线章程十二款，规定中法电线在三处相接：

一、发给在北圻之同登地方电局，与中国广西省之镇南关电局互相接线。

二、法国在北圻之芒街即蒙开地方电局与中国广东省之东兴电局互相接线。

三、法国在北圻之保胜即老开地方电局与中国云南省之蒙自电局互相接线。

滇越电线建成后，光绪帝予以嘉奖：以滇越电线如期通接，予在事出力云南补用道李必昌等优奖，以滇缅接造电线，赏丹国电师占臣游击衔。④

云贵总督岑毓英

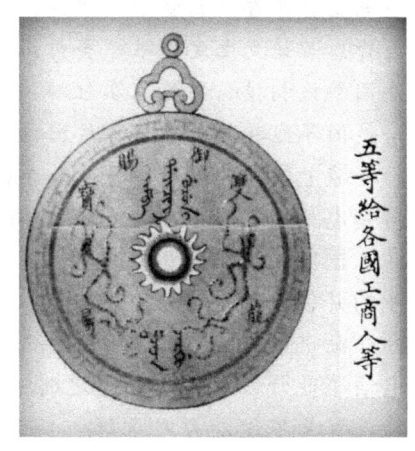

清政府奖给外国工商人士的宝章

---

① 《清实录光绪朝实录》卷之二百十五。
② 钱其琛主编，《铁路电信七十五周年纪念刊》，《国际陆线电路》，文海出版社，第77页。
③ 《清实录光绪朝》卷之二百四十。
④ 《清实录光绪朝》卷之三百三。

以上国家电信建设政策的实施,既保护了国家电信利权,又使清政府有理有据地与外商进行国际电路的连通,以后据此模式接线开通的国际电路有:中俄接线(海兰泡至恰克图线、海兰泡至巴拉奇威斯成斯科线、珲春至诺维奇耶夫斯科线、恰克图至买卖城线);中英接线(中国在云南边界,英国在缅甸边界互相衔接电线,中国二路旱线展至九龙交界处,与大东公司旱线相接,以便与香港通电)。

日后,电信事业的创始人之一盛宣怀对这一段电信历史做了精辟的总结:

当年建立的电报线杆仍竖立在云南铁路沿线

光绪六年(1880年)商请北洋大臣李奏请设津沪陆线,通南北两洋之气,遏洋线进内之机。先约丹国将已造上海陆线拆去归还中国。其水线端与英线皆止许至吴淞为止。丹有厦门海线年久不复能拆,英商援以为请。其香港至上海海线,经过福州,亦准于川石山设一线端为过脉,仍不得入福州。我电局并与香港总督平心理论,亦得于香港设中国电报局,而拆其潜造之新安线。大费唇舌始克立定年限,会订水陆接线合同。其它镇南关、东兴、蒙自、思茅与法国旱线相接,腾越边界红蚌河与英国旱线相接,珲春、黑河屯、恰克图、伊犁与俄国旱线相接,皆与各该国订立条款至详且慎,不使逾越尺寸。

综上所述,从《清史稿》《清实录》以及邮传部的档案,到盛宣怀的总结,再到电信史的记录中,记录了清代洋务运动中,慈禧皇太后给予电信事业的关注,国家给予电信事业的扶持,展现了清代电信初萌的创业史——清代电信事业的开创,是开放吸纳的开创,是维护国家利益的开创,是有计划、成体系、循序渐进的开创,是电信科技事业后来者引进、吸收、创新的开创之源,更是电信事业开创者们在创建之时的百年基业宗旨"一切用人行政始终保持独立精神,丝毫不受外力之束缚,实为此后我国电信建设树立良好之规模"[①]之史实记载。

[①] 钱其琛主编,《铁路电信七十五周年纪念刊》,《电信政策之检讨》,台湾文海出版社,1982年,第2页。

第四节　建立第一条台北至福州电报水线

光绪九年（1883年9月），清政府准刘铭传奏，命妥速筹办台湾至福建海线（水线）及台北至基隆电线。中国电报总局与英国大东电报签订《福州电线合同》，允许大东公司的沪港水线中途在川石登陆，并将原有福州（南台）—长门陆线展至川石，与大东公司双方接转电报，同时撤销长门电局，开设川石电局，为敷设台湾至福州水线创造了条件。但由于法军侵台，建设水线之事缓办。

光绪十年（1884年），中法战争结束，九月，慈禧皇太后对建设台湾至福建海底电缆之事下发两道懿旨：

第一道：再接台湾至福建内地，现饬刘铭传于鹿港设立海线，以通消息。

台湾省巡抚刘铭传

第二道：有人奏、台防孔亟。请饬绅商捐输。并举办电线等语。据称台绅林维源等。家赀殷实。著刘铭传遴委妥员。驰赴各县。设法借用劝捐。毋得藉端勒索。其府城至基隆设立电线。并鹿港安放海线。以达蚶江。再接陆线之处。即著刘铭传查照所奏。咨商杨昌浚等妥速筹办。①

张鸿禄

刘铭传与李彤恩②开始筹划建设台湾至福建电报水线之事。建设水线并非易事，一是水线用费，二是敷设和日后修理电线的轮船，巨额的款项筹措极为艰难。为此，刘铭传特派知府李彤恩赴上海，再与大东公司面议，但该公司开出的价格不菲而且要以现银支付，其具体款项是：由厦门到澎湖再达安平，水程约500里，索价银15.5万两。包修3年，需费银3万两。以后若有损断，彼轮修理，日需银500两。面对如此之高价，李彤恩转而会同试用道③张鸿禄④访问其他洋行，并约同各洋商到台各报实价，择廉成交。时张与李鸿章、盛宣怀私

---

① 《清实录光绪朝实录》卷之一百九十三。
② 李彤恩（生卒不详），浙江候补知府，后赴台任沪尾通商委员。
③ 试用道，清制，职官称谓，亦称候补道。此官职一为高级职官丁忧后再请职者，正常任用，二为边封疆任职积绩者也会得以提升为"候补道"，三为以捐纳方式所获文职最高级之职道员。
④ 张鸿禄（1841—1919年），字叔和，即无锡人张书和，1882年购买昔麦特赫司脱路（今泰兴路）南段原格农所筑几幢洋房，取名味莼园，俗称张家花园，亦称张园。

教甚笃，与郑观应、唐延枢、徐润一起为上海招商局帮办，号称为四大买办之一。在他的召集下，各洋行纷纷参与报价，经一番对比和议定，台府定下敷设水线总费用为：电线价银10万两，轮船价银9万两，修理电线机器价银1万两，测量机器一副、三局电报机器并包运、包房、工价、保险等费共银2万两，总共价银22万两。但由于巨款难筹，此项费用在3年内付清。最后，怡和洋行①代表施本思接受台府先给定银4万两，余下的费用分3年归清，不付利息的条件为承办水线敷设。同时，根据当时每月收银不足四千两的政府财政情况，恐3年之内不能支付剩余的水线建设费用，刘铭传还与因安设电报最为得益的茶商议定，如3年内厘金收数补敷，电价出商家捐助。

光绪十二年（1886年）八月二十八日，刘铭传将合同、船图送海军、总理各国事务衙门，并上《购办水陆电线折》：

> 台湾一岛，孤悬海外，往来文报，每至匝月兼旬，不通音信。水陆电信，实为目前万不可缓之急图。查同治十年，船政大臣沈葆桢奏设立台地水陆电报，曾同上海大东公司议明价值，已定合同，葆桢调任两江，议遂中止。臣于上年法兵解严之后，即竭力经营，水线订于明年六月安设。

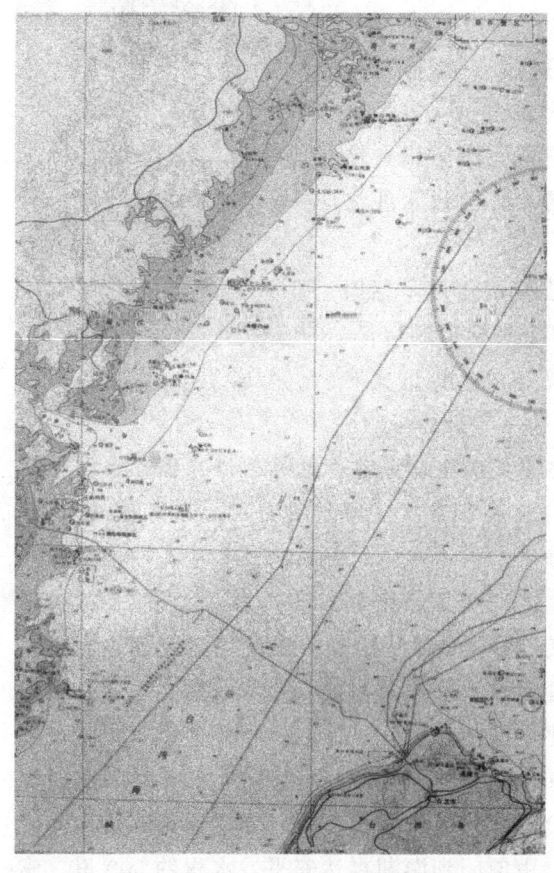

台湾至福州海图中的海底电缆

此事经军机大臣呈报皇帝、皇太后后获得同意，军机大臣奉旨回复：该衙门知道，钦此。②《清实录》对此亦记载存档：福建台湾巡抚刘铭传奏购办水陆电线。报闻。

刘铭传开始以"兴造铁路为网纽、辅之以电线邮政"来为"南洋之枢纽""七省之藩篱"的台湾巩固海防，加强建设。他在台北设立电报总局，任命张维卿为总办，李恩彤为辅佐，架设水陆电线。陆路明线电路为两条贯穿台湾南北的电报

---

① 怡和洋行是最著名的一家老牌英资洋行，远东最大的英资财团，清朝时即从事于中国贸易。洋行对香港早年发展有举足轻重的作用，亦是首家在上海开设的欧洲公司。

② 《刘壮肃公奏议》（第二册），台湾银行经济研究室编印，台湾文献丛刊第27种，第256～258页。

线路：一条是台北至基隆及淡水；另一条是台北经新竹、苗栗、彰化、云林、嘉义等地而至台南。水线为福建至台湾。

台湾至福州水线建设启动。由于因海线取道厦门的海程不便，改由台北沪尾达福州川石，因此，海程多出五六十里，加购水线价银五千两。光绪十三年（1887年1月20日），应刘铭传邀请，张书和往台湾相商大陆与台湾间水线事务，所乘"万年青号"轮船被英国一船撞沉，船上乘客83人罹难，张因没有随众弃船逃命，而是攀上桅杆，得以幸存。①

三月，水线建设分别从基隆、沪尾至台北两线动工。施工船为怡和洋行从英国购入的"飞捷号"水线轮船，经川石（福州）至沪尾（台湾）安放水线。水线敷设施工中，刘铭传事必躬亲，他以"闽台海面，暗礁过多，台南北山径崎岖，溪流横截，线条线杆，均须格外坚牢"要求负责施工的官员往返周巡，妥为

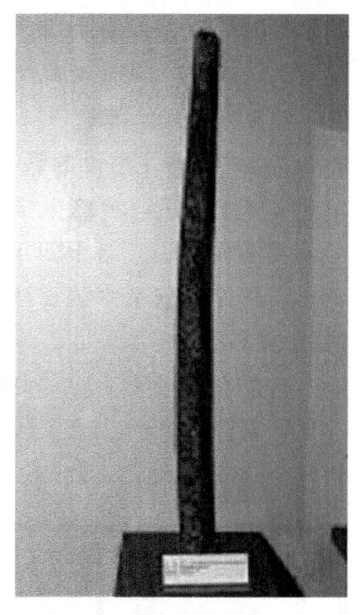

福州至台湾海底电缆实物
（藏福州电信公司博物馆）

安插，以使电报关系海防又益民生。负责施工的官员与参与一线施工的船政电报学堂毕业生一起，出没于惊涛骇浪之中，"即无虚糜，又无损失"建成水线，使台湾这块"海外孤悬之地，一旦与内地息息相通，所裨于海疆甚巨"②。

八月二十三日，水线接通。刘铭传将水线建设完工情况奏本清政府：十三年三月甫将基隆、沪尾合至台北两线动工，八月怡和洋行承办水线，装由"飞捷"水线轮船到台，经臣委员验收，随即驾驶勘量海道，将川石至沪尾水线妥安。福台两省先行通报。③

八月二十五日（1887年10月11日），上海《申报》报道：昨接台湾电信，得知台北沪尾口至福州川石山水线已于廿三日造齐，廿四日通报，从此闽城信息往来自必较常灵捷矣。

九月二十七日，怡和洋行麦葛先生即将满载回国，商人祝少英邀请华商24人、西商13人，在张园为麦葛践行，并邀请《申报》主笔"高昌寒食生"赴会，为之作记。餐会前先摄合影，众人致辞，席间有位醉醺者弹奏洋琴，众人和之，满席生风，

---

① 杭春芳、夏以群主编，《张园传奇》，同济大学出版社，2013年8月，第16页。
② 刘铭传，《购买水陆电线告成援案请奖折》，光绪十四年五月初五，《刘壮肃公奏议》（第二册），第259页。
③ 《船政奏议汇编》，卷二十八，裴荫森，《洋教习到工添盖学堂洋房片》。

其乐融融①。尔后，水线继续展至澎湖，并放线达台南安平口。十月，水线工程全部完工。从此，"海陆两线既成，自台湾可通福州，远而至于东西各国，莫不瞬息万里，而台湾不至孤立矣"②。

这是中国自主敷设的第一条海底电缆。

水线竣工后，台湾电报路线开始架设。十一月间由台南接办陆线，取道彰化，迤逦而北。光绪十四年二月初一，与台北基隆、沪尾两线接通，分设川石、沪尾、澎湖、安平水线房4所，整个工程水陆设电线一千四百余里，用银二十八万七千两。

电报水陆线完工后，沿途分别设立台南、安平、旗后、澎湖、彰化、台北、沪尾、基隆、新竹、嘉义十局开办电报业务，使得台湾政治、经济、文化信息快速传递于清政府。台湾的军事设施得到加强，时在基隆先后新建和加固大小炮台十多座，海防的巩固成为台湾经济发展的坚强后盾。

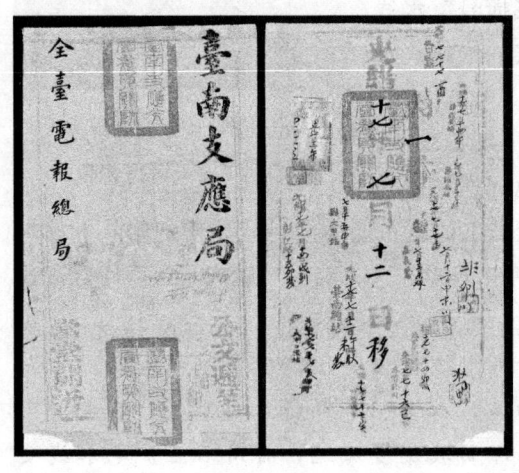

光绪十七年全台电报总局电报

光绪十三年（1887年），刘铭传再奏请清政府建立台湾省城、衙署、坛庙，制械设电，招垦抚番，次第整顿台湾经济与文化。是年，清政府准旨，自康熙年间隶属于福建省管辖的台湾，跨越204年岁月，成为中央政府直辖的省份。台湾建省之后下设台北府、台湾府、台南府三府③。

光绪十七年（1891年）十二月又建成福州督署至长门电报线1条，开通督署报房至长门报房电报电路。是年，闽浙总督④衙门可经川石岛与台湾省台北直接通电报，清政府的各项命令得以迅速传递到台湾⑤。

刘铭传在台任职6年，由他主持的台湾电报水陆线建设，为清政府在台

---

① 杭春芳、夏以群主编，《张园——清末民初上海的社会沙龙（史料）》，同济大学出版社，2013年8月，第57页。

② 《台湾通史》，邮电。

③ 台湾设省首由左宗棠于光绪十一年奏请清廷，清廷下旨，另军机大臣、总理各国事务大臣、六部、九卿会同各省督抚议奏。光绪元年沈葆桢再奏，十三年夏四月，新任巡抚刘铭传会同闽浙总督杨昌浚合奏再请设省，清廷下旨：诏曰可。于是分设三府、一州、三厅、十一县，以台湾府为省会，驻巡抚。

④ 闽浙总督，是清朝九位最高级的封疆大臣之一，总管福建、浙江的军民政务。光绪十一年（1885年），清朝正式设立台湾省，命刘铭传为首任台湾巡抚，归闽浙总督管辖，至此闽浙总督统管福建、浙江、台湾三省军民政务。

⑤ 《福州市志》《福州电报》。

湾进行军事、政府管理体系及经济、文化、教育等改革，提供了沟通的强大功能。电报信息的沟通与清政府的决策、政府的执行力、社会与群众的认同参与相结合，全面推进了台湾社会的近代化进程，使台湾的面貌焕然一新。

台湾府：变通垂远，富庶之基，气象宏敞矣。台南府：地虽硗瘠，而帆樯鳞集，百物所聚，风气顿开，亦外一大都会也。台北府：艋舺当鸡笼、龟仑两大山之间，沃壤平原，两豁环抱，村落衢市，蔚成大观。①

台湾淡水至福州川石电报水线的建成，是中国通信历史上一个辉煌的起点，它是继康熙皇帝统一台湾、建立大一统中国版图之历史的延续，它以大清帝国第一条电报水线的骄傲，隐身在海峡两岸的碧海蓝天之下，以电报

清代台湾地图中的台湾府衙门

清代台湾地图中的台南府
（旅美琴江水师营后裔珍藏）

的嘀嗒声穿越海底，与祖国大陆的电报通信网融为一体。至此，中国电信传输系统已于世界发达国家的电信水平基本持平，拥有了明线、海底电缆技术。

淡水河远眺（摄影：冯台源）

---

① 《台湾通志》，清，薛绍元著。

第五节　官军电报进入军机处

紫禁城里的清政府军机处

光绪十年（1884年3月12日），第一封电报进入军机处[①]存档。

8月5日起，中国电报线路从通州架到北京的通信工程开工，为保大清王朝的龙脉，改用双芯水线（电缆），由外护城河第二道水闸进入东便门内城。改用铜线双线架设陆线，电线杆均改为特制的红漆木杆，8月22日，一线延伸到崇文门外商贾集中的西河沿喜鹊胡同一处官宅，建立接收商电，被称为"商电局"的北京电报局，8月30日，一线延伸到崇文门内泡子河吕公堂，建立专递官电，设立官电报房的"官电局"[②]。时官电局主要是报房，较商电局只少一个柜台，两局设委员，辖于北洋大臣直接委派的总办。

电报成为新的公文，使清政府的办公方式改变，由军机处专设的电报档里，来去电报由设在总署的官电报房负责收发和送呈。时皇上颁发的谕旨叫上谕。为了存档备查，军机处将皇上的谕旨在颁发前都抄一份留下来，一月装订一册，以备查用。至清逊朝，《上谕档》共存世1751册。

时清军机处官军电报记录时间的方法为：

一、用农历记年。在电报档案原件中，发电日期只记日，对于年月根本不作记录，采用传统的皇帝号记年，使用农历年、月、日记录完整。

二、用"韵目代日"。发电日期的记录省略了年、月的记载，只记日，而且使用"韵目代日"的方法，即从作诗填词时使用的《韵目表》中挑选代替日期的31个韵目，分别代表31天。

三、用时辰表示时刻。发出的电报以时辰来做记录，用地支"子、丑、寅、卯、辰、巳、午、未、申、酉、戌、亥"来表示。

[①] 雍正七年（1729年），始于隆宗门内设置军机房，雍正十年（1732年），改称"办理军机处"，简称"军机处"。设军机大臣、军机章京等。宣统三年（1911年）4月，"责任内阁"成立后军机处被撤销。

[②]《北京志》，北京出版社，2004年3月，市政卷，电信志，北，第二篇，第二节，第195页。

四、以时、分为单位记时。收到电报的时间以时、分为单位来记时。①

终清一代,清军机处收了多少份电报?都涉及哪些事?这些官军电报怎么管理?据中国第一历史档案馆馆藏的军机处电报档案资料记载,约为五万余份,分为三类,类下设项,项内编年。具体为:电旨类,下设一项,电寄谕旨档;综合类,下设七项,电报档、发电档、收发电档、呈递电信档、未递电信档、庚辛宣统电报档、责任内阁电报档;专题类,下设八项,中法战

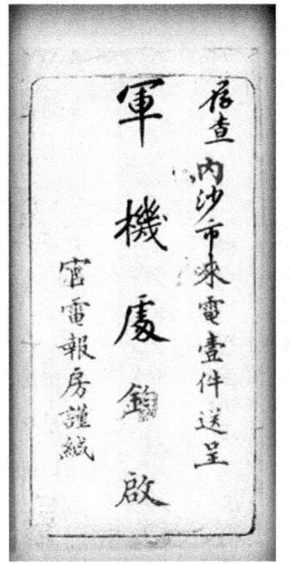
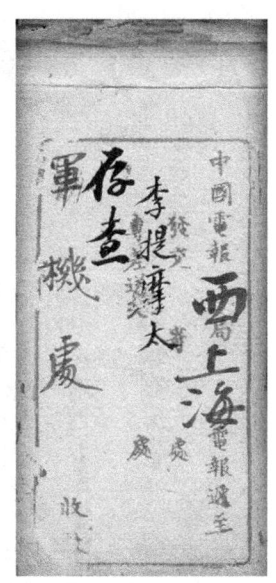

清官电局官报房报封

役收电档、各省筹款电报档、商约发电档、商约收电档、东事发电档、东事收电档、密电档、云南河口事件收电档。

珍藏的清政府军机处档案,涉及清政府政治、经济、军事、文化、农业、工业、外交、科技、教育、宗教等诸方面的核心机密,内容包括贸易、水利、宗教、民族、矿务、华工、会党等方面。其中关于光绪年间电报建设的有:光绪五年,李鸿章在修建了第一条军用电报线路后,开通了津沪电报线路,并在天津设立电报总局;光绪十年,云桂架设通信电线,琼州架设通信电线;光绪十一年,桂省电线修复;光绪十六年,大东大北公司在华合办电线;光绪十八年,陕西、甘肃、山西洪洞修复砍毁电线,新疆架设电线;光绪十九年,新疆电线分三路赶造;光绪二十年,展设塔城电线,营口赶修日军毁坏电线;光绪二十一年,京城增设多路通信电线,天津至山海关修通铁路电线;光绪二十四年,中俄架设电报电线;光绪二十八年,催英归还经沽电线;光绪三十一年,架设滇缅电线、奉天新民电线,并续商滇缅电线条约等。①

光绪二十四年(1898年),官电局迁入东堂子胡同的总理各国事务衙门。8月27日,清政府下旨:"翮后明降御旨,皆由电报局电告知各省"。时皇帝下行的电报,称为"电旨",也称为"电寄谕旨"。由军机处、总理衙门及各地大臣发往清政府的,称为"电奏",各部机构间直接发送的则称为"电信"。这些存世的电报,翔实可靠地记录了晚清重大军政事件的历史主脉络。电报以其快捷的信息传递,应用于国家紧急重大事件。比如,中法战争、中日战争、义和团运动、八国联军入京等

---

① 雁旭,中国第一历史档案馆副研究员,《清代军机处电报档案综述》。

重大事件发生的年份，电报档就会骤然增多。电报档不但可与同期的奏折（包括录副奏折）、廷寄互为补充，而且一些内容为奏折与廷寄所不具备。通常情况下，奏折与廷寄，是朝廷与地方的主要文书渠道。一些重要事件，除及时电报外，随后还会有奏折上报，对简约的电报做更进一步的详释。①

存世的军机处电报档案中，既有商业用的电报编码"商码"，也有总署专用的"署码"，这是中国最早的官方密电码。在中法战争期间，慈禧皇太后曾下令：何如璋奏、总理衙门印有电报密本。船政未承颁发等语。著该衙门即将电报密本妥交何如璋领用。②

电报进入紫禁城成为国家档案，时负责电寄档案的纂修官为杨兆麟。他抄录和翻译的电报，记录了自光绪十年以来国家最高的

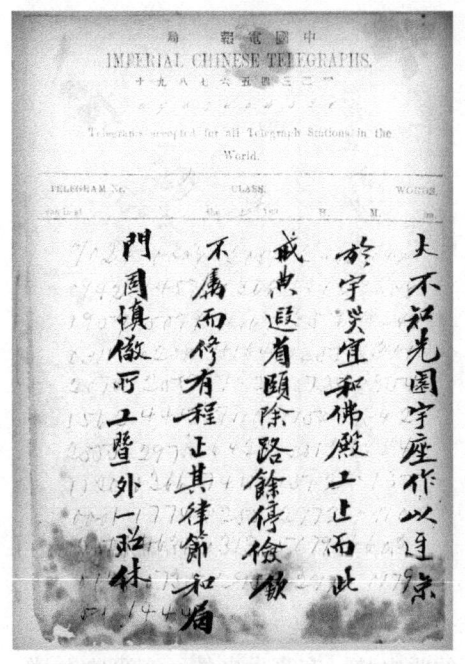

皇帝关于维修颐和园工程的上谕电报

核心机密，因电报能够迅速传递信息，所以使得很多历史事件的细枝末节更加清晰明了，这一点是其他文种无法比拟的。

如在外交事务、他国来访、派遣出国使臣、国际谈判、引进外籍教习等方面，充分体现了电报快捷实效的作用。在国内外贸易方面，军机处电报档案中记载的内容，反映了清政府通过电报迅速了解市场行情的变化、货价的涨落，促进了物质交流和市场的形成；在国家军事建设方面，订购军火、加强海防等事务均由电报进行联络；在民生方面，使用电报通报水文测量和汛情报警，使得清中央政府及时对灾情拨出款项救灾。

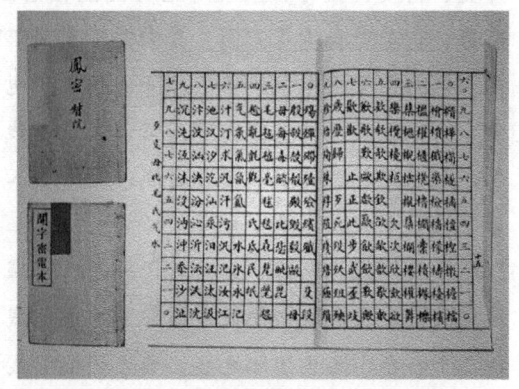

清代密码电报本

光绪二十六年（1900年），京津电报线路全部被毁，北京电报局遭到严重破坏，义和团焚毁商电局，八国联军占领官电局，大东、大北两电报公司即将商电局业务迁至东单二条胡同继办。次年，被占领的总理各国事务衙门恢复，原官电局改称外

---

① 雁旭，中国第一历史档案馆副研究员，《清代军机处电报档案综述》。
② 《清实录光绪朝实录》卷之一百八十八。

务部电局，由大东、大北的东单二条商电局接线收发电报。

官电局日后与商电局合并，具体史实如下。

光绪三十三年（1907年），邮传部决定购地在北京城内长安街12号（东单二条合同路南商电局前方）自建北京电报局。时其建筑总面积为3 360平方米，主楼有4层，内设电报营业处，国内、国际莫尔斯人工报房和电力室等①。

邮传部在回收省电与官电局工作结束后，为理顺电报事业的管理，将商电局与官电局合成一体，官电、军电由电报局设专职人员统一管理拍发及投递事宜，独立的官电报房成为历史。

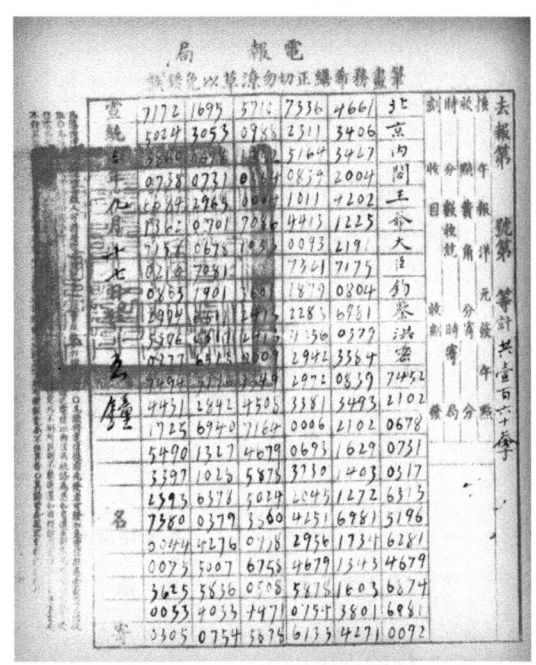

军机大臣铁良拍发的密码电报

清王朝逊朝后，军机处电寄档结束历史使命，遗留下中国电信业的珍贵文物——5万多份电报，其内容经整理后，以24 348页、4万份电报的内容，汇聚在《清代军机处电报档汇编》②中，成为中国电信业在清代社会价值及本身发展轨迹中永久、翔实的记录，与清宫档案库里皇史宬金柜里的档案一起，千秋万代讲述着清王朝兴衰286年的历史。

第六节　清政府批准开办电话

光绪二十五年十月十七日（1899年11月19日），盛宣怀向光绪皇帝奏折开办电话：再德律风创自欧美，于电报为支流，如江河之水支流之分泄，多则正流之水来源微，是德律风本与电报相妨碍者也。第新理日出人情喜便，无智愚长幼之别，无学习译录之难，入手而能用，着耳而得声，坐一室而可对百朋，隔颜色而可亲謦，此亘古未有之便益，故创行未三十年偏于各国。其始止达数十里，现已可通数千里。新机即辟，不可禁遏。然使与电报各树一帜，则涓涓分派积久而可断正流。日本电

---

① 《北京志》，市政卷，电信志，第二篇，电信建设，北京出版社，2004年3月，第196页。
② 国家清史编纂委员会·档案丛刊，《清代军机处电报档汇编》，中国第一历史档案馆，中国人民大学出版社，2005年9月。

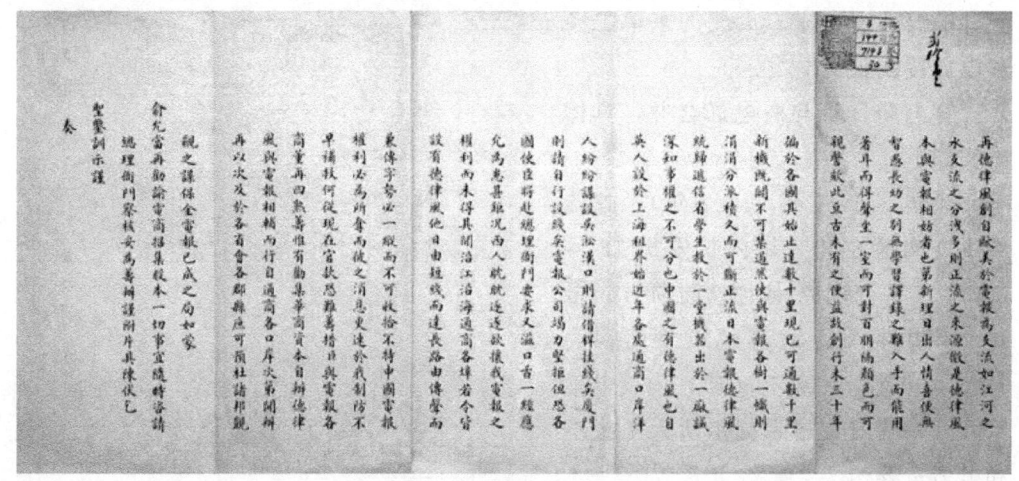

盛宣怀呈光绪帝开办电话奏折

光绪皇帝

报、德律风统归递信省，学生教于一堂，机器出于一厂，诚深知事权之不可分也。中国之有德律风，也自英人设于上海租界始，近年各处通商口岸，洋人纷纷谋设，吴淞、汉口则请借杆挂线矣，厦门则请自行设线矣。电报公司竭力坚拒，但恐各国使臣将赴总理衙门要求，又滋口舌。一经应允，为患甚钜。况西人眈眈逐逐欲攘我电报之权利而未得，其闻沿江沿海通商各埠若令皆设有德律风，他日由短而达长路，由传声而兼传字，势必一纵而不可收拾。不特中国电报权利必为所夺，而彼之消息更速于我，制防不早，补救何从？现在官款恐难筹措，臣与电报各商董再四熟筹，唯有劝集华商资本自办德律风，与电报相辅而行。自通商各口岸次第开办，再以次及于各省会、各郡县，庶可预杜诸邦觊觎之谋，保全电报已成之局。如蒙俞允，当再劝谕电商招集股本，一切事宜随时咨询，总理衙门察核妥为筹办。

正在进行变法维新、推行新政的光绪皇帝立即决定采纳。这一事件记入《大清德宗景皇帝实录》："督办铁路大臣大理寺少卿盛宣怀奏：电报公司拟添设德律风，杜外人觊觎之谋，保电局已就之利，允之。"并就电话建设事宜回复："电话归电报局兼办，以电报余利为推广电话之需。"这是中国官办电话的第一个文件。

然而，电信事业的发展与国家形势息息相关。

光绪二十六年（1900年），英、美、俄、日、法、德、意、奥八国联军发动侵华战争。6月21日，清帝国发布《宣战诏书》，向八国联军开战。在北方战火连连之时，6月26日，以上海道台余联沅①为代表，邀约各国领事议定《东南保护条款》九条和《保护上海租界城厢内外章程》十款。《东南保护条款》的主要内容为：上海租界归各国共同保护，长江及苏、杭内地各国商民教士产业均归南洋大臣、各督抚切

各国驻沪总领事与余联沅签署《东南保护条款》的合影

实保护。《保护上海租界城厢内外章程》的主要内容为：租界内华人及其产业，应由各国巡捕巡防保护，租界外洋人教堂教民，应由地方政府妥为巡防保护。闽浙总督许应骙②亦与大国订立《福建互保协定》，尔后，在李鸿章的支持下，湖广总督张之洞、两江总督刘坤一、四川总督奎俊③、福州将军善联、大理寺卿盛宣怀、浙江巡抚刘树棠、安徽巡抚王之春等官员将互保范围扩大到广东、四川、陕西、河南、山东等十余省。这，即是清末历史之"东南互保"。

8月，八国联军攻陷北京，清政府移驻西安。时电报总局为国家处于紧急状态中的通信需要，命上海电报局会办周万鹏筹设陕西、河南间电报线路④。将原定首在广州投资建设电话局一事暂时停顿，转而启动由两江总督刘坤一以"因防务戒严，省垣地方辽阔，文武各员分驻较远，遇事传商，深虑稽延"，奏请清廷"分段安设德律风，以线传语，以期呼应灵通"为由建设电话。

慈禧皇太后、光绪皇帝准刘坤一旨，并准以江南筹防用银 2 963 两，在南京润德里的江南官电局⑤设电话交换所（当时被称之为"德律风总汇处"）之市内电话工程。初设 50 门磁石式人工交换机一部，实装单机 16 部，均为官邸衙署使用。这是我国自办电话的第一代磁石式电话交换机局，也是中国官办的第一个市内电话通信官网，开

---

① 余联沅（1844—1901 年），历任翰林院编修，充国史馆协修，巡城御史，四川监察御史，江西按察使，浙江巡抚，福建布政使，淞、沪、太兵备道等职。

② 许应骙（1832—1903 年），历任翰林院侍读、侍讲学士、甘肃学政，旋升内阁学士、兵部左侍郎、工部尚书、总理各国事务衙门大臣、礼部尚书、闽浙总督等职。1900 年参加"东南互保"，1902 年被劾罢归。

③ 瓜尔佳·奎俊（1843—1916 年），满洲正白旗人，瓜尔佳氏，蒙古族，书法家，历任山西巡抚、江苏巡抚、四川总督、署成都将军、刑部尚书、吏部尚书、内务府大臣等职。宣统三年（1911 年）为奕劻内阁弼德院顾问大臣。

④ 时称"驿路电线"，施工 5 个月建成。《上海邮电志》第十篇，人物，上海社会科学院出版社，1998 年 10 月，第 762 页。

⑤ 江南官电局，光绪七年（1881 年）八月成立，隶属于两江总督府。为南京官办电信机构，局址始设于金陵机器制造局内，旋改附于支应局督练公所。其下辖有总督署、下关、图山关、象山、浒浦、狮子林、江阴、福山、吴淞、崇明等电报分局及镇江、无锡转报局。见光绪三十四年《邮传部交通统计表》。

两江总督刘坤一

创了中国自主电话事业,也开创了中国百年通信业之电报、电话合营之源。

光绪十五年(1889年),安庆电报局会办彭名保设计制造成功中国第一部电话机,时称为"传声器",通话距离最远可达300华里①。时巡抚、藩署官员来到黄甲山,观看了时名为"传声器"的电话机。当大人们在不同的房间,通过捂在耳朵上的听筒,听到对方说话的声音时,都讶异得说不出话来。细一问,包括大小吸铁、炭精、花板、听筒、音盒等零件,有五六十种,都是彭名保自己一个人鼓捣出来的。300华里,一匹快马还要跑上半天,这还了得!于是对彭名保刮目相看,立刻向朝廷奏报。都说只有外国洋人才造得出来的这机器,在安庆,在黄甲山,彭名保也把它造出来了!这是为咱大清帝国争了一口硬气啊。于是"传声器"往上报的时候,就说成了"争气电话"。一时间,安徽省城安庆,因这部"争气电话"的诞生,广为中外所知②。

光绪二十八年(1902年),湖广总督张之洞在汉口、武昌筹资兴办武汉三镇电话,设磁石交换机30门,专供官署衙门使用。随后,京都(北京)、天津、广州、上海、奉天(沈阳)、福州、太原、烟台、昆明等地先后建立部办、省办或商办电话。至宣统二年,京都电话改装供电式电话局8处,各省官办、商办电话18处,装机容量为3 200门③。时对于电话事业的发展,慈禧皇太后是放在国家财政的整体情况上来考虑的。光绪三十年六月,督办电政大臣直隶总督袁世凯上奏省创办电话。请所有机器电料请照案免纳厘税以轻成本报慈禧皇太后,对此请求,慈禧皇太后下旨驳回:省电话用户既多。收数亦旺。际此库款空虚税项关系重要。未便衹顾电局之赢余。转使公家受其亏损所有机器电料。仍应徵税。以昭画一从之。④

安庆电报局会办彭名保

---

① 市里的别称,区别于"公里""英里"。
② 《彭名保安庆传奇》,http://blog.sina.com.cn/s/blog_55a4207f0100092v.html。
③ 钱其琮主编,《铁路电信七十五周年纪念刊》,文海出版社,1982年,第52页。
④ 《清实录光绪朝实录》卷之五百三十二。

第七节　无线电通信在广州诞生

无线电通信发明人——伽利尔摩·马可尼

光绪二十五年（1899年），无线电报首次进入中国广州。

1895年意大利人伽利尔摩·马可尼[①]发明了无线电报机。

光绪二十五年（1899年），无线电报首次进入中国广州。是年，清政府决定在广州督署、马口、前山、威远等要塞以及广海、宝壁、龙骧、江大、江巩等地的江防军舰上设立无线电报机。该项通信工程由丹麦人那森承办[②]。这是中国最早的海岸电台。从此，清代海军将士有了千里眼、顺风耳。"联鲸""永绩""永健"等一艘艘军舰在无线电报的"嘀嗒"声中巡逻在祖国的海疆。鸦片战争的阴霾一扫而去，南方的海域暂时风平浪静。

1901年12月16日，马可尼携助手两人横渡大西洋，带收报机在纽芬兰 St. John's（圣约翰斯）登陆，以几种方法架设收报天线，进行无线电天线试验，经连续拍发"S"字母，实现了2 000英里以外的无线电通信信号互通，实现了无线电信号越洋通信[③]。

光绪二十七年（1901年），李鸿章逝世。袁世凯[④]署理直隶总督，兼充北洋大臣

---

① 伽利尔摩·马可尼（1874—1937年），意大利无线电工程师、企业家，实用无线电报通信的创始人。1897年，在伦敦成立"马可尼无线电报公司"。1909年他与布劳恩一起获得诺贝尔物理学奖，被称为"无线电之父"。
② 《广东省邮电大事记》，光绪二十五年。
③ 王崇植、恽震著，《无线电与中国》，第8页。
④ 袁世凯（1859—1916年），北洋新军创始人。清末新政期间推动近代化改革，当选为第一任中华民国大总统。在位期间发展实业，统一币制，创立近代化司法和教育制度，后期因恢复帝制而受到广泛的抵制和反对。其去世后，各派军阀争夺大总统之混战峰起。

（翌年改为实授）。此后，袁世凯又兼任督办商务大臣、电政大臣、铁路大臣。

袁世凯

陆军部尚书、练兵大臣铁良

光绪二十九年（1903年11月），权重位高的袁世凯建议清政府设立练兵处编练新军，请庆亲王为总理练兵大臣，自己为会办大臣，编成北洋军6镇，共6万余人。

除第一镇是铁良[①]统率的八旗军外，其余皆是袁世凯的亲信，以袁世凯为首的北洋军阀集团基本形成。当时，朝有六政，每由军机处问诸北洋。

光绪三十一年（1905年7月），袁世凯上奏慈禧皇太后《筹设北洋无线电报情形》折[②]。呈报了其在天津开办无线电训练班，聘请丹麦人璞尔生和意大利人葛拉斯为教师，委托葛拉斯代购马可尼无线电机，在南苑、保定、天津等处行营及将"海圻""海容"[③]"海筹""海琛"四艘军舰装用，用无线电进行相互联系的全过程，全面构架了一张军队海陆无线电通信网。同时，由于预见到无线电通信的方便、快捷，袁世凯等人还上奏慈禧皇太后：外国新创无虻港戈电报。轻巧便利。最易阑入中土。请援照公例声明。无论何国何人。一概不准在中国境内私设。以维电政。又奏、请声明中国电话。除通商口岸已设之电话外。无论何地何人。凡未经中国政府。及电局允准者。概不准辟设电话。以保电利。[④]

慈禧皇太后的批复是：均下部知之。

---

① 铁良（1863—1939年），穆尔察氏，满洲镶白旗人，曾为荣禄幕僚，后任户部、兵部侍郎。1903年铁良赴日本考察军事，回国后任练兵大臣，协助袁世凯创设北洋六镇新军，继任军机大臣。

② 见北京通信电信博物馆史料。

③ "海容"号、"海筹"号和"海琛"号这三艘同型巡洋舰是总理衙门于1896年5月下令，中国驻德国公使许景澄向德国伏尔铿造船厂订造。

④ 《清实录光绪朝实录》卷之五百四十七。

第四章　电信事业的创立与发展

第八节　长途电话在京津间诞生

北京电话总局人工电话接续台

长途电话源于电话发明人贝尔。1878年，他架设了从美国波士顿至纽约全长300千米的长途电话线路。

光绪二十七年（1901年），长途电话线路在中国出现。是年，八国联军进攻北京，曾任天津电报学堂教习的丹麦商人璞尔生，在天津英租界维多利亚胡同3号（今大沽路新成里）设立德律风公司，丹麦人璞尔生从天津英租界维多利亚三号的"电铃公司"出发，一路竖杆架线到北京，在东城船板胡同开设"电铃公司"，在使馆、衙署间，为近百名用户安装了电话，并开通了北京和天津之间的长途电话。

这是外商在中国架设的第一条长途电话线路。

光绪二十九年（1903年），电政大臣袁

天津英租界维多利亚的"电铃公司"

109

北京电报局总办黄开文

世凯筹建京津塘自办长途电话。次年九月二十七日,京津电话线架设到天津新车站。十月十日,自办京津电话开通,在天津东门里电报局内设局。十一月二十三日,北京、天津、大沽、新河间长途电话通话①。

这是中国第一条自己建设并经营的长途电话线路。

光绪三十一年二月十八日(1905 年 3 月 23 日),北京电报局总办黄开文②、天津电报局张振繁代表中国电报局,与璞尔生签订收购"电铃公司"合同。尔后,将"电铃公司"在北京和天津租界架设的电话线路及电话通信设施收归国有,应允付给璞尔生白银 5 万两,两年半分期付清,同月,聘任璞尔生为北京电话局顾问。

光绪三十一年四月一日(1905 年 5 月 4 日),北京电话局正式接收"电铃公司"在北京设立的电话局所③,分别在北京灯市口建立北京电话总局,在天津闸口建立天津电话总局。天津与北京的市内电话、长途电话全部由中国电报局总经营。

第九节 军政电话专用官网建成

光绪二十七年(1901 年 1 月 28 日),慈禧皇太后在西安发布《变法上谕》。从启动维新变法,进而发展到清末立宪。其变化与实施固然由整个社会推动,但其中各种信息的沟通和传播功不可没——此时,电报进入中国 20 年,中国电报全国联网,自主管理的电话、无线电通信诞生。国家通信本地网开始兴建。

2 月,由清政府批准,聘请丹麦人璞尔生负责建设第一条清政府专用、由京城(外务部)至京西万寿山的军政电话线路。

光绪二十八年九月二十五日(1902 年 10 月 26 日)专线工程竣工,成为住颐和园办理国事的慈禧太后指挥外务部和清政府军队的专用电话线④。

这是中国第一条国家级军政专线。至此,电话正式进入皇家圣地。

光绪二十九年(1903 年 9 月),时任督办电政大臣袁世凯奏请批准试办京都顺天府(现北京)电话,北京电报局总办黄开文开始筹设京城内朝廷大臣与颐和园间

---

① 《天津通志》,邮电志,大事记略,天津社会科学院出版社,2002 年 1 月,第 21 页。
② 黄开文(生卒不详),历任北京电报局总办、北京电话局总办、东三省电报局总办、奉天劝业道、汉口电报局总办等职,官至二品。
③ 《北京志》,市政卷,电信志,第 54 页。
④ 《北京电信志》,第一篇,电信业务,第 53 页。

电话,用以解决通信急需。时由黄开文兼任电话局总办,聘日本人吉田正秀协助设计,同时筹设北京八旗各军营和万寿山窦营的电话①。

光绪二十九年十一月十五日(1904年1月2日),北京电话局在东单二条胡同光绪皇帝老师翁同龢②的住宅旁门(8间马厩房)处,装置应答塞孔式的100门磁石电话交换机,聘吉田正秀为参赞,辻野朔次为工程师,安装磁石式人工电话交换机100门。主要开通各部衙署以及朝廷大臣、亲王权贵的住宅电话。

清代设立的军政电话接续台

是年,清政府将原装于京西松树畦(京西王寿山)八旗军营的总机移装西苑挂甲屯,称为二分局。翌年又以5万两白银收买"电铃公司"的设备移装于南苑③万地,开设南苑电话局,供军用④。

光绪三十年六月(1904年7月),设电话总机于帅府园姜桂题⑤军统营⑥。随后,电话用户逐年增长,北京于西单西斜街玉皇庙建立电话西局,服务范围为皇城以西、以北地区;建立电话南局,服务范围主要是北京外城的官员;建立电话东局,服务范围是皇城以东、以北地区的衙门和官办机构的官员。至此,京城电话达到1 800多户。

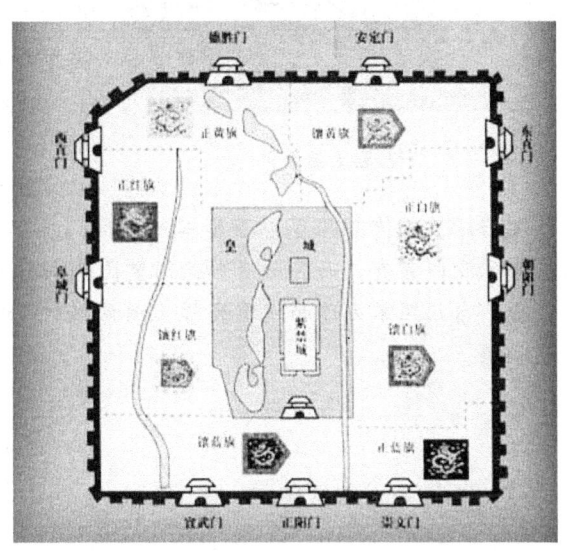

按京师八旗驻防图设各军营之间的电话

---

① 《北京电信志》,第一篇,电信业务,第53页。
② 翁同龢(1830—1904年),晚清政坛的重要人物,先后担任同治、光绪两代帝师,历任户部、工部尚书,军机大臣兼总理各国事务衙门大臣。
③ 南苑,清代历代帝王八旗阅兵之地。
④ 《北京志》,市政卷,电信志,第54页。
⑤ 姜桂题(1844—1922年),1895年应袁世凯之邀加入北洋集团,任右翼翼长兼步兵第一营统带。1898年改为武卫左军(北洋五大军队之一)。1899年任武卫左右军统领。1900年调入北京统领禁卫军。1920年徐世昌封其为"昭武上将军"与"昭威上将军"。
⑥ 《北京电信志》,第一篇,电信业务,第53页。

隆裕太后画像

与此同时，筹设北京八旗各军营和万寿山窦营与各衙门联网的电话内城总局工程也得以先后完成。这就是中国最早的本地电话官网。

光绪三十四年七月（1908年8月），慈禧太后为指挥灵便，命为光绪帝设立电话"专备上用"，遂由颐和园"水木自亲殿"至西苑门内（今中南海）"来薰风门"东配殿岸设电话专线①。

宣统二年（1910年4月），主政的隆裕太后②在紫禁城后宫的建福宫、储秀宫和长春宫设立了6部专线电话，安装了一台10门小型电话交换机③。这是中国最早的国家最高军政电话局，也是唯一的皇家电话局。

是年十月初二，步军统领衙门④呈开朝阳门外将军衙门及阜成门外新设公所电话，以该处电话为官用为由，咨文邮传部请减免相关费用。邮传部回复：原步军统领衙门电话从前减收电费，是在商办电话之前，而今已收归官有，而且所有各衙门暨民政部内外城总厅因公安设电话均系照章纳收全费，自应照章办理而以重公帑而免两歧⑤。邮传部对于官电的管理原则，由此可见一斑。

---

① 《北京电信志》，第一篇，电信业务，第53页。

② 隆裕太后（1868—1913年），叶赫那拉氏，满洲镶黄旗人，慈禧之弟副都统桂祥之女。光绪十四年（1888年）被慈禧太后钦点成婚，次年立为皇后，并在婚期过后住进东六宫之一的钟粹宫。1913年2月22日，隆裕太后在西六宫之一的太极殿病逝，享年46岁。上谥曰孝定隆裕宽惠慎哲协天保圣景皇后，中华民国政府以国丧规格处理丧事，与光绪帝合葬崇陵（河北易县清西陵）。

③ 《北京电信志》，第一篇，电信业务，第53页。

④ 步军统领衙门，全称为"提督九门步军巡捕五营统领"，是京师卫戍部队。统领相当于卫戍区司令，就是掌管内城的负责人。

⑤ 《本部咨复步军统领衙门所属各衙署安设电话租费未便核减文》，沈云龙主编，《近代中国史料丛刊三编》第27辑，交通官报第26期，第14页。

第五章

清政府邮传部成立

　　光绪三十二年（1906年），清政府立宪，国家实行新政。邮传部成立，对全国邮电通信事业进行统一规划建设。中国封建社会信息管理制度结束，现代化的国家信息管理体制由此建立。

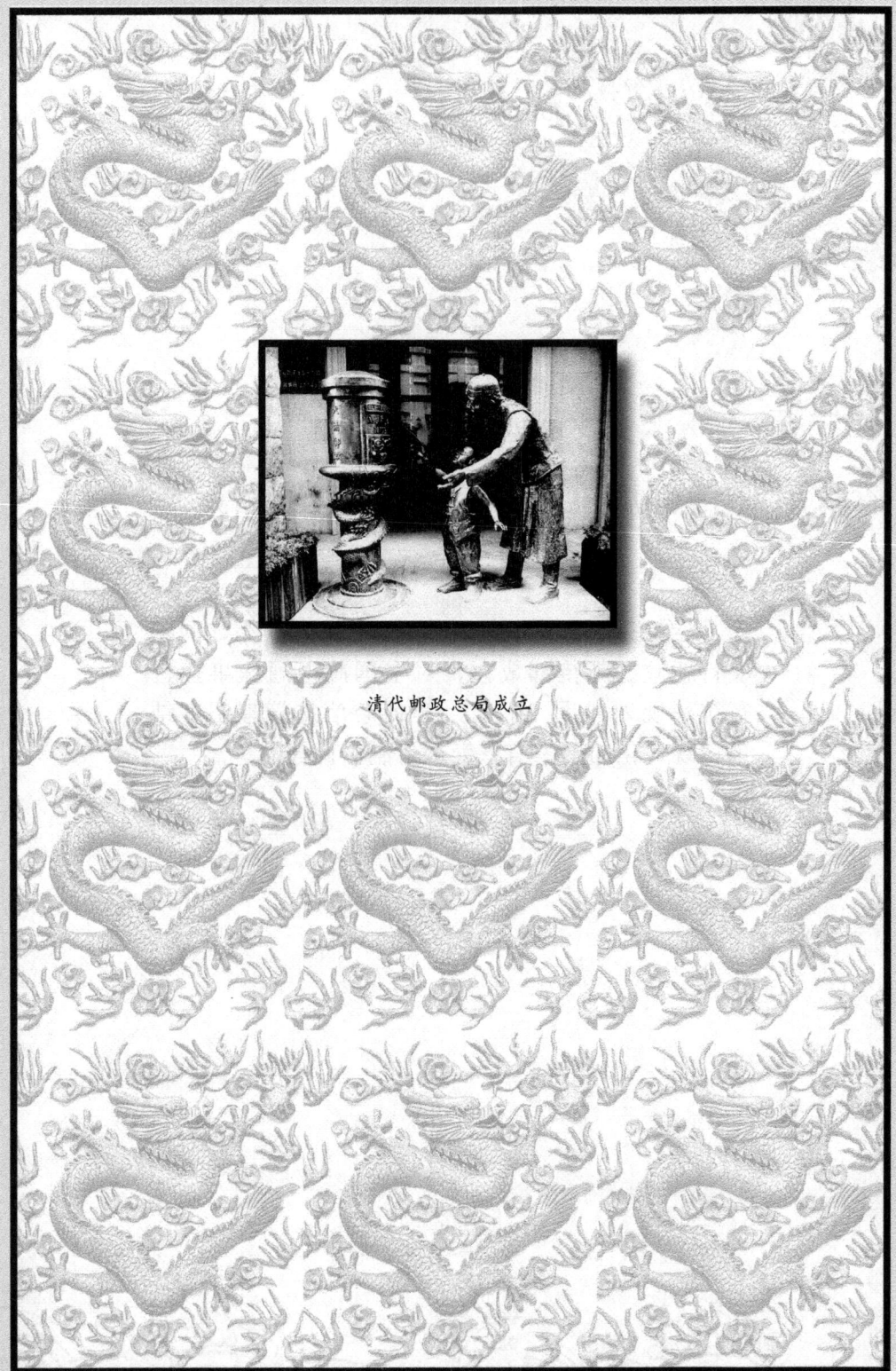

清代邮政总局成立

第五章 清政府邮传部成立

第一节 邮传部成立的背景

传递电报、电话的电线杆已遍布京城的商业区

庆亲王奕劻

邮传部的成立是清代立宪改革，建立新的国家管理体制之产物。

光绪二十七年（1901年），洋务运动走过40年，电报进入中国30年，国家政治改革取得成就，清政府进入政治体制改革的历史进程之中。是年，洋务运动30年。30年来的改革，中国社会文化进步，经济发展，实现历史性的跨越，迎来史无前例的政治改革——建设宪制国家的曙光。封建社会的国家管理制度远去，近代化国家管理制度诞生。

是年7月24日，清政府明令改总理衙门为外务部，班列六部之前。任庆亲王奕劻[①]总理外务部事务，体仁阁大学士王文韶[②]为会办外务部大臣，工部尚书瞿鸿机[③]调补外务部尚书，授为会办大臣。

外务部管辖的范围极广，负责一切对外交涉的事务，除签订条约、划定疆界、派遣使节外，更多的是管理有关通商、海防、路矿、关税、邮电、华工、传教、游

[①] 奕劻（1838年11月—1917年1月），满洲镶蓝旗，爱新觉罗氏，历任总理各国事务大臣、总理海军事务大臣、领班军机大臣，宣统三年任首任内阁总理大臣。

[②] 王文韶（1830—1908年），历任湖南巡抚、兵部侍郎、云贵总督、直隶总督兼北洋大臣、户部尚书协办大学士，官至政务大臣、武英殿大学士，奏设北洋大学堂、铁路学堂等。

[③] 瞿鸿机（1850—1918年），历任工部尚书、军机大臣、政务大臣、外务部尚书等职，授协办大学士。1906年参与策划预备立宪，任议政官制大臣。

历等事务。

10月2日，慈禧皇太后发布文告，宣告中外，实行变法："变法一事，关系甚重，朝廷立意坚定，志在必行"，"尔中外臣工，须知国势至此，断非苟且补苴所能挽回厄运，惟有变法自强，为国家安危之命脉，亦即中国民生之转机，予与皇帝为宗庙计，为臣民计，舍此更无他策"①。

此时的国家电信事业，已是电报、电话、无线电通信齐全。为支持国家变法大计，迅速修复了在义和团反洋教运动中被破坏的全国电报网，并开始在主要城市发展市内电话建设。至1905年，民族工业迅速发展。在这一时期也出现了留学热，留学人数迅速增加，民族资产阶级也迅速崛起。经济的复苏、文化的进步为清王朝实行新政、改革和废弃长达数千年的封建管理制度奠定了基础。

载泽、端方出使欧美时在美芝加哥考察

光绪三十一年（1905年）七月十六日，光绪皇帝发布"考察政治上谕"："兹特简派载泽②、戴鸿慈③、徐世昌④、端方⑤等随带人员，分赴东西洋各国，考求一切政治，以期择善而从。嗣后再行选派，分班前往。其各随事咨询，悉心体察，用备甄采，务负委任。"⑥清政府以封建社会数千年来首创之举，派出的宪政考察团将出使美、英、法、德和丹麦、瑞士、荷兰、比利时、意大利等国。考察团经日本先后

---

① 蒋华志著，《清末新政新论》，乐山师专学报：社科版，1990年，第2期。
② 爱新觉罗·载泽（1868年3月—1929年6月），满洲镶白旗人，清末宗室，袭辅国公、晋镇国公，历任度支部尚书、督办盐政大臣、度支大臣，是晚清重臣，改革派、立宪派人物。
③ 戴鸿慈（1853—1910年），清末出国考察五大臣之一，中国近代史上第一位司法部部长，身历咸丰、同治、光绪、宣统四朝，历任刑部侍郎、户部侍郎、刑部尚书、军机大臣。
④ 徐世昌（1855年10月—1939年6月），历任翰林院庶吉士、巡警部尚书、东三省总督兼管三省将军、邮传部尚书、京浦铁路督办等职。
⑤ 端方（1861—1911年），满洲托忒克氏，历任湖广、两江、闽浙、直隶总督、川汉、粤汉铁路督办，保路运动殉难，著有《陶斋吉金录》《端忠敏公奏稿》等。
⑥ 《清末筹备立宪档案史料（上册）》，中华书局，1979年，第1页。

第五章　清政府邮传部成立

中国首次颁发的徽章

到美国、德国、丹麦、瑞典、挪威、奥匈、俄国、荷兰、瑞士、比利时、意大利等14个国家，将重点考察欧美各国的政体、宪法、富强、财政、兵制等。时留美回国学生中的佼佼者奉旨随同出访，其中电信业者为中国电报总局局长周万鹏与湖北电报总局局长陶廷赓。出国考察前，清政府向考察人员和随行曾赴美留学的8名大同大学学子，颁发了由意大利造币厂制作的《大清徽章》[①]。

自启程之日，电报就始终伴随着考察团的行程同行，五大臣每赴一地，即将其考察情况电传至朝廷，为国内议定立宪与否提供了及时的第一手资料。依据当时清政府"出使各国大臣应随时咨送日记等件，凡有关涉事件，及各国风土人情，该使臣皆当详细记载，随时咨报"的特别规定，五大臣皆督率随员"削牍怀铅随时记载"，为不使西方国家的"强盛之由墨漏"，每访问一地、一事"均将考察诸务编辑成书"[②]。

宪政考察团出访，受到西方各国政府高度重视，对考察团的接待和安排考察活动隆重而周到，如德皇及帝国总理向端方和戴鸿慈赠送一等皇冠勋章、大十字阿勒博莱西勋章、一等米西埃勒勋章。负责外交事务的国务秘书以及宫廷大臣、政府部长分别会见、宴请代表团，向中国考察团介绍他们的议会、法院，而且还包括工业、科学和教育，特制了送给清政府考察团中德两种文字的《德国》摄影专辑材料。[③] 德外交部还向考察团成员伍光建、施肇基、刘若曾、邓述邦、温秉忠、关冕钧、冯祥光、王丰镐、姚广顺、陈琪、舒清阿、关赓麟、田吴焌、潘睦先、岳昭燏、金鼎、高而谦、巴斯等赠送宝星。

清政府使团访问爱立信公司

在瑞典，除皇家政府给予高规格接待礼遇外，受瑞典爱立信公司邀请，清政府出访考察团参观公司总部，并接受了其公司送给大清国皇太后的礼物——其公司制作、带有龙图案的电话机。

从光绪三十一年（1905年）12月至次年6月，在欧美考察半年回国后，戴鸿慈综合

---

① 见华裔徽章收藏家李共青著的《大清徽章》。
② 《清代徽章》，http://bbs.voc.com.cn/topic-5233168-1-1.html。
③ http://bbs.voc.com.cn/topic-5310926-1-1.html。

中国代表团访问奥匈帝国

中国代表团访问美国西点军校

载泽率考察团访问英国剑桥大学

载泽考察英国伯明翰铁路机车生产厂家

5人考察所得，写出《出使九国日记》12卷，编成《列国政要》133卷及《欧美政治要义》18章进呈，奏请立宪。端方上奏《请定国是以安大计折》《欧美政治要义》，皆力主以日本明治维新为学习蓝本，尽速制定宪法。建言慈禧太后以西方模式，成立邮传部：自轮船、铁路盛行，而交通行政浸以繁多，各国无不特设专部以领之者。其他轮船、电报创办已久，而进步甚迟，欲求整顿扩张，正赖事权统一。臣等调宜合此数项，仿日本递信省例，特设一交通部。①

对此奏请，慈禧太后和光绪皇帝予以采纳。光绪三十二年（1906年9月1日），慈禧发布上谕，确定了实行宪政的基本国策，即四大纲领：一、实行国会制度，建设责任政府；二、厘定法律，巩固司法权之独立；三、确立地方自治，正中央、地方之权限；四、慎重外交，保持对等的权利。

当时的《申报》评：中国立宪矣，立宪矣，转弱为强，萌发于此。《时报》对实行宪政的基本国策发表评论：我中国以四五千年旧船……一道光明从海而生。

这道光明，由电报水线登陆上海而传播。

---

① 故宫博物院明清档案部，《清末筹备立宪档案史料（上册）》，中华书局，1979年，第371～372页。

第二节　大清邮政官局成立

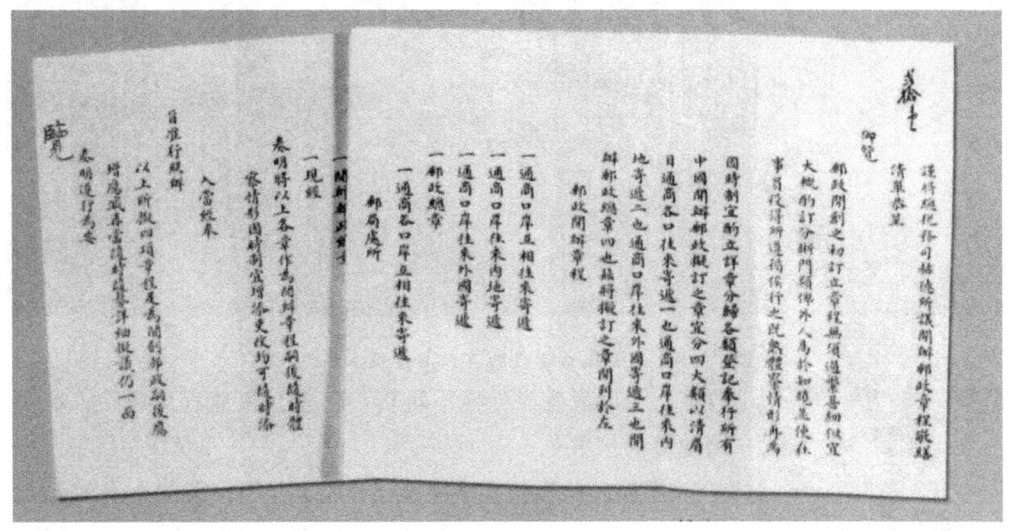

光绪皇帝批准的《开办邮政管局》奏折

邮传部的成立在有步骤地进行，大清邮政官局也成立在即。光绪二十三年正月初一（1897年2月2日），中国正式开办邮政。至此开始，起源于唐代，延续至宋、辽、金、元、明、清，遍布在大清王朝一千多万平方公里的领土上，脉络相通，设置宗旨为"置邮传命"，为政府传递文书，却少有为民传信的驿站，退出历史舞台。中国社会数千年来"鸿雁传书，鲤鱼送信"的传说，将在大清邮政事业的开创中，成为永远的记忆，在中国社会第一次史无前例、改革开放的洋务运动中，近代中国邮政事业的历史，开山而建。

大清中国邮政的建立分为五个阶段。

一、第一阶段："客邮"进入中国

道光二十三年（1843年）上海开埠后，上海出现民信局，大致分布在南市咸瓜街和北市二马路（今九江路）外国坟山一带，南市民信局主要利用轮船、脚夫分投沿江、沿海各埠邮件，北市民信局主要利用民船、脚夫分投内地省市邮件。各民信局的邮路相当单一，只能开辟一条及数条邮路，邮寄速度快则数天，慢则数十天。民信局方便的邮递方式、低廉的收费、广泛的传递品种（如书信、公文、合同、银票、包裹）等种种优势使之增强了竞争力。例如，天顺春信局用每月20天左右安排收发信件和包裹，其余时间可发快件，寄信人可预付一半邮资，邮资按距离计算，寄信人将信封或包裹交付后，信局盖上印信，给付

上海汉口路上的英国书信馆

英国驻沪领事密迪乐

收据，否则发生意外概不负责，信差日夜兼程地赶路，或由当地分局接替①。

道光二十三年（1843年11月14日），英国领事馆贴出布告宣布英国驻上海领事馆正式开馆，并于17日正式开埠。为方便通信，英国驻沪领事指派一名英国医生办理英侨信件的寄送，最初系免费邮递。道光二十六年（1846年）10月起，盖邮资已付戳，后贴英国邮票。此为"客邮"开端。

咸丰十一年（1861年），英领事馆在南京路设邮务代办，专为在沪英国机构和侨民寄递外国邮件，这为上海最早开设的邮局，后取名为英国书信馆。

由于英领事馆本身业务繁忙，其邮务代办所传递的邮件经常发生延误，4月13日，英国驻沪领事密迪乐②在《北华捷报》上声明因领事馆无暇兼顾邮政事务，中断与香港邮政总局的关系，不再受理邮政业务，以致从香港寄达上海的邮件无人处理，英侨呼吁在上海成立正式的邮政机构。

为了保持与各地租界的联系，英国政府督促香港邮政总局加紧处理此事。为此，香港邮政总局局长米奇尔于5月9日向工部局提议，由工部局一年出资250英镑，以换取工部局对上海租界邮政的管理权，并于次年亲赴上海与工部局交涉。8月达成协议，工部局每年付给上海邮政代

世界上第一枚黑便士邮票

---

① 《上海近代邮政（1843—1897）》，上海档案信息网。
② 密迪乐，道光二十三年（1843年）来到中国，先后在香港、广州、上海三地担任英国驻华领事馆翻译。1856年升任上海副领事，后又升任宁波和上海领事，是世界上第一个推广满文的西方人。

办所 2500 元，使其可以维持下去。同时，工部局参与代办所事务管理，对所有寄达上海的外来邮件在投递时收取 1 便士邮资①，这笔收入归工部局。上海邮政代办所秉承香港邮政总局的意旨，仅对部分寄给洋行的外来邮件及本埠邮件收取 1 便士的邮资并划入工部局，而对长江沿岸、北方、日本各埠的散户邮件则收取 4 便士邮资，归入自己账上。因邮资昂贵，大量散户邮件未交该馆投递，工部局争取散户信件的愿望落空，于同治二年（1863 年 3 月），向香港邮政总局发出终止协议通知，并要求对方偿还一半已付的资助经费。工部局开始着手成立自己的邮政机构。

在上海外滩收取邮件的英国书信馆马车

同治二年（1863 年 7 月 11 日），工部书信馆总办在《北华捷报》②上向社会公布寄递规章。

上海工部局为方便沿江及沿海各埠及日本信件的收受与送达，已与各个港埠之汽船、帆船业主签订了合作计划，审慎地设立上海书信馆，并确定于下星期一（七月十三日）开始，依照下列规定，收受递送各口埠间的信件：

一、个人或公司在日本或外地口埠，设有分支机构者，每年缴纳邮政捐金七十五两银。只在上海本地，未设外埠分支机构者，年缴捐金五十两银。缴纳者可自沿江、沿海或日本，寄达送至收件人手中之所有信件与包裹，重量未逾一磅皆免任何额外费用。自捐金个人或公司，寄出相同重量之信件与包裹，亦同享免费。

二、个人或公司未缴纳邮政捐金者，依下表付费：每份报纸收费，一分银；信件包裹重量一盎司内，二分银；一盎司至不超过二盎司，四分银；二盎司至不超过四盎司，八分银；四盎司至不超过八盎司，一钱二分银；八盎司至不超过十六盎司，二钱五分银。

三、缴纳年捐金之个人或公司，由书信馆供应一个私人信箱。

四、书信馆开始送信与收信的营业时间：法定日为上午七时至下午七时；星期日为上午九时至十时，下午四时到五时，只在邮局作业服务。

五、租界区将分成数个区域，所有信件与包裹于书信馆收入后，立即分发按址送达各区域。信件可留置邮局，或授权信局可由听差将信送达居所，可由捐金缴纳者与管理单位另立约定。

六、租界区内的书信馆，收到投递之信件后，务必于第一时间内，速将信件处理妥

---

① 便士邮资，便士为英国货币辅币单位，便士邮资类似于中国的分。1840 年 1 月 10 日在英国实行"不论远近，信函每盎司均收费 1 便士"规定，邮政史上影响深远的"均一邮资制"问世，且沿用至今。

② 《北华捷报》由英国人奚安门（Honry Shearman）等人于 1850 年 8 月 1 日创刊，该报的主要内容为领馆、工部局发布的通告、通令、评论、规章、会议记录等，也刊有广告、招商、航运邮电等消息。

当。是捐金缴纳者之信件,依规免收任何费用;非捐金缴纳者之信件,则依费率表付费。

七、信件送至书信馆,必须在即时内登记于(每日装运单)内,仔细照料信件,并妥当将它交给港口运送信件的船只,这是应尽之义务。

八、书信馆业务全由上海工部局之监督管理。

奉命

工部书信馆总办古尔德(R. F. Gould)
1863年7月11日于上海

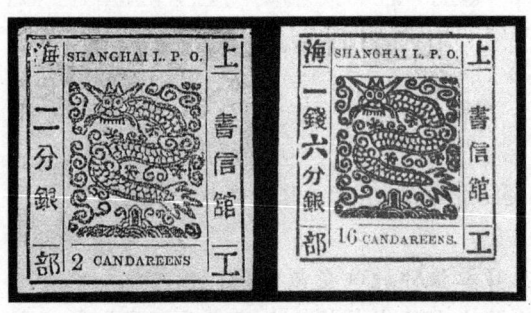

工部书信馆发行的大龙邮票

同治三年(1864年9月),工部书信馆发布公告,宣布实行邮票制度。次年8月工部书信馆自行发行了一套上海大龙邮票,同治十二年(1873年1月),开始向邮政订户发行明信片。

工部书信馆设立之初,实行订户制,只投递领事馆、英在华高等法院及外侨邮件,业务范围为上海与沿海、沿江及日本各埠,特别是与各埠租界的邮递事务。1866年4月,工部书信馆开始投递寄往美国旧金山的信件。为了争取部分华人客户,工部书信馆于同治三年(1864年8月)在大马路(今南京路)又新街开设宝兴信局,收取城内各店铺华商发往沿江各埠、天津、芝罘等的信函、银两、汇票。至同治六年(1867年4月),与工部书信馆订立协议的华人信局已有8个。至光绪十九年(1893年),工部书信馆又先后在天津、宁波、芝罘、汉口、烟台、重庆、温州、镇江、九江、宜昌、厦门、福州、南京等地设立书信馆代办处及分馆①。

在这一历史时期,先后开办书信馆的有法、美、日、德等国驻沪领事馆。其具体情况如下:

法国书信馆:于1861年5月设立,法国邮船公司与清政府订约,取得了办理印度支那邮务的特许权,1863年位于洋泾浜(今延安路)沿岸马路的法国书信馆正式开始营业,主要经办外侨与其母国的邮递工作。1863年该馆使用法国邮票,1894年后加印"China"字样。1896年法国书信馆只有5人。

美国书信馆:于1876年设立,称美领事馆邮务代办,设立于黄浦路领事馆内,主要办理外侨与其母国邮件的投递工作,使用美国邮票。1896年美国书信馆只有6人。1907年改为邮局。1917年发行加盖"Shanghai, China"字样的改值邮票。1921年10月停售。

日本书信馆:于1876年5月设在日本驻华总领事馆内,办理外侨与其母国之间的

---

① 《上海近代邮政(1843—1897年)》,上海档案信息网。

第五章 清政府邮传部成立

邮件投递工作。其使用日本邮票，同时在烟台、天津、宁波、福州、镇江、九江、汉口设立上海局受取所，1892—1910 年除宁波所外又相继改为邮局。1896 年日本书信馆只有 11 人。1900 年迁至虹口蓬路，继迁黄浦路。1922 年 12 月 31 日关闭。

德国书信馆：于 1886 年设立于德国在华总领事馆内，初称邮务代办所，主要办理外侨与该母国之间的邮递业务。1896 年德国书信馆只有 4 人。1897 年改为邮局。第一次世界大战时，中国对德宣战，德国邮政局被中国政府接管，改为上海电报局机构，这是中国政府接管的第一个客邮机构①。

外国侨民在沪使用的信箱

二、第二阶段：海关邮务处、工部局书信馆分别经营阶段

同治四年（1865 年），上海总税务司迁往北京。次年 11 月起，上海江海关开始兼办邮递，当月，上海发出寄往北京、天津的首批邮件，并收到北京发来的首批邮件②。

同治十一年（1872 年 9 月），工部书信馆为方便订户投递邮件，在英租界上海总会、虹口美国总领事馆安装了两只信箱，此后这些信箱改为信筒。工部书信馆还设置骑马信差，专为租界外地区送信。光绪二年（1876 年），工部书信馆已在静安寺路、卡德路（今石门二路）、麦根路（今乌鲁木齐路）、虹口等远郊地区设置了邮筒，光绪二十三年（1897 年）邮筒增为 21 只③。

同治十三年（1874 年），上海江海关成立邮务处，负责海关兼办投递工作。时政府文书的投递仍以官署文件的形式由驿站和铺递传递，民众信件靠民办信局寄送。寄往国外的信件由外商书信馆办理。时往欧洲的信件，由外商轮船公司寄递，每逢有海轮出发，书信馆即提前在《申报》上刊登告白，以便客户交寄。从当年五月初一的《大英书信馆告白》中，可见其寄递手续：

启者大英公司轮船名傍倍于五月十一日开往香港星加坡吕宋槟榔屿等英美法普等国各埠于五月初十日收信至六点钟止再于八点钟收信至十点钟所送来之信

大英书信馆在《申报》上刊登的《大英书信馆告白》

---

① 《上海近代邮政（1843—1897 年）》，上海档案信息网。
② 《上海邮电志》，上海科学院出版社，1999 年 10 月，大事记，第 19 页。
③ 《上海近代邮政（1843—1897 年）》，上海档案信息网。

请贵客商时号封好放在箱内或放在信套内不得有误写明本馆之名信簿上当即拴字所卖图记及收挂号信于收信之日六点钟为止所卖银票只汇香港英国两处每日自十点钟起至四点钟止但收信之日至六点钟止礼拜日不卖

五月初一日　特此布闻
未士玛玎启

三、第三阶段：建立中国第一个文报局

光绪二年（1876 年 10 月 27 日），中国驻英公使郭嵩焘为便于国内与驻外公使联系，奏准清政府，在上海招商局内建立中国第一个文报局①，统一受理将各地送至上海寄往驻外公使的信件转交外洋轮船寄发，同时接运驻外公使寄至国内的信件，转送收件者。后一些省会及大商埠也相继开设文报局，传送官方文件。时官方寄递文件由天津北洋文报局（后改称北洋文报总局）办理，从直隶总督衙门向上下各官厅发送公文，并经管从北京寄往国外的官方文书，由轮船带至上海文报总局。除收寄公文外，以后也代寄民间个别私人信函②。

四、第四阶段：清政府试办中国邮政阶段

上海文报局寄往美国的信件

光绪四年二月初六（1878 年 3 月 9 日），经总理衙门决定，批准试办邮政，总税务司赫德③指派天津海关税务司德璀琳（Gustar Detring）④，择定天津、北京、烟台、牛庄（后改译营口）、上海 5 处海关设书信馆试办邮政。

天津、上海、台湾的执行情况分别如下。

天津：二月二十日，天津海关书信馆开放收寄华洋公众邮件，包括信函、新闻纸、刊物、贸易等。二十九日，天津、北京间正式开通骑差邮路。三月二十九日，德璀琳发布邮递公告，规定邮资标准，自 5 月 18 日实行。五月十五日，德璀琳函请上海海关造册处印制 5 分和

---

① 《上海邮电志》，上海科学院出版社，1999 年 10 月，大事记，第 20 页。
② 《天津邮电志》，《文报局》，天津社会科学院，2000 年。
③ 赫德（1835—1911 年），英国爱尔兰人。1854 年，19 岁的赫德来华，先后在英国驻宁波和广州领事馆担任翻译和助理。1859 年起任粤海关副税务司。1861 年起，代理总税务司职务。1863 年 11 月任海关总税务司。1908 年休假离职回国。赫德作为一个英国人服务于中国海关，任总税务司长达 50 年之久。他恪尽职守，在任内创建了税收、统计、浚港、检疫等一整套严格的海关管理制度，新建了沿海港口的灯塔、气象站，为清政府开辟了一个稳定的、有保障的、并逐渐增长的新的税收来源，清除了旧式衙门中普遍存在的腐败现象，赫德主持的海关还创建了中国的现代邮政系统。为了纪念赫德，在中国一些地方有以他命名的道路，如北京赫德路（RueHart），今台基厂头条。赫德路海关旧址已成为外贸部宿舍。上海赫德路（Hart Road）为今静安区常德路。香港赫德道（Hart Avenue）位于九龙尖沙咀，至今仍存在。
④ 德璀琳（Gust av von Detring，1842—1913 年），英籍德国人，是 19 世纪后期中国外交和天津城市开发中的关键人物。

第五章 清政府邮传部成立

中国邮政第一套邮票——大龙邮票

3分银大龙邮票各十万枚。六月上旬，开办中国第一个邮务代办机构——天津华洋书信馆。七月八日，德璀琳与招商局、太古轮船公司签订免费带运邮件协议，自八月十五日起实行，至此，原由运粮兵船免费带运邮件的方式结束。十一月一日，开辟天津至牛庄陆路骑差邮路，代替即将封冻的海运邮路。二十三日，开辟天津至镇江、天津至烟台陆运邮路，代替封冻期间的海运线。光绪二十一年（1895年），津榆铁路建成，天津至山海关间开始中国最早的利用火车运邮[①]。

上海：六月，上海江海关邮务处改名为江海关书信馆，专门收寄外文信件，投递委托上海工部局书信馆办理。六月十九日（1878年7月18日），由上海海关造册处印制的中国邮政第一套邮票[②]——大龙邮票——开始发往天津[③]。六月二十五日（7月24日），商办上海华洋书信馆在汉口路福德开业，代理海关书信馆收寄和投递上海与北京、天津、烟台、牛庄4地间互寄的中文邮件，邮件由海关免费代送[③]。七月十八日（8月15日），天津发行中国第一套邮票——大龙邮票，票面上印有"大清邮政局"字样和蟠龙图案，开始实行用邮资凭证

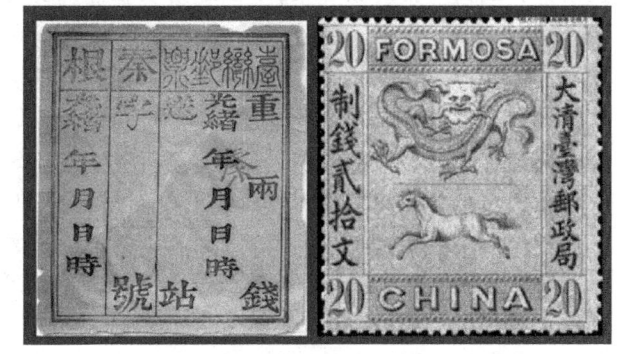

台湾邮政局发行的公用邮票和龙马邮票

收取邮件资费[①]。七月二十一日（8月19日），江海关书信馆开始对签约轮船公司的船只，实行登轮交接邮件。十一月二十三日（12月16日），上海江海关书信馆发布

---

① 《天津通志》，《邮电志》，大事纪略，天津社会科学院，2002年，第22页。
② 从1878年清政府发行第一套邮票《大龙》至1911年止，清政府在33年间发行邮票共计31套100多枚。
③ 《上海邮电志》，上海科学院出版社，1999年10月，大事记，第20页。

上海邮政博物馆复制的大清邮筒　　台湾的大清邮筒（冯台源摄影）

冬季邮运公告，接收公众寄往北京、天津、烟台、牛庄的邮件，收寄邮件种类有信函、新闻纸、刊物和贸易契，并办理挂号业务，均以外文书写字为限。十一月三十日（1880年1月1日），江海关改称为海关拨驷达局（Customs Post Office，海关邮局）[1]。光绪十九年，江海关与上海工部局协定互换服务，由海关为工部局书信馆发运外埠邮件，工部局书信馆为海关拨驷达局投递邮件[2]。

台湾：在已开办邮政局所的基础上，光绪十四年（1888年）3月22日台湾巡抚刘铭传发行两种邮票。一为官用邮票：又称"台湾邮票"的木版，白土纸，无齿，无面值，全张5枚的邮票；免费供应各衙门使用，亦有民间信件贴用。二为邮政商票：又称"公用邮票"的木版，无水印，有纹纸，有齿，无面值。还向英伦订制面值20文龙马图邮票一批，"龙"乃清室象征，寓意台湾民众不忘清廷，"马"表示台湾民众刻苦耐劳，而"FORMOSA"（意指：美丽之岛）则系洋人对台湾原有之称谓。邮票分红、绿两种颜色，试色样票则见红、红棕、棕、绿、橄绿及蓝6种，或因邮票定额20文难以适用长程邮资变化所需（间距两站以上，每站收费20文，旁站30文），邮票虽已印妥，但始终未正式发行。光绪十五年冬（1889年）12月，刘铭传向清廷奏本："台湾旧设驿站五十处，办理废弛，文报往往迟延贻误。经臣督饬司道量加整顿，将原设正腰各站核实裁减，并于旁通及新设各县分添旁站，仍不过原设站数。所有原用站夫，一律撤去，由各营汛分拨兵丁，酌给津贴，责令传递，各站另雇书识，专司站务，仿照外洋邮政办法，委令道员陈鸣志督办，自光绪十四年二月初起试办，已过一年，南北文报，毫无稽迟，所在称便。统计一年需用经费约在一万两，比较台防章全年需用一万五六千两，实可撙节银两五六千两。"[3]经清政府同意批复，将驿站改文报局，将原以兵丁为传递军事文书的役夫铺，为镇、营、汛军事基层单位递公文的汛塘裁撤。任命张维卿为总办（总局局长），正式成立台湾邮政总局。

五、第五阶段：正式开办大清邮政

光绪二十二年二月初七（1896年3月20日），光绪皇帝批准总理衙门关于遵

---

[1] 《上海邮电志》，上海科学院出版社，1999年10月，大事记，第20页。
[2] 《天津通志》，《邮电志》，大事纪略，天津社会科学院，2002年，第22页。
[3] 《台湾通志》，清，薛绍元总纂。

第五章 清政府邮传部成立

旨议办邮政请由海关现设邮递推广的《开办邮政官局》折[1]。以赫德所拟《大清邮政开办章程》为执行标准，正式批准在北京成立中国邮政总署，总邮政司由海关总税务司赫德兼任。

大清邮旗定为五彩龙旗，并制定了邮徽。

邮政开办章程规定，邮政业务范围为：①通商口岸互相往来寄递；②通商口岸往来内地寄递；③通商口岸往来外国寄递。

关于邮政局所，邮政总章规如下。

各新馆已设之寄信局，现拟改为邮政局。凡设有邮政局之处的运营管理为：

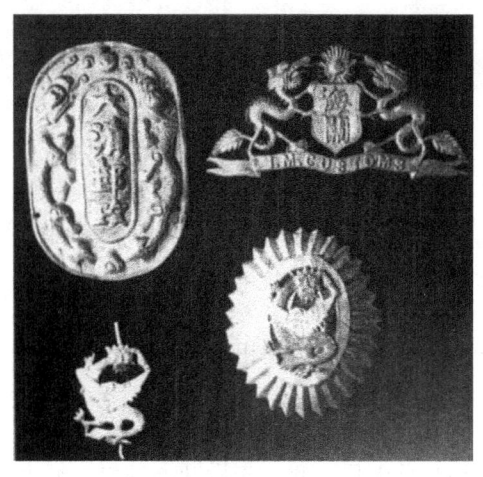

大清邮徽

一、应谓为联约处所，其未设有邮政局之处，应谓为不联约处所。

二、通商口岸各邮政局，仍归税务司等管理，照他项关务会同监督商办。

三、除各通商口岸设立外局，尚有京都总税务司署中寄信局，应改为邮政总局，管辖各口邮局，凡一切事物宜转呈总理衙门核办。

四、上海通商口岸为中国极地适中之区，分赴南北暨入长江并往外海，较为事繁任重，应特派员役办理，仍归税务司会同监督管辖。

五、上海已设有造册处税务司一员，拟委兼管邮政事宜，各口分局均应报由兼管邮政税务司转呈总税务司核办。

六、现将京都、天津、牛庄、烟台、重庆、宜昌、沙市、汉口、九江、芜湖、镇江、上海、苏州、杭州、宁波、温州、福州、厦门、汕头、广州、琼州、北海、蒙自、龙州等处所设立之寄信局，统作为邮政局。

七、以上各处现开设之邮政局，俟办有端倪，即在附近处所随设分局，即如天津之塘沽、大沽、并铁路电线沿途各站，上海之吴淞，宁波之镇海，福州之罗星塔，广州之黄埔，沙市之陆溪口，九江之武穴，芜湖之安庆、大通，镇江之南京等处，所有各该处分局应由税务司会同监督派人管理[2]。

根据开办邮政章程的规定，邮政业务为：①寄送信件；②征收信资；

雷乐石（L. S. Rocher）在观看黄浦江上的邮轮

---

[1] 见《北京邮政志》插图。
[2] 《上海邮电志》，上海社会科学院出版社，1999年10月，附录，三，大清邮政开办章程，第835页。

各省邮政局成立

大清邮政总局发行的明信片

中国第一艘邮用汽艇"邮舰"号航行在黄浦江上

③汇寄银钞；④寄送包裹。

光绪二十三年正月初一（1897年2月2日），根据开办总章邮局处所第3、4条规定，上海拨驷达局改组为大清上海邮政局，由法籍税务司雷乐石兼任邮政司。上海海关造册处处长葛显礼兼办全国邮政总办，在上海办公。同日，上海大清邮政局在吴淞海关泊地办事处设立第一所分局，利用航行于黄浦江的轮船带运邮件。

光绪二十三年三月十一日（1897年5月1日）起，先后开办邮局，开办包裹业务、国内汇兑业务。六月十六日，天津邮政局与铁路公司签订协议，首在天津至塘沽火车上派人押运邮件。

上海大清邮政局成立后，江海关邮务司通知工部局，历年沿用彼此递邮件的办法即将停止，如工部局同意，清政府邮政局可接收其书信馆。工部书馆范围内的邮政业务仍将完全和以前一样办理，而各港之间邮件的投递将按照大清邮政局的章程和税率办理。上海各轮船公司也通知工部书信馆，自2月2日起不再为其运送邮件。因此，由工部书信馆建立的以上海为中心的邮政网络运行不畅，业务骤然清淡，出现亏损。工部局董事会遂同意将工部书信馆移交中国政府①。

是年十月初七，上海大清邮政局接管工部局书信馆，设备作价收购，将其洋员局长、供事各一人，华员经收员1人、听差2人、信差26人，共31人邮局为工部间，建立上海最早的投递部门。至此，工部局书信馆结束其在华经营达34年的邮政历程。

完成了以上邮政体系调整后，光绪二十五年（1899年）正月初六，上海大清邮政局改为上海邮政总局。

---

① 萧万里，《史说上海工部书信馆》。

第五章　清政府邮传部成立

大清邮政五彩麻质龙旗

三月二十九日，全国按海关辖区划分35个邮界，各省分别建立邮政总局，下设分局、子分局、所，国家邮政运营与管理体系正式建成。

大清邮政的开办给人们带来新的信息生活方式，人们以绘画的形式表现了邮件漂洋过海的沟通愿望，邮政发行的邮资明信片与海外寄到中国的、充满海外风情的明信片一起，鲜活地记录了当时东西方文化交融的社会生活，并成为日后人们喜爱的收藏品。

光绪二十九年（1903年），根据邮政总办指令，上海邮政总局开始通过上海的法国书信馆，利用西伯利亚铁路装运去欧洲的邮件。中国北方，沿长江口岸以及沿海的宁波、温州、杭州等地出口邮件，由上海交换[①]。

光绪三十二年（1906年），上海邮政总局为驳运轮船邮件而定制的中国第一艘邮用汽艇"邮舰"号投入运行[①]。

"邮舰"号的汽笛声传荡在黄浦江上空，与上海电报局发出的电报声，与由津愉铁路线开始，并逐渐延至全国的铁路线上邮政车厢里邮务员敲出的邮戳声，与奔驰在公路上的邮运汽车的车轮旋转声，与千千万万个用邮用户走进营业局所的身影和问询声，与穿行在大街小巷报差的吆喝声，与边远地区肩挑邮袋跋山涉水行走在山村的邮差脚步声，共同创造和印证着清代通信业的历史。

在清政府的掌控下，尽管中国社会内乱外侵不断，世事叵测，但中国邮政的创业者始终坚持"权操皆我"之理念，艰难开创，逐步前进，在清政府以开山之势实施的"洋务运动"中，写下了中国通信业从初萌到基本健全的创业历史，向世界宣告中国社会进入了现代化的邮政通信事业历史。

[①]《上海邮电志》，上海社会科学院出版社，1999年10月，《大事记》，第25页。

第三节　邮传部成立

邮传部尚书张百熙

左侍郎唐绍仪

右侍郎胡燏棻

光绪三十二年（1906年九月二十日），光绪帝下旨："轮船铁路电线邮政应设专局，著名为邮传部，原拟各部院等衙门职掌事宜及员司各缺，仍著各该堂官自行核议，悉心妥筹，会同军机大臣奏明办理。"①

11月，清政府将中央行政机构中的吏部、户部、礼部、兵部、刑部、工部的名称废除，将巡警部改为民政部，户部改为度支部，兵部改为陆军部，刑部改为法部，工部并入商部并改为农工商部，设邮传部，与此同时，终结了1601年建立、延续了305年的八旗制度，建立新式国家军队体系，中国封建社会历史上因第一次改革开放之"洋务运动"而探索形成的新型国家管理模式正式建立。在完成了封建制度向现代政治体制的过渡后，中国社会告别了封建制度，实行宪政制度。

清末中央官制改革，一改自隋以来沿袭了一千多年的三省六部制，将原吏、户、礼、兵、刑、工六部改变成了近代国家机构。这一新的国家管理体制的建立，对皇帝至高无上的权力进行了限制，这一新的国家管理制度，宣告了中国与封建社会政治制度的告别，在中国政治史和社会历史上，是一个史无前例的分水岭。

邮传部的成立具有划时代的意义。信息传递的管理将由陆军部划归邮传部，这将结束中国几千年来封建社会的信息传递方式。从国家管理体系整体来说，这是宪政国家的萌芽之初现。它所传递的信号是国家通信体系由军事管理走向文治管理的一个发端。

1月6日，邮传部正式开始办公。其衙门由北京西长安街北向仪慎亲王旧府邸

---

① 刘锦藻，《清朝续文献通考》，商务印书馆，第11037页。

的一栋小红楼所改建而成①。张百熙②为邮传部首任尚书（一品），唐绍仪③、胡燏棻④为左、右侍郎（二品）。另有三品左右丞两员、四品左右参议两员。

邮传部成立之初，下设奏章股、总务股、内文股、外文股、收发处、书记处、庶务处、会计处，光绪三十三年（1907年）六月，清政府进行管制改革，邮传部的管理体系厘定为：

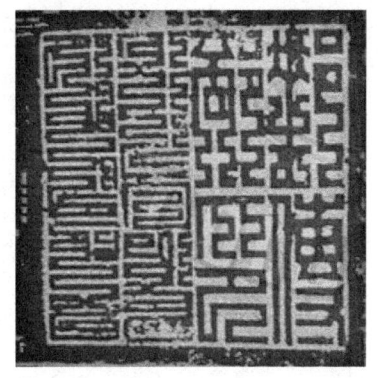

邮传部关防

①共有官员左右丞（三品）各一员，左右参议（四品）各一员，佥事（五品）四员，郎中（五品）十员，员外郎（五品）十二员，主事（六品）二十四员，小京官（七品）十四员；

②承政厅，下设机要、考绩、会计3科；

③参议厅，设法制、复稿、检查3科；

④设船政司、路政司、电政司、邮政司，分别主管全国船政、路政、电政、邮政，设庶务司，掌管部内杂项事务。其中，电政司的职责为：掌管全国电政，凡电政应行考核调查及筹划扩充，并审议电律各项事件⑤。后在奏订职掌员缺章程第七条规定，电政司"掌全国电政，举官局、商局之则例，海线陆线之规章，万国电政联盟之条款，下至城市所敷设之电话、电灯各事，凡有关于电政者，胥掌焉"。其负责者先称正稿、帮稿，官制改革后，定为司长、副司长，首任者为龙建章⑥。邮政司负责掌管全国邮政，凡邮政应行考复，调查及筹划扩充并审议邮律各项事件。

清代中国邮电管理体制初创告成。邮传部将以"邮政与电局相辅，以火车轮船为递送，是利商利民的利国要政"⑦之职能，致力建设和发展中国邮电事业，着手理顺电信管理体制，部署电报事业建设。在此之前，由于交通行政无专管机构，船政招商局隶北洋大臣，内地商船隶工部，邮政隶总税务司，铁路、电政另派大臣主

---

① 仪慎亲王旧府邸，在现北京西长安街13号，1949—2012年为中华人民共和国邮电部、信息产业部、工业和信息化部所在地。

② 张百熙（1847—1907年），著名教育家，历任翰林院庶吉士，日讲起居注官，都察院左都御史，礼部、工部、吏部、户部尚书，京师大学堂管学大臣等职。

③ 唐绍仪，清末民初著名政治活动家、外交家，留美幼童，曾任驻朝鲜汉城领事、驻朝鲜总领事、清末南北议和北方代表、民国第一任内阁总理等职。

④ 胡燏棻，历任顺天府尹，总理各国事务大臣，刑部、礼部、邮传部侍郎。

⑤ 奕劻等邮传部管制奏，光绪三十三年六月二十三日，汪熙、陈绛编，《盛宣怀档案资料选辑之八——轮船招商局》，第843~845页。

⑥ 龙建章（1872— ），历任内阁中书、户部主事、吏部员外郎、邮传部郎中、佥事、京察一等、出使各国考察政治大臣参赞、记名道府、记名丞参、保送御史、候补参议、邮传部参议等职。

⑦ 赵尔巽、柯劭忞，《清史稿》，卷一百五十二，志一百二十七，交通四。

管。铁路又曾改隶商部。设部后一切并入，下辖有邮政总局，电政总局及各省分局，电话局，交通银行（包括北京总行及上海、汉口、广州分行），铁路总局及京汉、京奉、京张、沪宁、吉长、广长、正太等各路局。

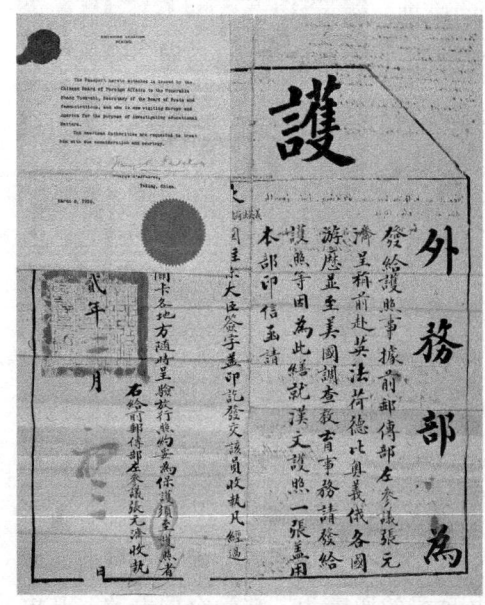

邮传部官员出国护照

为适应国家现代化管理制度的六大部体制，邮传部需要与学部制定学堂章程；与农工商部制定商律、公司律、破产律；与民政部制定报律、违警律；自己本身则同步制定轮船、铁路、电政、邮政四律。其工作之难，实非易事。邮传部在"无可循之前辙，唯借助于他山"[①] 的情况下，决定折中各国成例，咨询各国驻使，广搜列邦典籍，以资参政。并派员出洋考察，以制定法律，使国家电信事业的发展和建设，在法律的框架内有序进行。时邮传部派往国外考察的国家为英、美、法、荷、德、比、澳、意、俄等国，考察的内容涉及电信教育、电机技术、电信管理等。得出的结论为：据环球大势而言，航律以英为通行，路律以德比为适应，邮电之律以日美丹奥四国较为周详[②]。并决定本项工作的程序是"先草路律，次及邮电，循序渐进，以期于成"[③]。

时邮传部就电政、邮政开展的主要工作如下。

电政：维护国家电政利权，出台商电归官、省电回收等政策，统一全国电政，并赎买回收外商电信，实现主权经营，打破外商一统中国电信经营之势；继续扩展电报线，发展电话、无线电通信，建成中国电信第一张全业务通信网；建设邮传部教育体系，继续选派留学生出洋学习电机、电信，为中国邮电事业发展奠定人才基础；完善健全规章制度，公布管理章程，使电信运营有序、稳妥地服务官商，快捷便民；制定官商请设电线办法，利用民间资本建设电信事业等。

邮政：接收邮政，打击客邮，选派留学生学习邮政储金等。

---

① 《拟订四政专律奏报开办情形折》，沈云龙主编，《近代中国史料丛刊》，第14辑，邮传部编，《邮传部奏议类·续编》，第1336页。

② 《拟订四政专律奏报开办情形折》，沈云龙主编，《近代中国史料丛刊》，第14辑，邮传部编，《邮传部奏议类·续编》，第1336页。

③ 《拟订四政专律奏报开办情形折》，沈云龙主编，《近代中国史料丛刊》，第14辑，第1337页。

第四节　邮传部电政总局成立

邮传部成立以后，会同各部就统一全国电政事业进行了一系列改革，以便理顺电信管理体制。

首先进行的是成立邮传部电政总局的工作。此项工作筹划已久。早在光绪二十八年十一月十三日（1902年12月25日），清廷发布上谕："各国电务多归官办，凡遇军国要政，传递消息，最称密捷。中国创自商办，诸多窒碍，因命袁世凯、张之洞将中国所有电报，核实估计，以便发还商股，将各电局悉数收回，另由政府选员经理，以专责成。"12月，清廷委任袁世凯为督办电政大臣，委任吴重憙①为驻沪会办大臣，饬将电局收回，认真办理。

驻沪电政会办大臣吴重憙

光绪二十九年（1903年）三月初一日，吴重憙在沪开展接办各省电报商局事宜，厘定章程8条，令各分局遵办。

光绪三十二年（1906年9月），奉邮传部令，吴重憙将上海行辕改为电政公所（设在老硔圾桥，在今浙江路桥北堍）②。十月初三，袁世凯"奏请开去督办电政大臣兼差，初七日奉硃批著照所请。世凯寻咨会办大臣请将督办电政大臣关防会衔咨缴邮传部"③。

十一月二十三日，袁世凯与会办电政大臣杨士琦④"咨称，电政关系商股，所有结账分利清算收支数目历办章程均截至下年三月为一届完结之期，现经邮传部奏明俟本大臣督同员司清洁数目，再行移交接管，自应查照办理"⑤。

月底，杨士琦向邮传部奏称："查电政集有商股，且与大东大北两公司以及滇缅太平洋及德法等国订有联合过线传递各项合同，历年均以二月为一届完结之期，即

---

① 吴重憙（1838—1918年），历任河南陈州知府，开封知府，福建按察使，江宁直隶布政使，上海会办电政大臣，邮传部右侍郎、左侍郎等职。

② 《上海邮电志》，上海社会科学院出版社，1999年10月，第一篇，机构，第100页。

③ 交通部、铁道部交通史编纂委员会，《交通史电政编》，交通部总务司，1936年，第一册，第63页。

④ 杨士琦（1862—1918年），受袁世凯委派，到上海任帮办电政大臣兼轮船招商局总理，并担任上海招商局董事会会长、高等实业学堂监督等职。

⑤ 《请暂由会办大臣杨士琦督理电政并刊给关防折》，沈云龙主编，《近代中国历史史料丛刊》，第14辑，邮传部编，《邮传部奏议类编·续编》，第1115～1116页。

杨士琦　办理电政总局关防

于三月结算清楚。从前盛宣怀移交袁世凯接办时亦于光绪二十九年三月交替，历经该大臣奏明有案。现在未界二月，若将各账概行截算，于商股及各洋公司实多滞碍，自应援案以明年三月移交，以免紊杂。"在此过渡期间，"由臣部刊刻木质关防，文曰'督理电政事务，关防发交前，会办电政大臣农工商部左丞杨士琦暂行经理，仍随时将经办情形报部，俾便查核'"。①

光绪三十三年（1907年）二月，杨士琦咨邮传部请遴派大员赴沪接收电政。邮传部乃于三月奏派杨文骏前往上海接收②电报总局及农部电政案卷，改上海电报总局为电政总局，设于上海③，并督办电政④。由于其设在上海，时称为上海电政局。上海电政大臣行辕⑤改为电政公所。于是，"电政亦归本部管辖矣"⑥，负责管辖全国原商办的电报局 257 处局所。

电政总局成立后，下设文版、工务、交涉、会计、电话 5 科，负责管辖全国原商办的电报局 257 处，共有职工 3 583 名。时电政总局局长由上海电报局总办担任。如周万鹏就以上海电报局总办之职兼任中国电报总局提调和襄办，宣统元年，他升任中国电报总局总办兼任上海电报局总办⑦。

宣统三年（1911年4月），上海电政局移至北京，改称为电政总局，周万鹏任局长，原上海电政局改称上海电报局。

---

① 《请暂由会办大臣杨士琦督理电政并刊给关防折》，沈云龙主编，《近代中国历史史料丛刊》，第 14 辑，邮传部编，《邮传部奏议类编·续编》，第 1115～1116 页。
② 交通部、铁道部交通史编纂委员会，《交通史·电政编》，第一册，第 63 页。
③ 交通部、铁道部交通史编纂委员会，《交通史·电政编》，第一册，第 63～64 页。
④ 《奏派记名道杨文骏督办电政折》，沈云龙主编，《近代中国历史史料丛刊》，第 14 辑，邮传部编，《邮传部奏议类编·续编》，第 1119～1121 页。
⑤ 上海电政大臣行辕，邮传部派驻上海电政高级官员的办事处所。
⑥ 本部统计处编辑，《邮传部总务沿革概略》，邮传部档案全宗，第 47 号卷宗，中国第一历史档案馆藏。
⑦ 《上海邮电志》，上海社会科学院出版社，《人物》，第 762 页。

第五节　收回商电与各省官电

清代电报分为官办和商办两种，分别由上海电报总局和北洋官电总局管理，"恒呈并峙之状"，如津沪电报线沿途初建时，属官款官办，建成后，为解决归还津沪电报线路借支的淮军军饷及业务发展的资金问题，电报总局向社会招股商办，招商成功后，上海电报局由清政府派人监督，从官办改为商办，史称官督商办。电政经营之所以官商并存，是"往往一线，官办商办，参互错综，大率以官办补商办之不足"①。

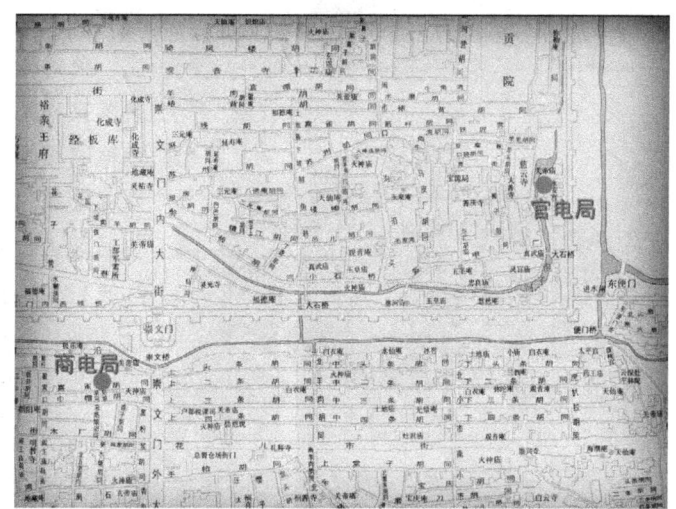

京师官电局与商电局所在位置标注图

光绪二十八年（1902年），清政府决定收回商股。袁世凯、张之洞、盛宣怀多次电报来去商量以后，根据当时的社会情况，以"但限商权，不夺商利"②为原则，决定请商董劝谕华商，毋庸情急，不得将股票售与洋商，同时又照会驻沪各国总领事告知洋商，禁止收买此项电票等，因此，全国电报于二十九年三月初一（1903年3月29日）收归官办后，各商股许其仍旧存留，年间余利，亦照股分派。

收回商电与各省官电分为两个阶段进行。

一、收回商股

光绪三十三年（1907年），邮传部尚书陈璧③决计收回商股，饬丞参等筹设办法，并上呈节略：

电线之设，为利交通，不计赢绌，本与商业性质不同，现拟将商办各电，优予股价，一律收回，以为国有产业，诚属正当办法。惟从前风气未开，当轴者昧于世

---

① 赵尔巽，《清史稿》，第4466页。
② 钱其琛主编，《铁路电信七十五周年纪念刊》，《电信政策之检讨》，文海出版社，1982年，第5页。
③ 陈璧（1852—1928年），先后任内阁中书、监察御史、顺天府尹、户部侍郎等要职，光绪三十三年四月由度支部右侍郎授邮传部尚书，邮传部历任尚书在任时间最长者。他到任后积极整顿部务，主要政绩有收回京汉铁路，收买商办电报，创办交通银行，筹议收回邮政。他是邮传部中期的主要人物。

邮传部尚书陈璧

界大势，一切交通机关往往任其放弃，略不精心，路权则听人攫夺，邮权则全体丧失，独轮电两局尚能保有主权者，赖商力也。今议收购，其中有亟应研究，使对于商界之感情及关于公家之信用不致因此隳损，而后从容措施，乃不蒙攘利之恶声，坐获收购之实益，今之及谋收购，与商股之不愿交还者，有最大三理由，而此利彼害，适成反比。一展线，一修线，一减价。在政府为交通谋普及，自不能为股商殖厚利，既于商业有亏，即当由官购取，此相因必至之势也。今政府决意扩充，力筹整顿，若仅向该商等空具文告，预示将来方针，以为如此则股力必细，收为国有正所以体恤商艰，在政府本无欺饰，而群情疑沮，终恐不免误会，查商电自经北洋整顿以来，利难归商，而权实在官，苟有应行之政策，断无不受命令，拟请目前暂勿言购，先将如何应展线，如何应减价，为之开诚布公，宣示办法，责成该商局遵照妥筹，实力兴办，如以商力微薄，藉词延缓，应有政府拨助官本，照商股一律派息，作为官商合办，有不愿意者，听将股票转售，蓝商人营业，本以殖为宗旨，如二三内次第展线修线，且实行减价，则股利收入，绝不如前，有奖此项股票，陆续售出者，统有公家备款，按照市价，悉数收买，不过数年，已完全为国有之产业矣。如此详慎周至，信义交孚庶于国计商情，两无远碍。①

光绪三十四年（1908年），邮传设部已两年，为将全国电局实行部辖之计，陈璧上书奏本：

电报为交通全国机关。各国电报之权皆操诸国家。中国电报，创始原归商办。而光绪初年，商股微薄，仍赖官力以为补助，非完全商办也。历年获利，约计五六百万。果使全国交通推行无阻，则富商即可富国，亦何必别议更张？乃观商线所至之处，皆属市镇都会，而边远省分，如云、贵、广西、甘肃、新疆，商人以无利可图，均推归官办。虽商力实有未逮，而顾私利、忘远略，实悖朝廷立部之初心。衡以中国近状，自非改为官办，无以定区画之方，即末由收扩充之效。东西各国，电线如织，策应灵通，故伏莽方生，旋就扑灭。中国电报，无论要荒，即腹地稍僻者，亦多缺而未举。一旦有事，道途修阻，声息不通，实于军务有碍。

---

① 钱其琛主编，《铁路电信七十五周年纪念刊》，《电信政策之检讨》，文海出版社，1982年，第5页。

况当百度维新,外交内政关系非轻,稍滞交通,辄形扞格。近来科布多、川、藏、蒙古、闽、浙、江西、苏、松纷纷请设电线。本年四月,奉旨迅设贵阳至义兴电线。又陆军部以秋间江、鄂各军在安徽会操,请设安庆至太湖电线。外务部请设川、藏通印度电线,以为收赎英人江孜线路张本。湖北官电局以赔累不堪,请改归部办。纷来沓至,均为不可缓之图。核计各省请设各线,不下万有余里,工程当在一百余万以上。且此万余里,半皆荒村僻壤,报务不多,增一线即赔一线之本,修一里即亏一里之费。前此添设云、贵一二边省电线,各股商尚虑亏损。今统筹荒瘠之区,更难著手。至利则归己,损则归公,恐亦无此情理。此展线之宜归官办者也。各省线路,待修者众,朽败难支,而陕、豫、闽三省尤甚。设遇军兴仓猝,何堪设想。现在遴员调查,通盘筹画,尚有应移近铁路者,有关系交涉亟须先占者,有文报日多应行添线者。次第修举,工费浩繁,需银约五六十万两。此项巨费,即尽括商股馀利息项,亦难支抵。此大修之宜归官办者也。中国报费昂贵,甲于全球。远省一二字之费,几与各国二十字相等。近据宁夏副都统志锐①,请核减报费以利交通。又据赴葡部员周万鹏称,葡国公会亦以中国报费太昂为词。自当酌减,使价目与各国略同,为入万国电政会之预备。惟核减电费,以岁入三百余万元计算,若减一二成,即在五六十万以上。若递减至四五成,或减至与东西洋相等,为数尤多。此事一行,则商股年息恐不可保,馀利更不待言。此减费之宜归官办者也。凡此三事,实为电政今日最要之图,即为商股今日最损之策。与其苟且因循,日积月累,致官商之两病,曷若平价收赎,期上下之交益。实见夫今日电报有必须扩充之势,即有不免折阅之时。在商人祗课赢馀,在国家必求利便。事实不同,断难强合。臣等拟恪遵光绪二十八年谕旨,改为官办,筹还商股。即由部备价收赎,于每股股本外特予加价,以示国家恤商之意。奏入,允行。②

自此开始,邮传部派员赴津、沪、粤、汉各地,暗中收买股票,并声言如商股不愿归官,则边瘠各地电线,责成商局造设,本重利轻,难保将来不至亏折股本,时商人闻信,遂有情愿出售者,经盛宣怀等清理结束,共计商电股票2 811张,股折2 811扣,合二万二千股。实存资产五百二十八万余元,以邮传部所定每股一百八十元收赎。光绪三十四年(1908年)五月起决定归还商款,收回全部商电。据邮传部于宣统元年二月十八日奏折中所列核销赎电收支款目显示:此次赎回商电的经费系借用铁路总局、交通银行及上海电政局规银2 915 978.103两,共计收赎21 567

---

① 志锐(1853—1912年),满洲他他拉氏,珍妃堂兄,清代末任伊犁将军,清代重要的竹枝词作家。
② 赵尔巽、柯劭忞,《清史稿》志一百二十六,交通三,电报。

二、收回官电

各省官电统一归部管理。商电完全收回部办后，尚有各省自办之官电，仍归各省管辖。邮传部向总理衙门呈《拟将各省官电归并部办折》："今商电业已收回，即无官商之分，更不必再有部省之别，自应将各省官电统归臣部管理，以一事权，而便统筹。"② 是年九月初九日《盛京时报》登载消息："邮部以回收商电以后，所有各省官电局亦应陆续收归本部管理，以归画一。其各该处电局物料等项接收归部后，亦应由部偿还。至于杆线、营造之费，拟作十年陆续筹，现在先从东三省收起。"③

宣统二年（1901年）十二月，邮传部具奏《遵旨将各省官电归部办理谨酌拟办法折》：伏维电报之役，义重交通，必须有居中驭外之枢机，及能收指臂相联之实效，考诸东西各国办理电报，靡不集权中央，用能界限分明，事权归一，中国电报向系官商分办，商电业经臣部收回，官电仍由各省自办，彼此畛域不能划一，是以臣部具奏分年筹备要政折内，曾将官电归并妥筹布置，陈明在案，现在厘定职掌，各专责成，即经宪政编查馆奏定一律归部办理，自应遵照实行。当月，邮传部连电各省督抚及各地官电局，通告官电从明年起（宣统三年）开始正式归部与善后相关事宜。④

宣统三年正月初一（1911年1月30日），各省官电一律由部接收工作正式开始。邮传部先后将直隶东三省、山东、甘肃、云南、贵州、广东、福建、江西等省电，一律收束完毕，统计收回官办电线七万余里，局所二百三十九处，全国电报，均置诸邮传部直接管辖之下⑤。

收回商电与省电归部后，为中国加入国际电报联盟创造了条件。对于这一时期的电政工作，中华民国交通总长叶恭绰曾撰文回顾："故当时（光绪三十四年）仅派专员赴会列席旁听，一面将国内官办商办电报力图统一，即于是年将电报商股一律收回，又于宣统二年将东三省及云贵甘新粤桂等省官立之局全行接收，归部管辖，是为全国电政统一之始，即以立加入公会之基。"⑥

---

① 《核销赎电收支款目折》，沈云龙主编，《近代中国史料丛刊》，第14辑，《邮传部编：邮传部奏议类编·续编》，第2279～2283页。《邮传部奏销赎电用款》，《盛经时报》，1900年3月23日，第2版，《邮传部奏销赎电用款单》，《盛京时报》，1900年3月25日，第2版。交通部、铁道部交通史编纂委员会，《交通电史电政编》，第一册，第52～53页。

② 《拟将各省官电归并部办折》，沈云龙主编，《近代中国史料丛刊》，第14辑，《邮传部编：邮传部奏议类编·续编》，第2295～2296页。

③ 《邮部收管各省官电局》，《盛京时报》，1908年10月3日，第2版。

④ 《本部札电政局接收官电办法业经分咨办理抄发备案仰将应行整顿办法妥拟裹部文》，宣统二年十二月十一日，沈云龙主编，《近代中国史料丛刊》，第27辑，《交通官报》，第30期，第9～13页。

⑤ 钱其琛主编，《铁路电信七十五周年纪念刊》，《国营时期》，文海出版社，1982年，第6页。

⑥ 《交通史·电政编》，第5章，第478、479页。

第六节 咨文地方政府保护通信线路

清代电报通信线路的保护,始于清政府制定的《巡线章程》,时为保证电报线路的畅通无阻。按此章程规定均由地方驻军派出兵员,沿途以汛兵之称,每隔四五十里,设巡电兵房①,派驻汛兵②。各两端局制编号烙印竹签75根,间一日发一根。汛兵每天巡查杆线,逐段接力传递竹签至两端局,以150天为一周期,借以检查沿线汛兵巡线值勤情况。另由电报局派员不限时日密查两次,两端局按日测量线路,发现障碍,立即通知工头前往,协同汛兵修理,保证全线畅通。

但是,由于民间广泛存在的封建意识,在日后开展的全国电报线路建设中,官方的护线措施仍然难以完全保证通信线路的安全,绵延千里的电报线路仍屡遭破坏,即有地方性的百姓群体以风水为由拔除和毁坏电线杆,如在福州、厦门等地进行的电报线路施工中,因电线杆屡屡被拔毁而停建。另有贵州毕节乡民之拆线;山西霍山乡民之毁杆;湘省

清军部队架设电报线训练

澧州民误以电线为外人所设,集众毁弃;陕之长武、乾州、醴泉、邠州、永寿,甘之泾州、平凉等处,人民谓旱疫为电线所致,拆毁殆尽。俱由地方官出资修复,首犯有论重辟者。再如在义和团直隶(今河北)、河南、山西、内蒙古、东三省等地的反洋教斗争中,凡沾上"洋"字的人和事都在杀掳之列,电报线路更是遭到极端破坏,正如当年流传在北方的一首民谣中所唱的"一入庚子年,起了义和团。拆了火车道,拔了电线杆"③。据《清史稿》(卷一百五十一,志一百二十六,交通三,电报)载:京师至保定电线先为所毁,京津、京德继之,山西、河南又继之。迅至晋、豫、直隶、山东四省境内,荡然无一线之遗。南北隔阂,中外阻塞,消息不通者数月。时被李鸿章称之为"当世所识英豪,与洋务相近而知政体者"的郭嵩焘对此社

---

① 巡电兵房,最初的电报线路巡房。
② 汛兵,最初的线务员。
③ 崇禄讲述,赵东升整理,《满族口头遗产传统说部丛书》,《碧血龙江传》,吉林人民出版社,2009年4月,第一章,第5页。

盗窃电线者被判站立笼之刑罚

会现象批评道:一闻修造铁路电报,痛心疾首,群起阻难,至有见洋人机器为公愤者。①

正因为上述之社会情况,破坏和盗窃电报杆路和通信设施的事件,屡见不鲜,尽管官方为保护通信安全,对盗窃电线者予以站立笼之重刑处置,但破坏电报线路的现象仍然广泛存在。为迅速修复和保护电报线路的安全,邮传部上奏慈禧皇太后:展设西安至襄阳电线。以联陕鄂而通西道一折。据称西路电线。自保定至西安省城。及湖北沙市至襄阳老河口均经添设商线若将老河口电线。接至西安觉直东线阻。京津电报即可由保定西安襄阳汉口。以达上海缓急较为可恃。现由津海关道盛宣怀派员勘办。请饬一体保护。慈禧皇太后下旨:即著王文韶②饬令盛宣怀。赶紧集款购料。妥为兴办以期消息灵通。并著谭继洵鹿传霖、刘树堂转饬经过设线地方官。一体妥为照料保护。勿得稍有损坏。将此由五百里谕令知之③。

邮传部成立以后,因收买、窃毁电杆、电线等通信设施的现象猖獗,各省加强了对于通信线路安全的管理,咨请各督抚加强对通信线路的管理,"严饬地方官出示晓谕,除照定章办理外,其私自收买杆线之点,一经查实,照窝藏官物例从重治罪,如能将私卖之人扭送到局,更应重加奖励,以示惩劝,倘能有犯必获,则此风或可稍息。"④ 宣统元年七月初八日(1909年8月23日),因顺德电局所辖南北两路杆线屡被锯割,邮传部咨直督转饬该地方官"严缉查办"⑤。二十七日(9月11日),因嘉应州添设电线,邮传部咨明两广总督分饬认真保护,并先行出示晓谕,以免阻挠。之后,在各地方添设和延展电报线路时,邮传部还咨文各地方官保护山东电线、河南电线、六安电线、武安展线、江苏电线等⑥。

---

① 郭嵩焘,《伦敦至李伯相》,《洋务运动》,第一册,第302~309页。
② 王文韶(1830—1908年),清末大臣,奏设北洋大学堂、铁路学堂等,旋以户部尚书协办大学士,官至政务大臣、武英殿大学士。
③ 《清实录光绪朝实录》卷之三百六十一。
④ 刘锦藻,《清朝续文献通考》,第4册,考1189~1190页。
⑤ 《批电政局禀顺德局所辖南北两路杆线被窃请饬严禁由》,沈云龙主编,《近代中国史料丛刊》,第27辑,《交通官报》,第2期,第26页。
⑥ 苏全有,《清末邮传部研究》,中华书局,2005年8月,第289页。

第七节 建设边远之地电报线推广电话

中国地域辽阔，东北、内蒙古、西藏、新疆、宁夏、广西等地均处边疆之地，相比内地，电信设施基础薄弱。

邮传部成立后，"统观此一时期，电信事业之经营政策，仍偏重于电报之发展，全国电线，自归部辖后，犹以我国幅员甚广，通信机关，未能编及，复从事扩充，不遗余力，匪独中央各省商业繁盛之区，为之敷设，即边远之地，关系军防，及谋地方政治实业之发展，亦无不尽量添设。"[①] 清政府致力在边远之地设局，架设电报线，推广电话。

一、新疆地区

新疆地区建城驻军始于乾隆二十六年（1761年）。为保证西部领土完整，实现新疆地区的长治久安，乾隆二十六年（1761年）九月三十日，大学士傅恒上呈建议：从察哈尔兼管新旧厄鲁特及察

新疆境内的烽火台

沙俄遗留的电报线杆

哈尔八旗之单身贫困余丁内，拣选年富力强、情愿携眷迁移者一千名，分别迁往伊犁、乌鲁木齐永久驻防。

这个建议被乾隆帝采纳，乾隆二十七年（1762年），首在现新疆霍城县修筑新城并在此设驻防军营。乾隆二十九年（1764年），新城竣工。乾隆皇帝亲自赐名为"惠远"，取"大清皇帝恩德惠及远方"之意。由满洲镶黄旗富察氏人明瑞任伊犁将军，并陆续增设参赞大臣及各营领队大臣，派出满洲、察哈尔蒙古、厄鲁特蒙古、黑龙江、辽宁等地达翰尔、鄂温克、鄂伦春、锡伯等八旗，前往新疆乌鲁木齐、库尔喀喇乌苏、伊犁、塔尔巴哈台和喀什噶尔等地设立卡伦（边疆哨所）屯垦戍边。新疆由此开始日趋繁荣。时通信方式为兵部主管的驿站传递。

19世纪60至70年代，我国西北地区相继发生

---

① 《新疆通志》，《邮电志》，新疆人民出版社，1998年，新疆通志编纂委员会。

清代新疆伊宁的电线杆（莫理循摄）

战乱，一些地方势力纷纷建立起了分裂政权。沙俄侵略者乘乱出兵侵占了我国伊犁，并在伊犁建立电报线。

光绪二十、二十一年（1894、1895年），清政府建设新疆电报通信，两年先后架通迪化通往南疆哈什噶尔、北疆伊犁、塔尔巴哈台3条电报线路，设电报局（房）25处[①]，建成新疆有史以来连接京城、通连全疆主要城镇及重要边防口岸的有线电报通信网。

光绪十八年（1892年）清政府批准新疆巡抚陶模[②]、陕甘总督杨昌濬关于架设电报线路的奏折，筹拨白银110万两，修建自肃州（酒泉）经嘉峪关、星星峡、哈密至迪化，长达1 500余公里的电报线路，并在迪化设立官电总局[③]。至清末，全部工程都完成了。

光绪三十三年（1907年），新疆开始执行邮传部制定的电报种类规定，将电报分为官电、公报、私报和外国报4种[④]。

二、西藏地区

西藏电报通信始于光绪二十二年（1896年），清政府派兵入藏，随营架设电线，线路从成都经雅州（雅安）通至打箭炉（康定），并开设电报分局，归四川督署官电总局（后改为川藏电政总局）管辖。

光绪三十年（1904年），清政府再度用兵，随营架线从打箭炉开始，经过中渡，设报房。光绪三十一年（1905年）12月，通到理塘，设电报分局。

光绪三十二年（1906年7月）通至巴塘。设电报局，前后历时13年，开设分局及报房11所，建设线路3 000里[④]。

[①] 《新疆通志》，《邮电志》，新疆人民出版社，1998年，新疆通志编纂委员会。
[②] 陶模，新政时期重要疆臣，1891年（光绪十七年）任新疆巡抚，上折奏请培养人才，勉图补救、修筑铁路，在罗布淖尔北筑蒲昌城，南设屯防局，组织回民前往定居、开发，扩展行政建制。他与英、俄交涉，终使坎巨提、巴尔鲁克山回归中国。
[③] 《新疆通志》，《邮电志》，新疆人民出版社，1998年，第三篇，第362页。
[④] 《西藏自治区电信志审定稿》，西藏自治区地方志编纂委员会，第59页。

第五章　清政府邮传部成立

清光绪三十三年（1907年8月4日），第十三世达赖喇嘛土登嘉措到达北京，光绪帝在中南海紫光阁为十三世达赖土登嘉措设宴洗尘。在京期间，十三世达赖数次觐见慈禧皇太后和光绪皇帝。邮传部成立后，驻藏帮办大臣张荫棠①奉旨到藏视事，回京后，上奏折建议慈禧皇太后和光绪帝督饬邮传部迅速筹办西藏电政。张荫棠写道：西藏面积辽阔，驿传邮递不灵，于商务军事诸多窒碍，应从巴塘电局经工布草地架设电线至拉萨，然后从拉萨将电线接至江孜，再从江孜延伸到西藏的阿里地区②。因此，邮传部拟出西藏邮电发展计划。

光绪三十四年（1908年10月），邮传部计划俟达赖回藏时，由部特派素谙邮电专门人员随同前往，查勘一切，以备添置中藏邮电事宜③。

宣统元年（1909年），电报

土登嘉措觐见慈禧皇太后

张荫棠（前排右）西藏外交事务留影

总局派员从巴塘到昌都进行勘察，计划将电报线路一直修到拉萨，但因山高路远、地势险峻、终年积雪、物质缺乏等困难而放弃④。

清末，十三世达赖喇嘛土登嘉措同意拟定在清政府建立的驿站、台汛路线的基础上开办"达尔康"电报局。后派出吉普·旺堆罗布到英国若贝学校学习电讯④。

---

① 张荫棠（1866—1937年），清外交家，以举人员外郎身份在总理衙门管理对英交涉事务，1906—1907年以驻藏帮办大臣的身份整顿西藏政务。
② 《清代西藏开发》，中华文史网，http：//www.historychina.net。
③ 《邮传部有派员赴西藏之近耗》，《盛京时报》，1908年11月12日，第2版。
④ 《西藏自治区电信志》，西藏自治区地方志编纂委员会，第59页。

三、内蒙古地区

内蒙古地区古老的信息记录为岩画。内蒙古电报通信始于光绪二十五年（1899年）。中国商电总局建北京至恰克图电报线路，在四子王部落之滂江〔今锡林郭勒盟苏尼特右旗布图木吉苏木（乡）白银高比嘎查（村）境内〕设立电报子局。有土房十余间，置局长1人，电务员3人，属上海商电总局管辖①。时电报线路从归绥经武川、乌兰花、四子

内蒙古地区记录人类始前萨满文化的岩画

部落旗境，绕行经滂江或二连，合入电线杆路，沿电线杆而行，不至于迷路，沿途水草不乏，路途平坦，然后经乌德抵达库伦②。

光绪二十九年（1903年），沙皇俄国在中国成立满洲里至哈尔滨铁路，俟后在铁路沿线满洲里、海拉尔、免渡河、博克图、扎兰屯等19处重要车站装设了交换式电话，部分电话为铁路使用，其余属于一般用户电话，即简单的市内电话，由沙俄帝国中东铁路部门经营。次年，邮传部将中东铁路沿线附属地外支线电话经营权收归国有，由中国电报总局管理。

光绪三十二年（1907年）十月，清政府用海防经费在热河道赤峰设立官电分局，隶属天津官电总局①。

宣统元年（1909年），在开鲁县（今通辽市内）设立官电子局，隶属天津官电总局（亦称北洋官电总局或直隶官电总局）。

宣统二年（1910年），清政府邮传部将官电局收归部办，邮传部架设归化至太原电报线路，时属山西省辖绥远道的归化城大厅巷口设立了电报分局，隶

四子王旗草原上的电报线杆

属邮传部上海电政局。同年，赤峰官电分局、开鲁子局均由上海电政局管辖③。

---

① 《内蒙古自治区志邮电志》，内蒙古人民出版社，2000年4月，第二章，电信机构，第一节，电报局，第82页。

② 《阴山古道》，第七章，清朝时期。

③ 《内蒙古自治区志邮电志》，内蒙古人民出版社，2000年4月，第二章，电信机构，第一节，电报局，第85页。

第五章 清政府邮传部成立

四、宁夏地区

光绪十六年（1890年），邮传部架设东西电报干线，至西安经平凉到固原，再经皋兰（兰州）迤西至迪化（今乌鲁木齐），在固原设立电报分局，隶属于兰州电报总局。固原是提督驻地，又是南北电报支线接线之起点。据光绪三十三年（1907年）邮传部统计，在甘肃官电局中，固原分局的资产、所辖线路长度、职工人数仅次于兰州总局，居各分局之首。这是宁夏最早的电

固原城里有了电报线

信机构，也是通信在宁夏开办之始。

光绪二十九年（1903年7月）甘肃省设南北电报支线，由固原经宁安堡（今中宁县）北至宁夏府城建立电报分局，有员工17人，隶属于兰州电报总局。后南北电报支线由宁夏向北延伸至磴口（今内蒙古磴口县），磴口设报房与宁夏通报[①]。

五、广西地区

光绪三十三年（1907年4月），邮传部决定扩展桂全线，将桂林官电分局改升广西官电总局，辖广西内各局房。省内电报线路经梧州、南宁、桂林、横州、贵县分支点可东至广州、北至湖南、西至云南、西南至镇南关（今友谊关），并与安南接线。广西内增设电报局房。

宣统元年（1909年6月），根据广西官电总局电务章程规定，局房等级按交通要冲、业务繁紧、有无转报任务、连接边关扼要等情况调整升降为总局1处。

桂林：分局6处，梧州、南宁、柳州、龙州、归顺和钦州；子局7处，浔州、横州、全州、白色、镇边、凭祥和北海；报房28处；巡房20处；全省各等官电局房共62处[②]。

广西邕宁电报局界址

至清末，广西的官电电局、报房已遍布八桂山川，使广西开发民智，政治、文化、经济及军事都有了很大的进步，广西多人在日后成为民国历史上的政要和风云人物。

[①] 宁夏通志编纂委员会编，《宁夏通志》，交通邮电卷下，方志出版社，2008年2月，第895页。
[②] 《广西通志》，邮电志，第三章，电信局所，第一节，清末官电局房，第38页。

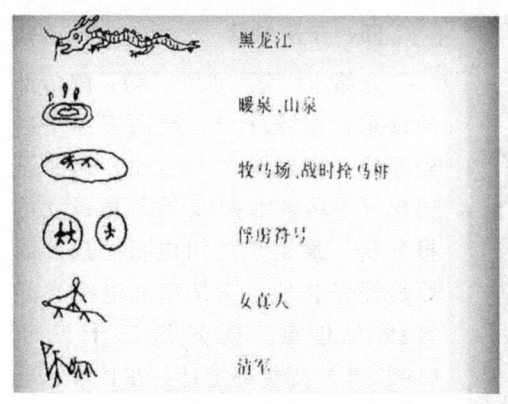
满族先民的森林符号文字及其寓意

八旗部队传递军令的木牌

六、东北地区

东北为女真、满族先民发源地,其产生于母系社会的古老的通信方式为森林文化符号。建立八旗时,以木牌传递军令。

进关后,因东北边疆与俄罗斯相连,雅克萨战役时,清政府从北京、宁安、长白山等地派出八旗部队将士携带家眷往现黑河一带,将沿江达斡尔、赫哲、索伦等部编为依彻满洲八旗(新八旗),在黑龙江沿岸设营,建立卡伦、驿站,屯垦戍边,并由沿江设立的驿站铺兵传递信息。

盛京将军赵尔巽

光绪三十二年(1906年),盛京将军赵尔巽①奏请清政府在奉天安装电话。邮传部派出二品大员、北京电话总局总办黄开文率20余人来到奉天,在盛京电报分局架设电话线,并在军署前胡同(今故宫南沈阳路)设置机房,装设德国西门子磁石式电话交换机1部、终端话机30余台,7月电话正式开通,供各官署、局所、军营、学堂等免费使用。

光绪三十三年(1907年),在齐齐哈尔设立黑龙江第一个官办电话局——黑龙江省城电话局,并设长途电话分局,开通至昂昂溪第一条人工长途电话电路,设备为磁石式人工交换机。

光绪三十四年(1908年),哈尔滨傅家甸商务总会设傅家甸电话局,市街线路全长约20里。东北三省开始将电话推广至商用、民用,营口、辽阳、铁岭、抚顺等地陆续开通电话业务。

光绪三十六年(1910年),奉天与营口、海城、辽阳、新民等地的长途电话开通。

---

① 赵尔巽(1844—1927年),八旗汉军正蓝旗,历任安徽、陕西各省按察使,湖南巡抚,户部尚书,盛京将军,湖广总督,四川总督等职,宣统三年(1911年)任东三省总督,1914年任清史馆总裁,主编《清史稿》。

第五章 清政府邮传部成立

七、其他省份

东南沿海地区电政事业也有长足进步。广东：进行线路查勘，展设潮嘉电线①。广东石龙至沙面电线亦在查堪和维修之列②。山东电政局烟台设立电话③。展修即墨至莱阳线④。核准济南创办电话，核复山东黄河两岸电线经费⑤，且计划展修济南至德州和开封的电线⑥。

中部及西南地区，邮传部亦安排了创办电话和展设电报线等事宜。安徽：光绪三十四年（1908年）安庆电话局创办，次年准设芜湖商办电话⑦；又展设芜湖至宁国府及徽州屯溪电线；六安电线亦在计划之列。两湖：大修湘鄂电线⑧，核查鄂省电话，准湖北水泥厂拟设电话专线。清末两湖地区的电政业发展不错⑨。河南郑州、武安及四川泸州至叙州，亦在计划之列。

清代电话机

宣统三年（1912年），邮传部提出"电报为交通最要求机关，东西各国线路如织，无论深边内地，四处灵通。中国电报，勿论边荒，即内地僻要之区，亦多未设，一旦有事，始行建造，及经工竣，而贼已远飙，实于均无机关，大有窒碍，亟待切实扩充，以通消息。日前特咨行各省，将未设线路之扼要处所，地势情形，逐一勘察明确，并将其中关系情形一律详晰咨报，以凭陆续展设"⑩。

---

① 《邮传部派员查勘两粤电线》，《申报》，1910年2月18日，第6版。
② 《展设潮嘉电线折》，清末民初史料丛书第15种，徐世昌，《退耕堂政书》，第1702～1703页。
③ 《大修展设山东、广东等处电报片》，1909年，天津市历史档案馆藏，《北洋军阀史料徐世昌卷》，第六卷，第797～798页。《邮部展设鲁粤等省电线》，《申报》，1910年7月22日，第5版。
④ 《本部札电政局烟台设立电话仰即筹议具复文》，宣统元年七月二十，沈云龙主编，《近代中国史料丛刊三编》，第27辑，《交通官报》第3期，第22～23页。
⑤ 《本部咨鲁抚即墨至莱阳展线经费东省即经认摊一半自应照准至莱通电收纳半费核与定章不符文》，宣统二年十月初一日，沈云龙主编，《近代中国史料丛刊三编》，第27辑，《交通官报》第25期，第10～11页。张玉法，《中国现代化的区域研究——山东省（1860—1916）》，第506页。
⑥ 《核复山东黄河两岸电线经费折》，1910年6月26日，天津市历史档案馆藏，《北洋军阀史料徐世昌卷》，第六卷，第888～890页。
⑦ 《本部咨安徽巡抚芜湖商办电话准其创设并遵部办理文》，宣统二年二月初一，沈云龙主编，《近代中国史料丛刊三编》，第27辑，《交通官报》，第11期，第6～7页。
⑧ 《上海电政局禀湘鄂大修开具估单兵拟派王令锡承修请示由》，沈云龙主编，《近代中国史料丛刊三编》，第27辑，《交通官报》，第3期，第26页。
⑨ 苏云峰，《中国现代化的区域研究——湖北省（1860—1916）》，第451～454页，张朋园，《中国现代化的区域研究——湖南省（1860—1916）》。台北：中研院近代史研究所，1983年，第312～313页。
⑩ 《邮部咨查未设电线处所》，《申报》，1911年2月20日，第4版。

第八节 制定电局章程,提出邮电合一

陈璧与邮传部官员合影

邮传部成立后,对邮政、电信章程的完善和健全,进行了以下工作。

一、制定邮政工作方针

在有关业务办理方面的规章先后出台后,于光绪二十九年(1903年5月16日),由大清邮政总办帛黎[①]发布通告,提出邮运组织工作的方针为"常""速""妥",即"准确""迅速""安全"[②]。

二、制定电局章程

陈璧升邮政部尚书期间,他推行一系列兴利除弊的改革措施,并主持制定、出台各种规章制度。光绪三十四年二月二十七日(1908年3月29日),邮传部正式出台"各电局处分漏泄延误阻报,巡丁记过,报房办事规则,限制二等公报章程,各省报灾电报章程,各报馆电报减半收费章程,送(电报)信差力,电话章程,电话用法,电话月租,北京与大沽、塘沽、新河等处往来长途电话价目"等一系列全国统一电信法规、电信规章制度和业务管理措施。这是中国第一批电信管理法规。地方性的章程有"东三省电话局章程""苏州电话局章程""太原电话局章程""北京电话局招考司机生[③]简章""厘定各总管巡线章程"等。

[①] 帛黎(1850—1918年),法国人,同治八年来中国,任福州船政学校教员,二十二年,朝议行邮政,以赫德兼领其事,帛黎实参治之"大清邮政"。宣统三年,改隶邮传部,设总局,尚书盛宣怀荐之,遂被命为总办。

[②] 中国邮政历史,http://www.360doc.com/content/13/0728/13/1688190_303119040.shtml。

[③] 此处司机生为电话接线员。

鉴于邮政、电政的组织机构、规章制度、服务理念以及人员管理制度的基本建立，邮传部根据当时的邮政与电信业态，拟以"邮电合一，东西各国办法相同，原以邮电两事俱属通信，合为一局，不独费可省，抑且传递较灵，应俟接收后察度情形，通盘筹画，期臻尽善"，推出邮电合一政策，据此，时任邮传部尚书的陈璧曾有设邮电总局设想，并进行了人事安排，但未实现。

第九节　不分昼夜接收各报

自津沪电报线开通以后，商报拍发未实行全天营业。

宣统二年二月二十日（1910年3月1日），邮传部线路处总管唐元湛向电政局拟交"拟定各电局不分昼夜接收商报文"，这份呈文列举了中国电报营业服务与国外电报的服务差距，提出了具体的改进和管理措施，可谓是清代电信服务的一个综合性文案：

查各国电局凡属昼夜开设者，不论何时无不接收商报，我局所辖二百六十余处，名为打报二十四电钟，实则除京津两处外其余各局在下午九十点钟以后，上午七八点钟以前概不接收商电，即上海为通商大埠我局亦沿旧例。而水线公司则不分昼夜均可发寄。是以发报之人颇不满语，盖我局之所谓打报二十四点钟者不过添一夜班以清理日间积报而已，与万国通例所谓昼夜不息之局者不同，今拟量为变通，凡在通商各埠及各省会电局均应不分昼夜，接收各报，并拟就办法呈请夺等情据此职道伏查通商口岸及省会各局往来各报较多，该总管所禀各节，系i便利交通整顿营业起见，所拟各条亦尚妥善且夜间收报即由报房经历毋庸另添司事，于各局经费并无加增。理合据情转禀并将拟就夜班办法六则，缮具清单呈请钧鉴，如蒙核准，即由职局分行，各该局一律遵照办理。

拟就的夜班收报办法如下。

一、凡打报二十四点钟之局按照万国通例俱应不分昼夜接收各报，今先于紧要通商口岸暨省会（北京、天津、开封、济南、青岛、太原、西安、成都、重庆、长沙、武昌、汉口、沙市、南昌、九江、安庆、芜湖、江宁、苏州、上海、镇江、杭州、福州、厦门、广州、香港、汕头）各局计，夜间一律收报。

二、以上所指各局自上午七点钟起至下午十点钟止，各报由司事接收，自下午十点钟至次日上午七点钟，所有收报事宜概由报房经营。

三、每日下午十点钟，司事应将收报簿交到报房，至次日上午七点钟，由报房将收照存根送交司事复核登簿。

四、报房于夜班所收报费责成领班于次日核明后亲手交予账房，不得挪借推迟。

五、夜班时所收译费应归经管收报者摊派。

六、夜班时机上收下各报，除一、三等要电须随到随送外，其余寻常商电到十二点钟以后或者黎明即须送出。

实行不分昼夜接收各报的电报营业服务方式，延续至电报规模性退出历史舞台。

第十节　推出公益赈务电报

随着电报事业的发展，电报种类开始增加了为公众服务的公益电报，以配合政府为民之策，提供信息传递服务。

光绪二十七年（1901年），电政总局正式增办赈务电报，供政府办赈处拍发有关赈务内容时使用，免缴报费①。

光绪三十四年六月初六（1908年7月4日），增添报灾电报①。为保证海上及内陆江河的船舶安全，宣统元年九月二十五日（1909年11月7日），上海无线电报局开办船舶电报，供陆地与海上船舶通信时使用，报费按私事电计算，另加收陆地与船舶电台间岸台费①。

邮传部成立后，进一步规范公益电报服务，根据以往拍发赈务电报出现的问题，于宣统二年十月令各电局执行赈务电报免费章程14条，对赈务免费电报的使用、拍发字数、传递均作出明文规定。

赈务电报免费章程的使用原则为②：赈务免费电报专指义赈绅士办理各该省特别急赈所发电报而言至寻常赈务及平时筹赈或办理平粜等事不得援以为例；此项免费电报以奉到本部公文允准之日始予限半年准其免费如果灾情重大必须展限应呈由本省督抚咨部核复至多一年为度；此项免费电报须公会或领袖义绅列名并盖用公会图记由各电局验明排发；红十字会如遇办理赈务时所发电报应照此章程办理。

赈务免费电报的内容规定：至多不得过百字并不得因电文过长分作数起传递；往来电文均用明码倘有参用密码及句读费解暗藏隐语及夹杂他事者电局有权将此项电报概不收递；发递此项电报须由公会自行编号加盖印信戳记并先将号码自行译出码旁注明电文俾司报者一览便知如不将电文注明或有码字与电文不符者概不收递。

赈务免费电报业务管理措施为：赈务免费电报须俟官商电报一律发完后方可传递；各局遇以上往来电报应列入四等惟事内必须注明赈务字样按月将号数字数次数洋数另造清册并将总数在月报侧内列入收支呈送电政总局稽核各电局总办委员领生等遇有赈务免费电报务当认真稽核遵章办理如有通融含混情弊查出惩罚。

---

① 上海邮电志，第三篇，长途电信，第一节，电报种类，第248页。
② 沈云龙主编，《近代中国史料丛刊三编》，第27辑，《交通官报》，第19期，第11～13页。

第六章

创立邮电教育与文化体系

　　电信教育与文化体系是清代文化教育改革的重要组成部分。电信创业者始终将电信教育列为电信建设之本,邮传部成立后,将电信与邮政教育合并,创建了邮电教育和文化体系,使国家邮电通信事业建设有源而行,代有人才。

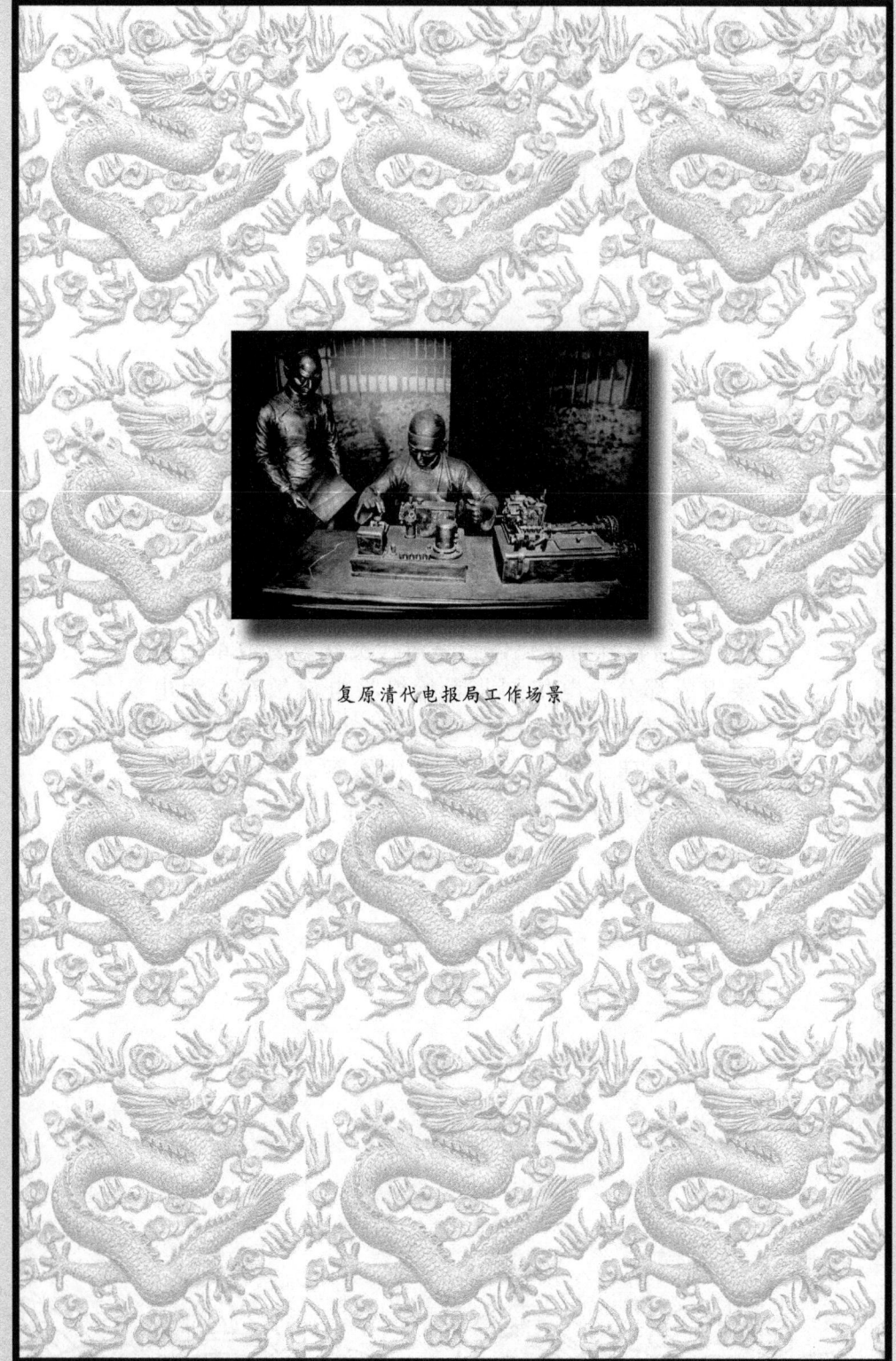

复原清代电报局工作场景

第六章 创立邮电教育与文化体系

南洋公学大门

第一节 设立南洋公学

洋务运动 30 多年来，中国教育已发生历史性的变化。由封建社会的私塾教育演变出了有国文、史地、经史、时务、格致、数学、诗歌、英文、法文课，注重体育，对学生进行军事训练的新式学堂。

光绪二十二年（1896 年），刑部左侍郎李端棻①上奏《推广学校》一折，建议自京师以及各省府州县皆设学堂。与此同时，电报的重要创始人盛宣怀也提出了培养人才的迫切性和必要性：庶政维新，自强万端，非人莫任，中外臣僚与夫海内识时务之俊杰，莫不以参用西制兴学树人为先务之急。他要引进西方"环球各国学校如林，

李端棻

---

① 李端棻（1833—1907 年），清朝著名教育家，被誉为中国近代教育之父。他历任山西、广东、山东等省乡试主考官，全国会试副总裁，云南学政，监察御史，刑部左侍郎，仓场总督，礼部尚书等职。光绪二十二年（1896 年），他第一个疏请设立京师大学堂（今北京大学前身）。

何嗣焜　　　　张元济　　　　劳乃宣　　　　张焕纶

大率行上行下,道与艺兼。惟法兰西之国政学堂,专教出使、政治、理财、理藩四门,而四门之中兼可学商务,经世大端,博通兼综"的教育模式,创办中国的实业教育。

是年10月,盛宣怀继创办天津中西学堂的头等学堂(北洋大学堂前身)以后,又以树人如树木,学堂迟设一年,则人才迟起一年之紧迫性,拟在上海设立头等学堂、二等学堂各一所,建立培养通晓西语、懂得技术的新式人才之学堂,以达到人才济济、助国富强的目的。他向清朝政府正式上奏《条陈自强大计折》,附奏《请设学堂片》,禀明两江总督刘坤一,拟在上海捐地开办南洋公学,经费由上海招商局、电报局共同捐资。12月奏请得到光绪皇帝的准允。

光绪二十三年(1897年)南洋公学正式开办,时设置了师范学院、外院、中院、上院四院,南洋公学附设译书院等。学校制订了"因材施教,因人而异,培养专门人才"的宗旨,确立了"严谨治学,严格教学"的校风。首任督办为盛宣怀,总理为何嗣焜①、张元济②、劳乃宣③,总教习为张焕纶④,监院为福开森(美),师范院英文提调兼教习为李维格。

同年,盛宣怀还奏办南洋公学外院(南洋小学附小前身)。挑选聪颖幼童120名入学,由南洋公学师范生授课,课程有国文、算学、舆地、史地、体育5科。

---

① 何嗣焜(1843—1901年),曾为两广总督张树声的幕僚。后来,他先后在广西、直隶、河南等地任职,官至清廷三品衔,知府分省补用,诰授通议大夫。光绪二十二年他就任公学第一任总理(即校长),在他主持公学的4年多时间里,先后招收各类学生300多名,派出留学生十余名。

② 张元济(1867年10月—1959年8月),中国出版家。他曾任总理各国事务衙门章京。戊戌变法时光绪帝曾破格召见,他创办了教授西学的通艺学堂。1898年冬任南洋公学(交通大学)管理译书院事务兼总校,后任公学总理,1902年7月后辞职投资商务印书馆,并主持该馆编译工作。1903年任该馆编译所长、董事长。

③ 劳乃宣(1843—1921年),中国近代音韵学家。清末修律,礼、法之争中礼教派主要代表人物之一。

④ 张焕纶,近代小学教育的创始人。光绪四年(1878年),开办"正蒙学院",后改为官立梅溪小学。曾任南洋公学首任总教习,主持学校教务。由于缺乏资金,张焕纶决定先办师范班,招生40人,培训后留校作为教师,开中国师范教育的先河。

第二节　设立电报高等学堂

清代老式的私塾

光绪二十七年（1901年）八月至九月，慈禧皇太后、光绪皇帝连下数旨，提出"人才为政事之本"①"兴学以教习得人为要义。著即悉心经理。务正始基而广造就"②。要求广立学堂，讲求中外实学。任命张百熙为管学大臣，负责设计新教育体制构建方案。原以私塾为主、以考取仕途为主的教育方式，将成为历史。代之而起的将是一个普及社会自然科学及文化教育的崭新开端。全国各地新式学堂开山而生，源自福州电报学堂的中国电信业教育体系也将发生历史性的变化。

光绪三十年（1904年1月），由张百熙、张之洞、荣庆③合作修改的上呈学堂章程，即《钦定学堂章程》由清政府正式颁布，该章程也称《奏定学堂章程》，史称"癸卯学制"。这是中国开始实施的第一个近代学制。它具有完整的、上下衔接的学校体系，学习近代自然、社会和人文学科，规定统一学习年限，实施班级授课制，编制了专门的教科书。学堂章程中就高等学堂规定：各省高等学堂为中学毕业之升

---
① 《光绪朝东华录》，第4719页。
② 《清实录光绪朝实录》卷之五百二。
③ 荣庆（1859—1917年），鄂卓尔氏，蒙古正黄旗人。入翰林院并任镶蓝旗管学官，晋升至侍读学士、蒙古学士、礼部尚书，再转户部尚书，兼在"军机处学习"等职。

钦定学堂章程

途,又为入分科大学之豫备。分政、艺两科。课程与大学豫科同。三年卒业。高等学外,得附设农、工、商、医高等实业学堂,亦中学卒业生升入。"癸卯学制"的颁布结束了中国延续了两千多年的封建传统教育体制,在教育史上具有划时代的意义。

光绪三十一年(1905年9月2日),清政府发布"上谕",宣布自丙午(1906年)年始,所有乡、会试一律停止,各省岁科考试亦即停止。至此,从隋朝大业元年(公元605年)开始实行了1300年的中国科举制度终结。

教育制度的改革和封建科举制度的终结,是清王朝全面废弃封建社会管理制度的产物,标志着中国社会公民教育大门的开启。在这个史无前例的教育体系创建中,高等实业学堂也在全国兴办,中国电信业的教育体系亦随之调整并健全,具体需要做的主要工作如下。

一、建立由电政总局管辖的电报人才职业教育体系

光绪二十八年(1902年),电报总局于新闸路59号(今1446号)增设电报高等学堂,聘丹麦使领馆参赞德连升兼任总教习,曾清鉴(按报塾第一期毕业,曾任电报总局考核科长)等为助教,教授电信高级技术。与此同时,全国各地也先后开办电报学堂,至清末,全国各地电报学堂先后培养了大约3000名毕业生。

光绪三十二年(1906年),设于郑家木桥的学塾随电报总局迁至老垃圾桥(今福建路桥)附近,分设测量塾、按报塾、额外塾、附读学堂和旗生学堂,由学堂总办负责管理。电报高等学堂由中国电报总局总办管理。是年,全国电报局改为官办,电报学堂随电报总局而迁至老垃圾桥(今浙江路北苏州路东首),学堂开设测量塾(唐壁田教授)、按报张塾(张桂华教授)、按报沈塾(沈云骧教授)、额外塾(高振域教授)、附读学堂(胡霖教授),同时开设旗生学堂(徐兆生教授),以上按报塾与学堂皆属于电报总局(后改电政总局)之学堂总办管理。学生录取入学,三学期卒业,考试后分别等第,即为头班生,派充各大局领班,其不列第者仍照二等派差。任用章包括薪水、考语、奖赏、究罚、告假、盘川、瞻家、恤养8节。办公章包括报局、领班、报生3节。

第六章 创立邮电教育与文化体系

宣统二年（1910年）各学塾、学堂统一合并为电报学堂，迁至爱文义路（今北京西路成都路西）处，由电政局（电报总局改名）考核科科长管理。

二、建立电报局生产一线管理人员的培养和管理制度

由于电信事业建设发展迅速，管理人才仍然缺乏。上海电报学堂毕业的学生优秀者多派往边疆地区实习，或担任领班，但仍然在设局的人才使用上捉襟见肘。如光绪三十四年（1908年），东三省官电局呈文：三省各局房领班学生向由上海、天津两局调用，以南人远涉边地，稍事体恤，上年遂有加成之章，视各领生原有之班等本薪自四成起递加至二十成止，

清末民初的云南电报学堂

且报房逐渐添设调派，亦觉不敷，遂拟就地取材之办法，设立电报学堂，报考官费学生42名，于十二月上课，是为电报学堂之缘起。邮传部接文后批复：查东三省设立电报学堂，就地培才，得人省费，自应先行立案，至所称开办常年经费，每年约需沈平银一万两，拟由三省摊筹等语，应俟筹定的款后咨部备案。① 时由上海电报高等学堂承担全国各电报学堂选派管理人才的培训，根据由学堂制定的"学堂考核章程"考核。成绩优良者，升班或分配往被派局试用。

三、制订电报学堂规模，建立边远地区及少数民族地区电报人才教育体系

邮传部以养成电报人才为宗旨②，除自身所办邮电学堂外，也出台政策，规定其办学规格和模式为：额定学生40名，分内外两半，内班二十名，住堂食宿，给以公费，就官局领班生兼充教员外，更添聘国文教员一人，此关于电报学堂大概也。② 鼓励地方官电局也开办学堂。边疆地方政府与军队也积极开办电报学堂，如云南、川藏、广西等地电报学堂也先后成立。

四、规范电报学堂考核章程

宣统元年（1909年），邮传部重订学堂考核章程，进一步规范电报高等学堂教育。重订之学堂考核章程，其内容分肄业、任用、办公3章：肄业包括学习、考试

---

① 邮传部档案全宗，胶卷编号3，档案序号23，项目编号1，《电政纪要》，宣统元年分，第391号。
② 《电政纪要》，宣统元年分，《邮传部第三次统计表》，宣统元年，电政，上，邮传部档案全宗，胶卷编号3，档案序号23，第392页，中国第一历史档案馆藏。

两节,学习与考试分初等、中等、高等三班实施,凡小学毕业经考试录取入初等班,肄业两学期,经毕业考试分别优劣去取,其录用者即为三班升派往各局充当报生。分三班生在外局服务三年成绩俱列上考,得应中等班入学考试,由学堂拟定题目发交各局同日考试,试卷密封寄学堂汇阅,照额多取一成调沪学习一月,甄别淘汰二成,留读者两学期卒业,考试后分别等第为二班生,派充小局领班或大局服务,不列等。第者仍以三班生派往各局。凡二班生中英文优良,性格驯良,志趣纯正,身体强健,历届均列上考者,由各局员及各总管领班合同考察,密报学堂准其应高等班考试,经复查属实,于开班收考时,择优指调来沪考试。

至宣统三年,电报高等学堂结束,其培植电信人才之史实,正如钱其琛所评价:是项章程当时规定相当慎密,似具资历管理之雏形,奠定了培育电信人才之基础①。

上海电报高等学堂教授科目如表1所示。

表1 上海电报高等学堂教授科目

	学科	程度	人数	肄业年限	卒业年月
光绪三十三年	洋文班报	考英文已有门径者	60	自一学期至二、三学期	随时考送按报预备班
	按报预备班	洋文班暨招考学生英文程度及格者	20	半学期	每学期考送按报班36名
	按报班	挑选按报预备班按报各科程度已有门径者	40	自一学期至二学期	每学期考送按报班36名
	测量班	挑选各局三班电生历练已满3年,英文各科程度较优者	20	自二学期至三学期	每学期卒业数名做一、二班电生
	高等班	挑选各局一、二班电生历练有年,电学各科程度较优者	20	三学期	光绪三十四年六月
宣统元年	习报班		7		宣统元年
	工程班		10		
	按报班		38		
	测量班		18		
	高等班		10		

---

① 钱其琛主编,《铁路电信七十五周年纪念刊》,《电信人事制度》,台湾文海出版社,1982年,第97页。

第三节　设立邮传部上海高等实业学堂

唐文治

光绪三十年（1904年），清政府将南洋公学划归商部，并改名为商部高等实业学堂。

光绪三十二年（1906年），商部高等实业学堂划归邮传部，更名为邮传部高等实业学堂。当年七月首开本科内航海、轮机两科，次年正月开办电机专科，邮传部高等实业学堂是中国最早培养电报和电话技术人才的"大学"。

学堂开办时，先派杨文骏为监督，后派唐文治[①]为监督。学堂以原电报学堂方式附设上、中两院及附属小学，凡三级，由小学升入中院，由中院升入专科。时办校年经费约需10万两，游学经费为3万两。

时学堂上院、中院在当时被称为上海高校中最伟大的建筑，里面包括教室、实验室、大礼堂、办公室、学生宿舍、食堂等，是当时大学部学生主要的学习与生活场所。我国第一个商务专科、第一个电机专科和铁路管理专科均诞生于此楼。许多著名校友如李叔同[②]、黄炎培、凌鸿勋、邹韬奋、陆定一等都曾在此楼学习过。

学堂开办之初，面临专科生源不足和经费短缺的问题，因此，邮传部于宣统元年闰二月上奏清廷：拟于办年下学期为始，由各省督抚提学使考选中学毕业生，每省至多40名，至少20名，咨送到沪，由该学堂考取分入专科肄业，本省按名岁筹学费银二百两，汇解学堂，以资协助，一切膳学等费概不取之，学生一班毕业接续考送，比之遣派游学省费甚巨，而数年之后，成材实多。至堂中常年经费除原有各款及各省筹解学费外，不敷之数仍由臣部于路电两局添拨应

邮传部上海高等实业学堂关防

---

① 唐文治（1865—1954年），历任户部江西司主事，外务部榷算司主事，商部右丞、左丞、左侍郎等职，曾以参赞身份随清廷专使载振前往英国参加国王加冕典礼，于归途又到法国、比利时、美国、日本四国考察。

② 李叔同（1880—1942年），著名音乐家、美术教育家、书法家、戏剧活动家，是中国话剧的开拓者，后剃度为僧，后被人尊称为弘一法师。

用，所有毕业生应归臣部及各该省督抚调用，以尽义务。①

南洋附属小学第一届毕业生合影

学堂在办学中注重引进西学，教研结合，如电机建系初期，专业课全由外籍教员授课。先后引进威斯康星大学学士、美籍人谢尔屯，美籍教员桑福②。

在教学上，邮传部高等实业学堂以"尚实"为治学理念。勉励学生，要以"求实学、务实业为鹄的"，"造就学成致用，振兴中国实业"的专门人才。同时，增设国文科，成立国文研究会。随后又设立西文科，让学生补习英、德、法和拉丁文，成立英文大会。作为校长的唐文治尤其重视道德教育，他认为：道德是基础，学问为屋宇墙垣，未筑基础的屋宇墙垣，势必在风雨飘摇中不能久固；道德准则寓于经学中，经学是区分一切是非的永恒标准。

光绪三十四年（1908年），唐文治致邮传部函，报告增设电机、邮政两专科实施办法。程度较高者入电机科，家境贫寒者入邮政科。是年秋，设电机专科，定为三年毕业，请美国人谢尔屯为科长，中国学校之有电机自此始。陆续添建金工、木工、电机等厂③。自此，学堂已转向为高等工业和通信学校。时电机专科开设的课程有数学、物理、化学、电机学、热力学等14门，设电机专科后，西文藏书增加，达1 000余册，于是，改上院原藏书室为西文藏书室。尔后，还在上院后面空地建电机厂，购置直流、交流发电机，电动机及各种电表，供电机专科学生实验用，从此，邮传部高等事业学堂实至名归，成为培养中国电信科技事业高级人才的源泉之地。

至宣统三年（1911年），学堂学生人数老生有七百余名，新生添加二百数十

高等实业学堂的教学课堂

---

① 《上海高等实业学堂拟请扩充专科预备经费折》，沈云龙主编，《近代中国史料丛刊》，第14辑，邮传部编，《邮传部奏议类编·续编》，第1293~1295页。

② 《百年电气，百年辉煌》，上海交通大学委员会校报电子版，第1246期（2008年10月13日），第3版，专题。

③ 霍有光、顾利民著，《南洋公学：交通大学年谱（1896—1949）》，陕西人民出版社。

名。学生毕业考试,邮传部派员监督,并会同学部照章请奖①。

邮传部上海高等实业学堂的毕业生,多在清末民初多人进入政府政治、外交、军事管理及经济、文化部门工作,尤其是在国家电信管理机构中担当要职,并担任交通部部长,颇有建树者甚多,清末民初的交通派系也由此而形成,其中许多人成为风云人物,并在相当长的历史时期内产生重大影响。邮传部上海高等实业学堂教授科目如表2所示。

邮传部上海高等实业学堂修业文凭

表2 邮传部上海高等实业学堂教授科目

学 科	程 度	人 数	肄业年限	卒业年月
附属高等小学	四、三、二、一年级	17,40,32,30	四年	光绪三十四年五月,宣统元、二、三年五月
附属普通中学	三、二、一年级	267,73,57	三年	宣统元、二、三、四年五月
高等实业预科	二、一年级	46,62	二年、三年	光绪三十四年五月、宣统元年五月
附属高等小学	二、三、四年级	34,46,40	四年	宣统二、三、四年五月
附属普通中学	初、二、三、四、五年级	39,62,85,79,66	五年	宣统六、五、四、三、二年五月
高等实业电机科	初、二年级	23,10	三年	宣统四、二年五月

---

① 《本部咨学部上海高等实业学堂毕业试卷业经派员阅竣请即复阅会同请奖文》,宣统元年六月初十。沈云龙主编,《近代中国史料丛刊三编》,第27辑,《交通官报》,第2期,第18~19页;《交通官报》,第3期,第17~19页。

第四节 设立邮电学堂和邮电高等班

邮传部接收学堂。考虑邮电人才匮乏，而因时风气未开，愿意接受实业教育者有限，故以"学堂为造就人才之地，实不容缓"① 之政，派出专员往南北洋各处详细调查交通专门学校，现在办理情形，并分咨各省将所设路矿、电轮各专门学堂现办详情随时报部，并于光绪三十三年（1907年）奏将铁路公费余款留办学堂。"拟设综合性的交通馆造就学生，用西法教授，以备将来派充铁路、邮政、轮电等差。"

宣统元年（1909年）四月，徐世昌上任邮传部尚书，他对邮电教育非常重视，主持设立邮电学堂。邮电学堂经费由邮传部奏定，以借款官办各路每年解部款项有二十万两，其中十三四万均可拨做学堂经费。

交通传习所学生在北京电话局人工电话接续台实习

为建立邮电学堂，部派出留日主事李景铭②，他与方兆鳌③就近调查日本邮电学堂办法，绘具图说寄部，并决定"一俟聘定教习，夏间即可开办，拟取各省实业学堂高等省以充其选"④。首个邮电学堂选址议定在湖北省平湖门外皇华馆设立，由邮传部派员前往监修，并遴选人才充当教员。电政局总办周万鹏还秉承邮传部之令，议订了《重订学堂考核章程》。武汉邮电学堂开办之日，据《申报》1909年6月18号第5版《京师近事报道》：当在九月间。

宣统元年（1909年9月），邮传部在现北京府右街建立铁路传习所。宣统二年（1910年4月），铁路传习所更名为交通传习所⑤。

---

① 本部统计处编剧，《邮传部总务改革概略》，邮传部档案全宗，第47号卷宗，中国第一历史档案馆藏。
② 李景铭（生卒不详），光绪三十年（1904年）恩科进士。宣统元年（1909年），赴日本考察邮政，与方兆鳌合编《调查日本邮电堂报告书》两卷。
③ 方兆鳌（生卒不详），光绪三十年（1904年）甲辰科进士，公派日本留学，在早稻田大学政治经济科毕业，回国历任陆军部主事、邮传部员外郎、交通传习所主任等职。
④ 《本部咨复奉天总督巡抚东省设立电政学堂应准立案并将筹定的款咨部备案文》，宣统元年九月二十日，沈云龙主编，《近代中国史料丛刊三编》，第27辑，《交通官报》，第5期，第12～13页。
⑤ 《北京交通大学校名校址沿革》，http://bjtu.edu.cn/xxgk/lsyg/104.htm。

第六章　创立邮电教育与文化体系

初建的铁路传习所

更名为交通传习所的校园

宣统三年（1911年4月7日），清政府邮传部尚书徐世昌将在传习所开办邮电班的意见上奏清政府，获得奏准后，即分别在北京、上海、汉口、香港招考新生，高等班招生100名，简易班招生100名。先后开办无线电高等工程班、中等班（即通信班）、电话专修班、有电工程班。所修课程，重要者计有电工学、无线电工程学、电报电话工程学、线路工程、机械学、机构学、热机学、测量学、微积分、微分方程、电律收发等①。

传习所附近的电信线路

是年，交通传习所邮电简易班学生108人毕业。清末，邮电高等班学生64人毕业，被分别派往全国各省电报局工作，其多人成为各省电信局的管理工程师和总工程师①。

---

① 《管理电信开先河》，北京交通大学校报电子版，第846期，第4版，http://bjtu.cuepa.cn。

第五节　选派优秀学生出洋留学

培养人才，派出学生前往海外留学，一直是清政府以为国本的大事，并就留学的国家作出要求。光绪二十八年（1902年），光绪帝下旨谕内阁：朕奉慈禧端佑康颐昭豫庄诚寿恭钦献崇熙皇太后懿旨、前经降旨饬令各省选派学生出洋游学。以资造就。闻近来游学日本者。尚不乏人。泰西各国。或以道远费多。咨送甚少。亟应广开风气。著各省督抚选择明通端正之学生。筹给经费。派往西洋各国。考求专门学业。务期成就真才。以备任使。①

与此同时，还派出官员担任游学总监督。如就日本留学事务，光绪帝下旨：派出四品衔外务部员外郎汪大燮、著赏给五品卿衔。派充游学日本学生总监督。所有游学各生。均著归该员管辖。务即认真经理。督饬切实讲求。以端趋向而宏造就。②

锡　良

邮传部对留学生的任用甚为关注，奏本清廷：请饬下外务部行咨各国驻使悉心考察，如留学生所习科学与臣部四政相关，确有心得，足备器使者，由该使臣查验毕业文凭，出具切实考语，咨送回国归臣差遣，以资臂助，如果试验得力，再当分别程度高下，或留部补用，或酌拨差使，冀收集思广益之效③。这个选派是在全国范围内进行的，如四川总督锡良④就选派官员士子，分赴比国肄习路矿，赴欧美肄习电机制造专门之学。上海则继续在上海高等实业学堂选派学生赴美学习电信、电机、商务等专业。

一、选派上海高等实业学堂学生赴美学习电信、电机、商务等专业

这是继同治十一年（1872年）选派留美幼童的又一次历史性远航。那时，西方电报刚刚进入中国，出洋留学者为12岁、不通英文的幼童。如今35年后，中国有了自己的电报、电话、无线电和长途电话，通信技术已与西方国家相近，再次选派的是学有所成、通英语的青年学生，在洋务运动的30年中，民智的开启可由此而见。

---

① 《清实录光绪朝实录》卷之五百五。
② 《清实录光绪朝实录》卷之五百六。
③ 《请饬各国驻使考察四科留学生送部差遣片》，沈云龙主编，《近代中国史料丛刊》，第14辑，邮传部编，《邮传部奏议类编·续编》，第39页。
④ 锡良（1853—1917年），字清弼，拜岳特氏（巴岳特氏），蒙古镶蓝旗人，同治十三年进士，历经同治、光绪、宣统三朝。

第六章 创立邮电教育与文化体系

清政府对于赴美学习的学生有严格要求。从一份当年留美学生签署的具结书中,可看到历史的印记。

胡鸿猷

留学生具结

光绪三十年(1907年)十一月　胡鸿猷

学生胡鸿猷①为具结事,今蒙监督唐考选电请农工商部资派赴美国学习商业专科,日后学成回国时,当听候农工商部差遣以尽义务,决不私行他就。如未蒙农工商部派差,或由邮传部及本学堂札调也当立即赴差,用报培植之恩,今特具甘结一纸,呈请备案。须至具结者。

学生胡鸿猷,年二十岁,系江苏省无锡县人,现住无锡。

曾祖国梓,祖荣庭,父允龙。

光绪三十四年(1908年)二月,邮传部制定上海高等实业学堂出洋留学生章程,对于派多少留美学生,怎么选,怎么派,钱怎么花,怎么监督,怎么使人才所学有所用,均作出了严格的规定。

一、学堂考送出洋学生程度须严加考核,勿以不及格之学生率行咨送致多滥费。

二、本学堂咨送出洋学生以三十人为定额,必甲班生留学毕业,再派乙班,庶经费得以周转。

三、毕业年限由监督会同教务长核定,留学生应依限毕业,非邮传部特派续留不得率请展期再领学费,学堂毕业生非俟留学生缺出亦不得自行选派。

四、留学生在外洋皆当恪守学规,殚心壹志专攻实业,不得沾染习气惑于邪说,违者经监督查实有据即将官费撤销。

五、如邮传部及本学堂有饬调查之件,应即详细调查,迅速报告。

六、每学期应将所学学科程度译成华文寄呈监督送邮传部查阅,其有新著作及自行调查之件或自译西书之有关实用者,亦应一并寄呈监督。如果确有心得实验,由监督陈明邮传部酌给名誉奖励或实物奖励。

七、本学堂选派之学生,即系邮传部日后选用之人,留学生毕业回国后应至本

---

① 胡鸿猷,就读于南洋公学,1907年公派至美国宾夕法尼亚大学沃顿商学院留学,1910年获硕士学位,后到德国柏林大学学习。1912年回国,历任交通部上海工业专门学校教员、北京铁路管理学校代理校长、交通大学北京学校主任等职。

学堂谒见监督，呈验文凭，由监督陈报邮传部呈送学部考试，照章给予出身。若非有邮传部及本学堂特别允许者，不得别就他业。

八、留学生毕业回国后，愿充本学堂教学者，五年后照章咨部给奖。

二、选派学生赴奥学习邮政储金规章和邮政电报

宣统元年（1909年4月），徐世昌就任邮传部尚书。到任后，他以邮政储金法早为东西各国所推行①，特咨行驻外公使得知奥地利储金制度最善，因此做出派往练习邮便及储金规章，俾备器使的决定。

雷补同　　　　梁士诒

是年冬，"咨行出使奥国大臣雷补同②商允奥外部招待学生入局联系邮政及邮便储金"，并依雷"以能通德文者易于教授"的建议，于宣统二年（1910年）春出示招考。考试资格以高等专门学校德、法文毕业生为限。时应考者数百人，取冯农③等习德文者11名、法文者4名，又添调留德生3名、留法生1名，共计19名，派徐秀钧为校长，于4月前往奥地利学习。这些学生后入奥地利商部邮电总管理处附设的邮电专门学校，因该校课程有邮政电报，故兼习邮电两科，并在奥储金总分各局及邮电各局实地见习。

帛黎　　　　权量

宣统三年（1911年），留奥学生毕业回国。经邮传部副大臣梁士诒④、邮政总局总办帛黎⑤考验，留奥学生作为邮务官，悉行分往各省邮局服务，为将来开办储金之用。时逢邮政回收，

---

① 中国邮政局创办之时即开始办理汇兑业务，光绪三十四年起兼办储金业务。

② 雷补同（1861—1930年），历任户部广东司，总理衙门章京，外务部考工司员外郎、郎中、右参议、右丞，出使奥国大臣等职。

③ 冯农（生卒不详），1906年入京师大学堂译学馆学习，习德文。1909年赴奥留学，1911年回国，后国民政府颁布了冯农起草、经法制局审核修改的《邮政储金条例》。

④ 梁士诒（1869—1933年），光绪进士，授翰林院编修。曾参与袁世凯胁迫清皇室退位的活动，任袁世凯总统府秘书长、交通银行总理、财政部次长、北洋政府国务总理等职务。为中华民国时期北洋政府交通、财政高级官员，旧交通系首领，是清末和民国初年非常活跃的一位重要政治人物。

⑤ 帛黎（A. Théophile Piry, 1850—1918年），曾为福州船政学校教员。同治十二年，赏五品衔，予双龙奖牌。清末民初时掌有中国邮政大权的法国人。其一家三代都曾在中国海关任职。

邮传部曾议设邮政储蓄银行：此银行范围并不大，乃系专属于邮政上汇兑及储蓄而已。并特派润漳、权量①二员调查一切制度等项及电信业务，以资取法，两大员回京后，特将调等项及电信业务，各件报告书呈请部大臣及左右两堂查阅，旋即派员详细厘定一切办法，以便实行，刻已议有端倪，邮便储款制度拟于年内即可实行。但由于清朝逊朝，此计划未能实施。

三、选派学生赴日、英、法等国电信单位实习

交通传习所邮电班毕业生亦择优派赴国外学习，所有攻读无线电学者，派赴法国高等电信学校肄业及实习；攻读电话学者，派赴美国西方电气公司及日本递信省所属电话交换所实习；攻读电报学者，分为机械、线路、水线三门，派赴日本递信省所属各电信局实习，邮传部还发文外交部，请与英国公使协商，由电政局选派无线电学生前往香港天文台学习天文气候，以为航运业提供预防风暴的信息服务②。

赴海外留学学生回国后，清政府学部会同邮传部进行考核。宣统三年（1911年4月）调全国各省、部高等学堂各科毕业生140人，赴京进行复试，并详细校阅毕业生在校期间的各门试卷。结果取最优等的6人，优等的49人。

除选派留学生赴海外留学以外，还开始选派学生赴海外实习，宣统三年（1911年7月），上海高等实业学堂电机专科首届毕业学生共孙世缵等10人。电机专科科长谢尔屯（美籍）介绍电机专科毕业生孙世缵、孙宝鉴、邓福培、华荫薇、钟锷、郎国桢、朱福颐、孙世芬8人赴美国电厂实习。由工厂发给月薪，以资旅费。学校学生赴外国工厂实习自此开始。清代，经邮传部派往国外学习电报、电机、邮政业务技术的留洋学生在学成后，回国在电信业界服务，有的成为中国电政事业的高层管理人员，有的成为著名的电信专家，使电信事业代有传人，电信管理体制逐渐完善，电信事业持续发展，电信业务基本与国际电信业同步。

第六节　设立图书通译局和交通研究所

光绪三十二年（1906年），邮传部"具奏官制折内声明船路电邮四政均系专门之学，应有专科之书，拟设图书馆一区，专度各国关于四政之图书，并设讲习所，捭阖署人员得于暇时研究以资练习，其应行附设之考工，通译各局所，体察情形，陆续筹办等因，遂于本部开办之始立图书通译局，盖将原奏议设之图书馆，通译局

---

① 权量，日本东京商业学校毕业。回国后在清政府农工商部、邮传部任职。后曾任中华民国北京政府代理交通次长。

② 郁秉坚著，《我国电信员工训练之过去现在与将来》，《中国电信学会丛书——电信大意》，第38页，中国科学图书仪器公司发行，1949年5月。

通译处总办宋育仁　　日文总编辑黄远生

合并为一,此创立图书通译局之大致情形也"①。

九月,邮传部拟在新署中设立图书通译处,并奏派宋育仁②为总办。局内有英、法、德、日文总编辑,有官报处、辑译股等部门。被聘用的翻译人员中,刚从日本学成回国的黄远生③被邮传部派兼图书通译局日文总编辑,充辑译股股长。

图书通译局出版的图书有《法兰西铁路警察律》《法兰西铁路警察行车设备律》《德国铁路律》《苏杭甬铁路始末记》《世界之交通》《通信要录》等,另还编辑出版《交通官报》④。

一、图书通译局的设立时间

宣统元年（1909年10月）邮传部上奏称光绪三十三年（1907年）"十一月奏设图书通译局一区",又称"图书通译局开办将及两载",于此可知图书通译局的成立时间是光绪三十三年（1907年11月）。宣统元年四月间,邮传部对之予以了整顿。宣统三年（1911年2月),盛宣怀裁撤之。

二、交通研究所的设立时间

宣统元年（1909年),邮传部还上奏:"交通研究所试办数月以来"。于此可知其成立时间为宣统元年。《申报》宣统元年五月初三刊载的《徐尚书整顿邮部之新气象》一文称,"徐尚书以交通人员实不易得,特将邮传部译书馆改为交通研究所,以为造就人才及研究邮传一切事宜之助"④。可见,该所具体的成立时间是四五月间。宣统三年,盛宣怀裁撤之。

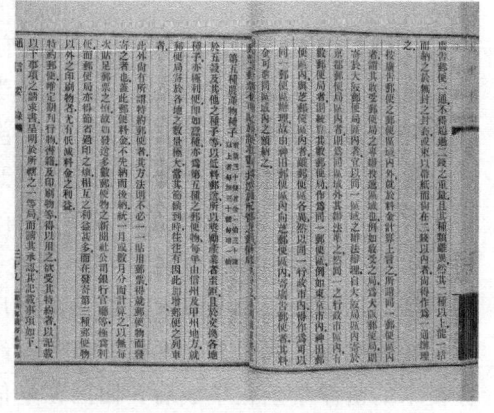

图书通译局翻译出版的《通信要录》

---

① 《邮传部第一次总务、船政统计表》（光绪三十三年）,邮传部档案全宗,第47号卷宗,中国第一历史档案馆藏,刘锦藻,《清朝续文献通考》,第4册,考11037页。

② 宋育仁（1857—1931年）,1896年,到重庆主持四川商务矿务。设立商务局,为四川绅商领袖。创办了《渝报》,曾出使欧洲。后任国史馆纂修并主持馆务。

③ 黄远生（1885—1945年）,曾被誉为"中国第一个真正现代意义上的记者",其"远生通讯"为当年中国新闻界的一大品牌。

④ 《申报》,1909年6月20日,第4版。

第六章 创立邮电教育与文化体系

第七节 出版交通官报

清代，出现了许多官报，《交通官报》为我国历史上第一份官方邮电类报纸。

清宣统元年（1909年）七月十五日，由邮传部图书通译局官报处编辑、发行，外形为册型，50多页的《交通官报》创刊号出版。最初为每月一期，自第七期起改为半月一期。报纸的第一页是本期目录，该报内容分图画、谕旨、论述、折奏、公牍、法制、约章、报告、译丛、交通沿革、杂录十一部分。

宣统二年（1910年），徐世昌上奏《开办交通官报片》："臣部于上年七月仿造试办"①。关于《交通官报》创办的目

首期《交通官报》

的，徐世昌写道：邮传部所管事业如船政、路政、电政、邮政，皆属输入，匪我固有，经营甫及谣诼相随，又无私家杂志能资利导，则交通官报于条教号令之中，寓学问劝诱之意，良亦不能已已。世有知言之士，或同情于斯志也乎？各国交通衙门无不发行官报，日刊以布号令，年鉴以示成绩②。于诱掖民智，发达事业不无裨益。③

程明超④在《交通官报发刊辞》中写道："交通官报何为而作也？盖将齐壹官民意志，发达交通学术，增进交通事业，以官报而兼学报之任务也。"

《交通官报》的经理为蔡汇东⑤，为办好官报，特派他"往黑龙江调查事件，于日前乘京奉车赴奉拜谒当道，咨询一切，约一二日即行北上，闻尚须游历关内外蒙

---

① 徐世昌，《创设交通传习所开办情形折》，清末民初史料丛书第15种。
② 沈云龙主编，《近代中国史料丛刊三编》，第27辑，《交通官报》，第一期，第1～2页。
③ 徐世昌，《开办交通官报片》，清末民初史料丛书第15种，《退耕堂政书》，第1686页。
④ 程明超（1880—1947年），光绪三十四年，在京都帝国大学毕业后，回国应清廷科举之殿试，获当年一甲第三名，御赐探花，授翰林院编修，大学士。宣统二年（1910年），被指定为资政院钦选硕学通儒议员。
⑤ 蔡汇东（1881—1938年），字达生，蕲春人。清廪生，留日早稻田大学习法律，同盟会员。武昌起义，任战时总司令部军法官，晚年任国民政府司法院参事。著有《死法》《新疆西藏之开发》等书。

古一周，以便得交通上之实际"①。据中国第一历史档案馆宣统元年分资料《邮传部本部经费收支款目表》记载，发行《交通官报》的费用为 1 107.314 两，交通官报费为 587.942 两。

《交通官报》首期刊登了徐世昌官服照，这在当时各类官报中所鲜见。至宣统三年（1911年）正月，《交通官报》由盛宣怀裁撤。《交通官报》自宣统元年（1909年7月）出版，至宣统二年（1912年12月）停刊，共出版了30期。《交通官报》记录了邮传部官员在清代的历史作为，至清末，在国家新建立的管理制度运作期间，邮传部作为新生的管理机构，官员更迭频繁，尚书先后14任，左、右侍郎21任。他们之中其个人的政修各有世评，但不可否认的是，他们都以邮政、电信对于国家命脉之需要，对民生之需要，在中国邮政、电信事业的建设上，进一步整合、调整、规范了管理体制，拟订和建立了业务管理制度，为中国日后邮电管理体制的建立打下了基础。邮政、电信之对于国家之作用，正如曾鲲化②在《祝中国交通之前途》一文中所论述：

邮传部司员曾鲲化

有天地而后万物生有万物，而后人类殖有人类，而后交通以起交通者，人类生活上所不可一日或无者也，人类愈蕃则需要交通之事，愈形复杂而供给交通之方法，亦因之愈出而愈多方法愈多，于是交通愈便是以上下数千年间，交通界之风云经无量数之变态，而有轰轰烈烈之邮政电信轮船铁路等光辉历史出现也，邮政电信者何无形之交通也，轮船铁路何有形之交通也，有形所以运送客户货彼此往来。无形所以互通意思交换智识而有利用之所在，则自政治军事财政以讫于教育事业质言之，凡组织国家之要点，振兴国家之本原兴。夫社会上种种活动事业，莫不恃以为极重要之机关故。哲学家有言今日之世界交通世界也。政学家有言曰：欲图国家之富强，须实行交通政策，而交通学界之钜子且谓谕旨万物，虽如恒河沙之无可纪极，然揆厥情理无小无大、无轻无重，悉为交通势力所范围，懿乐哉交通之关系，于国是之隆，替世运之盛衰也。固如斯其重且大哉。是故交通之为物也，其直接之间接之影响，即全国国势之所系，余祝我国之交通非仅祝交通而已，也祝我国国势之前途。③

---

① 《京师近事》，《申报》，1909年9月28日，第5版，另见《派员督办交通官报》《民吁日报》，1909年9月4日，第4页。

② 曾鲲化（1882—1925年），湖南新化人，邮传部司员。1903年以优异成绩获取官费生资格，东渡日本深造。开始志在学陆军，后改学铁路，考入日本当时著名的私立岩仓铁道学院。1907年，曾鲲化的上书最终促成了北京铁路管理传习所的创建，就是现在北京交通大学的前身。

③ 沈云龙主编，《近代中国史料丛刊三编》，第27辑，《交通官报》，第1期，第5页。

第七章

维护中国通信利权

自中国自主电信建设开源至邮传部成立,国家电信主权经营始终在清政府总理衙门的直接管理下进行,电政官员以国家利益为重,屡与他国以谈判、签订合同等方式,尽心尽职维护中国通信利权。

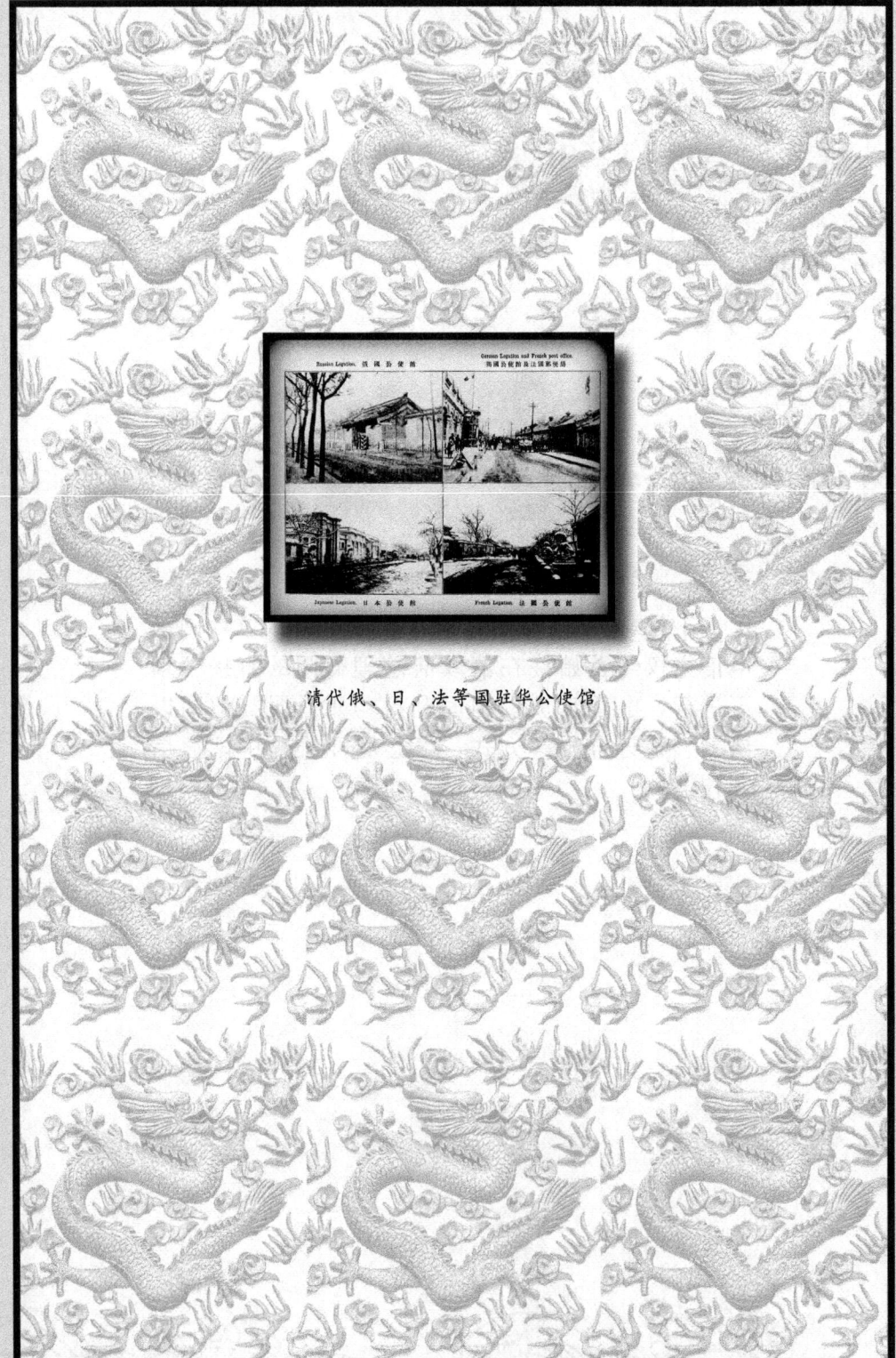

清代俄、日、法等国驻华公使馆

第七章 维护中国通信利权

第一节 电信业主权建设之成就

自总理事务衙门成立以来，国家电信事业的主权建设就在国家外交事务中进行对外交涉，以维护中国通信利权。

邮传部成立以后，继续坚持执行清政府规定的外商不得在中国建设陆线之政策，以主权经营之势，建设自主水、陆线电报线路，收回外商在中国擅自架设的建设陆线，拥有了中国电线商办者41 417里半，官办者49 430里[①]之成就，以此电信基础设施取得了与外商以32 908海里水线[①]经营电报业务收入摊分利益之权利，以图国家电政的最大收益。

但由于特定历史的原因，此类史料过去大多沉寂于档案之中，少有完整史料面世，在史学界非革命化思维、文风日趋平实的今天，河南师范大学图书馆馆长苏全有查阅了大量清代邮传部历史档案资料，创作了《清末邮传部研究》，在其著作中，邮传部历史资料拂尘而出，呈现于世。从这些历史资料中，可以看到清代外交事务中的电信交涉史料与电信业界史料相辅相成。这些历史资料清晰地还原了在邮传部的部署下，电信业界苦心经营，千方百计地维护国家电信利权的真实历史。至清末，历经30多年的建设，中国电信业主权建设取得全面发展之成就，从管理体制到业务体系，基本建设完成，电信业务种类齐全，电信教育体系形成，电报机械仿制成功。电信物质基础建设是保证电信网络运行、商业运营的重要条件，为邮传部维护国家通信利权提供了有力的支撑。

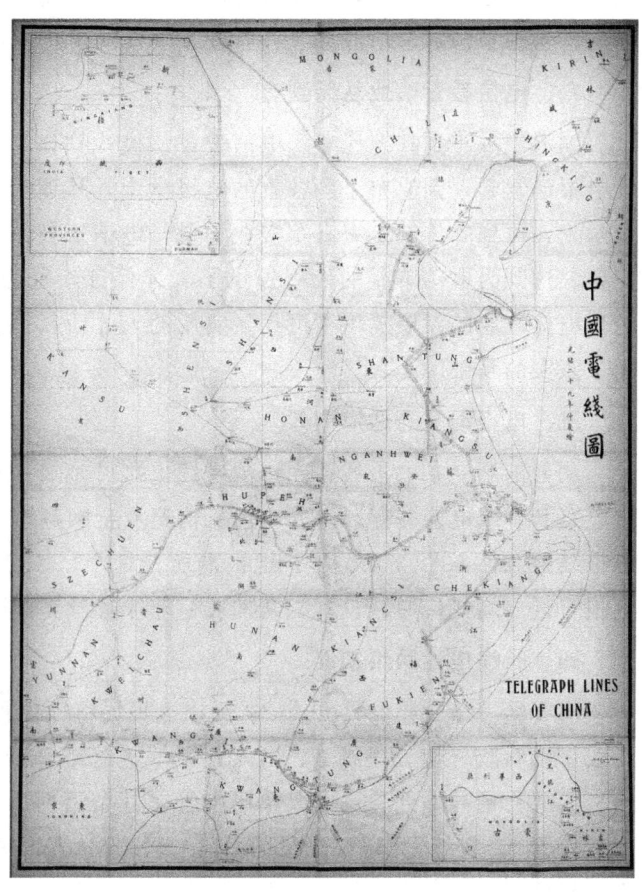

清代中国电线图

---

① 邮传部档案全宗，胶片编号2，档案序号23，项目编号4，第324～325页，中国第一历史档案馆藏。

一、邮电管理体制基本厘定

从总理事务衙门最初设定海防股管理电线开始起步，循序渐进地建立了津沪电报局、中国电报总局，设置商电局、官电局，邮传部设立电政总局的国家电信管理体制，实现了国家电信业务统一管理，电信网络统一建设。

二、电信教育事业从无到有

同治十一年到宣统元年，电信教育从模式到体系基本完备，从船政电报学堂附设电报学堂起，到遍布全国各省的电报学堂，从留美幼童学习电报，到南洋高等实业学堂，再到邮传部上海高等实业学堂，电信工技人员的培养方式一脉相承，基本完备。这既为电信事业的发展提供了人才保证，也为日后电信业的职业教育模式、清代电信事业的发展提供了可靠、实用的人才阶梯队伍，为国家电信事业的发展奠定了坚实的基础。

三、电报网络通达海内外

从台湾第一条电报线路到津沪有线电报开通，中国电信业已是陆线和水线、无线电路和有线电路并存。自办电信机构遍及全国各地。据统计，至20世纪初，全国电报线路总计50 000余公里。电报局所503个，职工3 583名。从上海发出的国际电报可通（间接传递）日本、新加坡、菲律宾及美国旧金山和欧洲各国。

四、长途电话网络初诞

清光绪三十二年（1906年），天津电报局将原由丹麦人普尔森代管的各局机器、杆线、物料及一切工程线路、出入款项等造册结算清楚，该公司所设的塘沽、紫竹林、河北、杨村4处分局由天津局接管，其余河西、通州、北京西城3处分局由北京局接管[①]。宣统元年，又收回德商在天津至大沽间的长途电话线。长途电话实现自主经营。

五、自主建立市内电话

继光绪八年（1882年）丹麦大北公司在上海开办第一个人工电话交换所，南京于光绪二十六年（1900年）首先设立电话局，随后广州、天津、北平、奉天、上海等处亦先后建立，市内电话建设呈现燎原之势。

六、自主建立无线电通信

光绪二十六年（1900年），无线电报在广州沿海军舰使用。光绪三十一年（1905年），先在北洋军舰设机通报。光绪三十三年（1908年），清政府江南官电局出资征购德商德律风根公司在吴淞狮子林、崇明南门港两地分别安装的500 W无线电瞬灭火花式长波收发信机各一套，组建吴淞和崇明无线电报局，并收发公众电报。

---

① 《天津通志·邮电志》，天津社会科学院出版社，2002年1月，第一篇，机构沿革，第104页。

同年，江南官电局又收购英商在上海汇中旅馆私设的与海上船舶通报的 500 W 火花式长波无线电台，移装到外滩 8 号上海电报局楼上，成立上海无线电报局，呼号初为"SNG"，后改为"XSH"，仍用于船舶通信[①]。

七、自主建设中国铁路通信

由邮传部派出电信专家自主设计的第一条铁路京张铁路通信工程胜利完成，中国铁路通信网正式成为国家通信网的一部分，由国家铁路管理机构、地方铁路局、分局三级通信网组成，与电信通信枢纽合一。

八、电报机械制造从仿制起步

天津制造厂曾为中国早期电报通信制造了大量设备。自光绪十八年至二十四年（1892—1898 年），中国电报总局购买该厂生产的莫尔斯打报机器共 417 部，基本上满足了当时各地电报局对此类设备的需要[②]，为摆脱对外国产品的依赖，实现电报自主经营起了重要作用。光绪二十九年（1903 年），电政总局于天津设立电报机械制造厂，聘用外国人员，仿制人工电报机件，以供全国各电局应用[③]。上海电报局亦有自己的电报机件修建间。中国电信工业由此起步。邮传部成立后，就提高制造电报机械水平之事进行部署。光绪三十四年（1908 年），陈璧就电机电料制造与国际接轨之事撰文："以轮电路邮

吴淞无线电报局火花式发报机

吴淞无线电台全景

上海电报局修理配件的铜匠间

---

① 《上海邮电志》，上海社会科学院出版社，1998 年 10 月，第一篇，机构，第 92 页。
② 《天津通志·邮电志》，综述。
③ 《我国电信机械制造事业之过去、现在与将来》，郁秉坚著，《电信大意》，中国科学图书仪器公司发行，1949 年 5 月，第 32 页。

四政所用材料，必中国能自仿造，始可稍塞漏卮，故闻有能仿造之者，必札饬购取使用。兹有四川禀贡生周宗镰呈有自制电料三种，经邮部考验知其所造仅用手工，以致划分未清，电力之率未能一律，因批饬购用机器制造，务与西洋一律，加工精造，本部即当札饬各局购用，以挽利权而兴工艺云。"① 邮传部还派周万鹏赴葡电会之便，到美考查电厂办法，时"美商平嘉礼到华，愿订条约合股创办。如果此事一成，不特中国之生料可减输出，外国之熟料可减输入，挽回利权不少，即工匠人等俱用中国人，则养成人才甚多"②。为日后中国的电信科技和工业建设奠定了基础。

　　电信事业的进步，形成了由津沪电报局章程所诞生的"电信"实质内含。至清末的电信建设成就有：电报、电话线路逐年延展；已基本覆盖全国，电信服务局所逐渐铺开，全国都有了电信主管机构、电报局所；电信业务收入逐年增长，实现收支平衡并有盈余。本书仅以清代邮传部的统计数字资料，展示中国主权建设电信事业的成就，如表3至表7所示。

表3　电政局3年间局所、网络、电机比较表（宣统元年）

局所、网络、电机	光绪三十三年	光绪三十四年	增	宣统元年	增
分局	43处	43处		43处	
子局	38处	38处		40处	2处
支店	64处	65处	1处	65处	
报房	94处	105处	11处	120处	15处
合计	239处	251处	12处	268处	17处
电话机数	598部	619部	21部	666部	47部
电路杆数	242 556根	255 383根	12 827根	261 800根	6 417根
线路里数	39 520里	41 448里半	1 928里半	42 115里	666里半

编者注：41 448里半表示41 448.5里。

表4　电政局收发国内电报字数3年间比较表（宣统元年）

年份	发报字数/字	收报字数/字
光绪三十三年	14 433 038	18 950 507
光绪三十四年	15 220 454	14 768 803
宣统元年	19 564 727	23 174 397
合计	49 218 219	56 893 707

---

①《邮传部》，注意轮电路邮之材料，《申报》，1908年5月10日，第3版。
②《邮传部札电政局保送高等生考用并饬议创设电料制造厂办法文》，《政治官报》，宣统元年正月十三日，第453号，第20页。

表5　电政局收发国内电报次数3年间比较表（宣统元年）

年份	发报次数/次	收报次数/次
光绪三十三年	728 622	796 017
光绪三十四年	784 101	803 787
宣统元年	909 356	1 031 200
合计	2 432 079	2 613 004

表6　电政局收入支出5年间比较表（宣统元年）

届别	第二十四届	第二十五届	第二十六届	第二十七届	第二十八届
年份	光绪三十一年三月至光绪三十二年二月	光绪三十二年三月至光绪三十三年二月	光绪三十三年三月至光绪三十四年二月	光绪三十四年三月至十二月	宣统元年正月至十二月
收入/银元	3 188 574.621	3 371 057.147	3 207 435.045	2 835 791.327	3 807 962.848
支出/银元	1 590 223.188	2 321 731.718	2 329 435.487	2 476 009.762	3 094 709.388

表7　光绪三十一年至宣统元年邮传部电政局收入盈余比较表

届别	第二十四届	第二十五届	第二十六届	第二十七届	第二十八届
年份	光绪三十一年三月至光绪三十二年二月	光绪三十二年三月至光绪三十三年二月	光绪三十三年三月至光绪三十四年二月	光绪三十四年三月至十二月	宣统元年正月至十二月
提款报效/银元	247 606.286	209 865.086	175 599.912		
商股余利/银元	22	22	拨归赎股项下		
提归公积/银元	646 846.004	514 527.800	481 735.529		
提拨赎股/银元			132 000.000	89 781.565	71 253.460
提派花红/银元	12 385.143	104 733.543	87 799.955	并入支出款内作证开支	
提给奖赏/银元		3 000			
提款小计/银元	1 238 541.433	1 049 125.429	877 135.396	119 781.565	71 253.46
滚存			864.162银元归入下届收入款内列收	24万元银元归入下届收入款内列收	642 000银元归入下届收入款内列收

以上中国电信建设之成就和统计数字，再现了清代中国电信业者的历史功绩：从外商电报、电话、无线电通信进入中国之初独享利润的局面被打破，到中国电信自主建设的电信以主权经营，并与外商电信利益均分；在中国电信运营从官办到官督商办，再到商办的全过程中，"权操皆我"之理念贯穿始终，一系列不准外商在华

建设陆线，赎买外商长途电话、无线电通信经营权，限制外商电报经营权等措施，维护了中国电信的主权经营，堪称洋务运动中最成功的商业运营之典范。

第二节　中英电政交涉

华洋德律风公司江西路人工电话交换接续台

中英交涉主要是华洋德律风公司擅在上海租界外发展电话，以及中英之间川藏电线利权的问题。

华洋德律风公司擅在租界外发展电话之事由来已久。自光绪九年（1883年）英商东洋德律风公司接盘丹商大北电报公司电话交换所的全部产业，合并英商上海电话互助协会开设的人工电话交换所以后，因用户日益增多，故越出租界范围装设电话。华界当局以有关主权，屡次设法制止，但由于时上海没有自建市内电话，因此无实效，光绪二十六年（1900年）由英商华洋德律风公司接办租界电话业务后，继续在租界以外极司菲尔路及徐家汇天主堂等处装设电话。

光绪二十八年（1902年）由南市邑坤屏翰[1]等发起，在南市新码头里街租赁民房，开办电话交换所。该局成立后，英商百般阻挠，不许其电话中继线通过租界，也不出租该公司的电话线给该局作为中继线，还在沪西、沪北越界筑路地区大量发展电话，使电话局的经营范围局限于一个小范围内[2]。

---

[1] 郁屏翰，郁怀智，字屏翰（1853—1918年），号素痴，上海人，天性朴实，热心公益，设学校多至数十处，邑人私谥曰敦惠，有《素痴老人遗集》。

[2] 《关于电话经营权之争资料》，《上海邮电志》，上海社会科学院出版社，1999年10月，第一章，本地电话业务，第424页。

第七章 维护中国通信利权

光绪三十二年（1906年12月25日），为维护电信主权，邮传部电报总局为上海华洋德律风公司在租界外擅设电话问题致函该公司总董，以交涉收回，"无如屡次催问，华洋公司，终无满意之答复。该公司于租界之外，不待中国政府允许，擅自设立，实与主权营业，两有妨碍"①。光绪三十三年（1907年10月）清政府邮传部拨款3万银元，由上海电报局兼办的上海电话局在南市东门外新码头里街建成开业②，租赁民房三楼三底作为局址，上海第一个官办电话局建成通话，称上海电话局，经营由中国政府管辖地界的电话通信业务，当时装置磁石式交换机480门，有用户200余家，其后逐渐增加至400余家③。

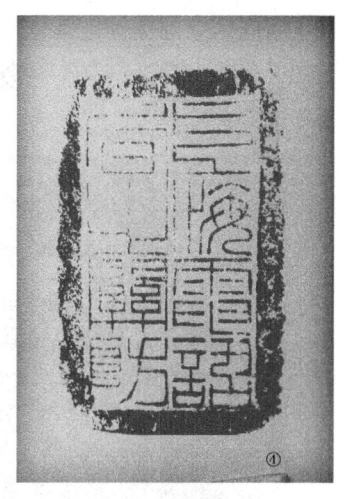

上海电话局关防

上海电话局的成立打破了外商对上海电话市场长达25年的垄断。次年十一月初二日，就上海电话局的经营之事，邮传部又咨文外务部："如能使该公司将租界外所设电话归还电局，自属正办，如因已成之局不能办到，则贴费与中国一成，总不可少。而该公司亦应照东三省日人之例，非先经电局允许，不得将已设者，再事推展。"此后该公司"只准安设电话于租界以内，若于租界以外安设，必须先由电局允准，并每年按户贴费各节，似尚允当。"外务部后与英使间有交涉①。

光绪三十四年（1908年5月），邮传部为中英之间川藏电线利权问题咨赵尔丰④："查川藏电线，关系紧要。迭经电商贵督筹办，一面由川藏派员勘测，一面由扎（札）饬商局筹款，与川省分成协办各在案。兹准外务部咨行前因，是由川至萨、由萨至孜一线，亟应设法展修，以便早日收回印度边界至江孜之线，以固主权。"⑤

驻藏大臣、四川总督赵尔丰

---

① 台北中研院近代史研究所编，《海防档·丁·电线》（第4~7册），第2907~2909页。
② 《上海邮电志》，上海社会科学院出版社，1998年10月，大事记，第26页。
③ 《上海市内电话》，上海市内电话局史志办公室编，1995年9月，大事记，第11页。
④ 赵尔丰（1845—1911年），八旗汉军正蓝旗人，历任山西知县川滇边务大臣，改驻藏大臣、四川总督等职，辛亥殉难。
⑤ 四川省民族研究所等编，《清末川滇边务档案史料》，第一期，北京，中华书局，1989年，第182页。

第三节 中俄电政交涉

黑龙江将军程德全

中俄电政交涉主要是北满军线、京恰线派工程师及傅家店违约寄电问题。

光绪三十三年（1907年3月6日），外务部咨邮传部称："江省电线事，现本部正与俄使议商，据该使云，合同虽未订定，中国政府可以先行派员接收。"十三日，邮传部复文道："本部前准程将军[1]来电，业即札饬电报总局黄道，派员迅往接收在案。兹据申复，齐齐哈尔电局，经职局筹备开办，业于本年二月二十日，遴委田守雨霖，驰往办理。"[2]

四月初，中俄双方确定了合同草稿："凡由该路附设电线与俄国往来各报，允每字贴还中国电局本钱费洋二分，认我主权，其他项电报，应转至领近中国电报各局传递，并将转报费，全数付交电局，惟每字扣洋五分，作为该东清铁路转报经费。此外稽查报费及限制章程，均详载该合同之内。其东清铁路界外各处军线，一律允由中国电局出价购回，议定价值，由俄金十九万卢布，减至英洋十二万元，并允先由电局付给第一批价洋二万元，即可派员前往接收，余价俟西九月一号以前付清。"[3]但俄方又节外生枝，提出必须待东清铁路修改合同核准以后，方能签电线合同。杨文骏一面接收，一面等待，终于东清铁路修改合同签字之后，定期九月初一在京签押。

宣统元年正月初九日，外务部咨文电传部称，俄国要求北京至恰克图电线，"今春之修理，及将来之零修，必须拣派熟谙电政欧工师，始能实有利益"[4]。

十五日，邮传部复文坚决拒绝："派员修理电线，或用华工师，或用洋工师，均系中国自有之特权，此次修理张家口至恰克图电线，前据上海电政局禀请，委派熟谙电政工程之华员杨桂清等承办，业经本部批准在案，俄使所商指定拣派欧工师一节，碍难照准。至电局雇佣之电工各工程师，或查勘线路，或办理工程，均由电政局随时禀准，拣选调派，或用华员，或用洋员，均使各该工程师，各尽其相当之职

---

[1] 程德全（1860—1930年），先后为黑龙江副都统文全、黑龙江将军依克唐阿幕僚。光绪二十四年（1898年），经黑龙江将军寿山奏调任将军衙门营务处总办。光绪三十一年（1905年）署理黑龙江将军。
[2] 台北中研院近代史研究所编，《海防档·丁·电线》（第4～7册），第2727页。
[3] 台北中研院近代史研究所编，《海防档·丁·电线》（第4～7册），第2742、2743页。
[4] 台北中研院近代史研究所编，《海防档·丁·电线》（第4～7册），第2731页。

第七章　维护中国通信利权

任,本部只视其适用与否,本无华洋员之分,张恰电线,是否通畅,责在电局,可以过问,至用人一节,俄使未便干预,以重主权,而清界限。"①

十九日,外务部函俄使:修理京恰线派欧籍工程师碍难照允②。

宣统二年(1910年6月6日),外务部收俄使照会:"查光绪三十三年九月初一,俄国东清铁路总局,及中国电报总局,会订电报交接办法合同,第一款丁条内载,电局在各局接收之电报,发寄铁路各处,并由领近各局,转至铁路各站转递者,电局应付路局,每字洋圆五分等语。兹查虽有此项显明办法,乃傅家店(甸)之中国电局,不按该条,将发寄哈尔滨各电报,转递俄国电局,而该局另遣专人寄送,致俄电局吃亏,且延时日,人言啧啧。相应照会贵部查照,转知电政局,转饬领近东清铁路各处中国各电局,认真遵照光绪三十三年合同第一款之丁条办理为要。"③

九日,外务部转咨邮传部,七月二十三日,邮传部咨外务部称:"查光绪三十三年九月初一,中俄两国会订东清铁路电报交接办法合同,其第一款丁条所载,电局接收发寄铁路各处电报,并由邻近各局,转至铁路各站转递云者,系转递于仅有铁路可到,为中国电线所不通之处,若中国在哈尔滨,已有电局,断无将寄至哈尔滨各报,再交路局转递之理,是中国不将寄至哈尔滨各报,交与路局转递一层,核与所订之约,并无不合。"④

咨文中还罗列了俄国种种侵凌我国主权,与中国电局争夺利益等违约事情,要求外务部照会俄使,"将中国拟在哈尔滨沿江分设报房一节,即行认可,毋再阻止,该报房亦当照傅家店报房现在办法,将一切合例之电报,

傅家店电报局

实系寄至车站者,交与该路局转递,以符原约,而免争执"⑤。

二十八日,外务部照会俄使:傅家店并未违约,请遵约允在哈尔滨江沿设局⑥。

---

① 台北中研院近代史研究所编,《海防档·丁·电线》(第4~7册),第2743页。
② 台北中研院近代史研究所编,《海防档·丁·电线》(第4~7册),第2839页。
③ 台北中研院近代史研究所编,《海防档·丁·电线》(第4~7册),第2863页。
④ 台北中研院近代史研究所编,《海防档·丁·电线》(第4~7册),第2866~2867页。
⑤ 台北中研院近代史研究所编,《海防档·丁·电线》(第4~7册),第2866~2867页。
⑥ 台北中研院近代史研究所编,《海防档·丁·电线》(第4~7册),第2868~2869页。

第四节　中日电政交涉

黑龙江地区官办电报局

光绪三十三年（1907年）四月十四日，杨文骏禀称："现俄国已将东清铁路界外军线电局，交还中国管理，而日本东清铁路界外之军线电局，尚未据其撤去。"邮传部为此于二十日咨文外务部，为维护主权，要求照会日本公使，"迅将军线撤去"①。

十月二十七日，邮传部又咨文外务部，针对日本置若罔闻，"设立如故"提出对策：首先由外务部"向日本诘责，将营口等十处电局闭歇"；其次是"由中国驻日公使，向彼外部，亦照此抗议"；再就是"咨行东三省总督，饬知满洲中国各电局，不与日本电局交接"②。

在中日交涉僵持之时，俄国也插手其间，十一月初六，俄使照会声明："在一年期内，贵国政府若不能使日本政府允认在南满洲，较本国政府允认在北满洲，安置电政事务情形，一律办理，则东省铁路公司，将本年九月初一日签押，并是月初九核准盖印之合同，即行作废，并据由铁路电线递送商民电报价目若干份数，亦不扣交贵国政府也。"③

光绪三十四年初（1908年），"日使以中俄曾订北满电报条约，今中日议定南满电报条约务必与北满一律，以期利益均沾。外务部因会商电传部，援引日俄和约及中日新约力为辩驳，而日使复文则仍坚持前说。至邮传部所执主意，拟请日人将南满铁路界外电局停闭，由中国担任代递日文电报一层，不能承认"。邮传部乃派周万鹏及洋员德连升"与日人往返磋商"④。

七月，二人到日直接交涉，并于九月由电政局总办周万鹏在日本东京与日员议

---

① 台北中研院近代史研究所编，《海防档·丁·电线》（第4～7册），第2866～2867页。
② 台北中研院近代史研究所编，《海防档·丁·电线》（第4～7册），第2866～2867页。
③ 台北中研院近代史研究所编，《海防档·丁·电线》（第4～7册），第2735页。
④ 《外交报》第208期，交涉录要，第6页。

第七章 维护中国通信利权

定接收南满电线合同。收回线路六百余里，界外局所数十处归还中国，给回收赎价日金5万元，每年由日本补贴借线费3 000元。另有涉及关东州至烟台海底电线①。

宣统元年（1909年）正月，接收开始，"历时三月，时克竣事"②。

在此前后，奉天等地日本电局"擅收华文报"，"凡有日电局地方，莫不将地名、人名，改换和文收发，希图夺利，数年来，中国电局所损利益，已属不少"。虽经交涉，日使以"疏忽"搪塞。为防止违章擅收之弊，邮传部于宣统二年六月咨请外务部"转照日使立案，嗣后东省日电局，如仍有前项情事，一经得其实在凭据，则东省中国电局，每年所损之利益，应归日电局照数赔偿，庶于切实禁阻之举，不至徒托空言"③。

电话交涉方面，宣统元年四月四日，邮传部咨文外务部："营口日本电话公司，与南满州日本官电话局，议定五月初一起，开始营口与旅顺、大连及其他地点之长途电话一事，违背去年十月十二日所订中日电信协约第二条之明文，且如新民屯不在铁路界内，尤与约章不符，又该电所通之处，皆系紧要之地，将来中国电报局至不能收一商报，实属侵碍中国电信

日本的共电式长途电话接续台

浑河大桥边竖起了电线杆

东北边疆的电报线路

---

① 《外交报》第210期，戊申五月五日，交涉录要，第10页。
② 《外交报》第222期，交涉录要，第8页。
③ 刘锦藻，《清朝续文献献通考》，第4册，考11189页。邮传部编，邮传部奏议类编·续编，第2303～2304页。

清代安东（现辽宁丹东）电报局

中国接收的南满铁路线

事业。"①

五月二十三日，日使复文反驳，邮传部又于六月一日"咨东三省总督转饬东三省电局，迅速筹议办法，或备价设法赎回，并请按照前订中日电约第二条内称，其满洲铁路境外，日本电话线，日本愿与中国妥订办法等语，早日订定电话专约，以免别生枝节"②。

除了与日本交涉之外，邮传部还努力整顿东三省官电局，以扭亏为盈，抗击日本。东三省电政由于商报少，官报皆未收费而亏绌不资，"七月筹议兴革事宜，拟开源节流诸办法，以日局夺我利权，于是几有日局交错之局，人名、地名免费，且添置送报差译送务求捷速，以便商民而资抵制，以各局浮费宜减，于是厘定新章各局开支分大中小局及报房四等定额，是年冬商报暂有起色，核计稍有盈余。线路兴修方面，自奉天省城起经抚顺、兴京、通化等县，以达临江县，一路干线，又因通化分达辑安、怀仁两县，为奉临之支线，该处政治交涉均关紧要，商务亦渐开关，即于四月开工兴修，山路崎岖，久雨泥泞，工作颇形艰苦，八月奉临及怀辑次第告成，奉天至营口之线上年修设者，仅营口至海城一段，而海城至辽阳、奉天，迄未修通，虽本年春日收回辽阳一路之日本电线，然只有辽阳城内至日本车站一段凡往来之报，须由日本车站之线代转，不但贴费，且压搁阻挠，诸多掣肘，十一月乃兴修辽阳至海城、营口一段，以保主权。"③

---

① 台北中研院近代史研究所编，《海防档·丁·电线》（第4~7册），第2862、2822、2900、2902页。
② 台北中研院近代史研究所编，《海防档·丁·电线》（第4~7册），第2822、2900、2902、2903页。
③ 电政纪要（宣统元年分），邮传部档案全宗，胶卷编号3，档案序号23，项目编号1，第389~390页，中国第一历史档案馆藏。

第五节 中德电政交涉

烟台海底电缆局

光绪三十三年（1907年4月20日），中德会订青烟沪水线交接办法合同，订明俟德国派驻北洋陆兵裁撤时，所有德营电话电报线当售与中国，计价7 250马克，至交接时每年减去1/12。到宣统元年德兵撤出时，时隔两年，照约折减为6 042马克。我国应收回的电政利权为塘沽至津京电报线、塘沽车站至白河口林白格住宅之电话线及天津电话线，共计3项。考虑"如果收回，则他国行营电线或可续议收赎，关系权利甚重"，邮部特派德连升转饬天津电话局洋工程师罗泰就近与塘沽等处驻扎的德国营员接洽办理。

八月，罗泰办理了交接手续，九月二十五日前往具体交接，由工程委员将收回前项杆线材料造册转呈鉴核。九月三十日，依照德国驻沪总领事的报价2 803.25马克，交付完结①。

收赎德国烟台电话与邮传部试图在该地开设电话业务有关。因"烟台一处地段不广，预算将来用户，至多在二三百之间，而自庚子以后，德国邮件，已在该处设立电话，并未由本国政府允准。烟台并

烟台电话局司机生（话务员）

---

① 《本部咨外务部据电政局禀收回德国在津沽所设电报电话各线请行备案文》，宣统元年十月二十一日。沈云龙主编，《近代中国史料丛刊三编》，第27辑，《交通官报》，第五期，第17～18页。交通部、铁道部交通史编纂委员会，《交通史电政编》，第三册，第98～99页。《外交报》第264期，文版，第5～6页。《外交报》第266期，外交大事记，第21～22页。《电政纪要》宣统元年分，邮传部档案全宗，胶卷编号3，档案序号23，项目编号1，第387～388页，中国第一历史档案馆藏。

非租界，目前既议自设，急应将德人所设者收回。现在该处已办巡警，商业亦渐发达，电话一项，为交通所必需第滨海一隅，而以华洋两话局，并立其间，不特有碍主权，且于营业前途，必受影响"。因此，邮传部特于宣统元年（1909 年 9 月）咨文外务部照会驻京德国公使，转饬办理。经过交涉，到宣统二年（1910 年 9 月 30 日），邮传部以 26 950 马克将德商电线及物料"悉数收回"①。

第六节　他国不得在华私设无线电台

百年前的汇中旅馆

光绪三十四年（1908 年 12 月 28 日），邮传部咨文外务部，就上海引港公司②申请设立无线电报一事，认为："无线电报，无论何国，不得在中国私设，迭令奏拒有案。兹准江督电称前因，该公司所请，未便照准，如欲传递进口商船消息，或在崇明、吴淞无线电局转递，应饬电政局查明情形，再行办理。"

次年二月二十五日，邮传部咨文外务部，针对归属中国海关管理的上海引港公司无视禁令私设无线电一案，指出："无线电报，关系重要，无论何国，例不得在中国地方私行安设，自应切实严禁，以维电政。"③

宣统元年（1909 年）初，发生汇中旅馆④私设无线电台案，邮传部要求其拆除，英国公使于二月二十五日提出"议商收买"⑤。

三月二十三日，邮传部回复道："外人在中国境内设立无线电报，自应照章禁止，该旅馆既私设在先，又复藉词收买于后，未便照允。且俄人在山东私设无线电报，一经照会，即行裁撤，英使素能顾全大体，自当一律办理。"后在英使要求之

---

① 台北中研院近代史研究所编，《海防档·丁·电线》（第 4～7 册），第 2905、2906、2910、2911、2912、2913 页。

② 上海引港公司（Shanghai Pilot Company），于咸丰十一年（1861 年）三月十七日（4 月 15 日）成立，为外商洋行。

③ 台北中研院近代史研究所编，《海防档·丁·电线》（第 4～7 册），第 2937、2938、2939、2943 页。

④ 原名中央饭店，建成于 19 世纪 50 年代，是幢英国式的 3 层楼房，1865 年汇丰银行在上海设立分行，就曾租借这个饭店营业，为上海最早、最豪华的两家饭店之一。1895 年，汇中洋行通过股权交换，控制了中央饭店，并于 1903 年改名为汇中饭店。1906 年，汇中饭店决定将旧楼拆除重建新楼，并于 1908 年建成并对外开放。重建后的汇中饭店，其建筑规模和饭店设施在当时均属一流。

⑤ 台北中研院近代史研究所编，《海防档·丁·电线》（第 4～7 册），第 2941 页。

下，邮传部于四月十一日作出让步："该旅馆私设无线电报，本应照章禁止，兹英使既称，该旅馆安设之时，不知事在禁例，尚属可原，自未便令其受亏，以敦邦谊。除札电政局酌量收买外，相应自呈贵部查照，转照驻京英使，转饬下领事，转饬该旅馆，将原购单据一切检齐，与电政局派出之员，接洽办理，并声明应由各领事晓谕各英商，嗣后不得再自擅设有关电务事件，致违禁令，以重电政。"①

此后经与旅馆一番商讨，终于六月达成协议，二十一日，邮传部将赎款一万七百五元划拨付讫。收买了英方装至汇中旅馆的无线电台，移装到上海电报局内，据有关历史档案记载："此案辗转抵驳，相悬5个月之久，在彼则意存破坏，在我则志在收回，一日不能拆卸，即一日妨碍主权。"②

在购买无线电报机件的事宜上，邮传部亦坚持自己的立场。宣统元年（1909年2月22日），意大利公使因见"电传部饬令上海电报局拟购无线电机器，在蒙古、西域等处建设，向各洋行调查无线电价值"，咨文表示："深愿赞成中国无线电之举，并可将选取情形，转达本国马戈尼公司也。"

邮传部复文道："无线电机，有马戈尼、德律风根、璞尔生3种，据调查员报称，以璞尔生为最新发明之器。现在本部拟购用璞机，以利推行，义使函称各节，应毋庸议。"马戈尼公司属英国与意大利合办，其在之后邮传部选用无线电名单中被划除，而德国公司中标，故英国公使于宣统二年八月十二日出面交涉，咨文外务部"甚愿邮传部将已允他国公司所为之事，未肯允给英义公司之处，再行斟酌"。

次日意大利公使也致外务部节略，申明前意。二十五日邮传部复称："查验无线电报一事，系由电政局禀请，已批准德律风根公司试验，应俟德律风根试验后，再行酌核。前准义使函送节略，业经本部函复在案。查此事纯系营养性质，应如何试验，乃电政局所有之主权，英、意两使所称各略，本部未便答复。"③

四月十一日，法国公使照会要求在上海徐家汇气象台附近设无线电，以利交通，

百年前的上海徐家汇气象台

---

① 台北中研院近代史研究所编，《海防档·丁·电线》（第4～7册），第2945页。
② 台北中研院近代史研究所编，《海防档·丁·电线》（第4～7册），第2727页。
③ 台北中研院近代史研究所编，《海防档·丁·电线》（第4～7册），第2941页。

十八日，邮传部回复道："无线电报，无论何国何人，均不得在中国境内设立，业经按照各国定章，奏明通行在案。此次法使拟在徐家汇设立无线电报，自未便照准。唯无线电报，转递海上行船消息，实与军商两便，前经札饬电政局，妥筹办理，或在吴淞现有电台，稍加改良，便能利用。"①

第七节　首次出席国际电报联盟会议

自丹麦大北电报公司水线登陆上海，中国就受到国际电报联盟的关注。光绪元年，万国电报公会（国际电报联盟前身）于俄国圣彼得堡召开会议，欧洲各国相继入会，就原有规章进行修改，于是国际电报有了公约、章程②。

光绪三年（1877年），台湾电报线建成以后，万国电报公会开始与中国接触。

光绪四年（1878年），万国电报公会原定于6月在伦敦召开大会，后拟推至翌年6月2日举行，临近会期又有变更。6月3日，英使威妥玛致函中国总理衙门③，告以各国聚会商讨报价章程，将延至当月10日在伦敦举行。这是中国第一次正式就国际电报会议接触万国电报公会，总理衙门与总税务司赫德相商后，认为"并无应议之处"，遂复函威妥玛，称已知伦敦会议各章④。

津沪电线建成通电之时，即以《万国电报通例》之权益收受国际电报。光绪九年（1883年）英邮部咨送《各国电线通行章程》，时曾纪泽称中国已照电线条约之末段章程行事。盛宣怀亦明确指出，英所送章程，"即系前年局中译刻之《万国电报通例》，已酌师其意，逐渐遵行"。"均遵公会条例办理"。而中外接线条文亦多有"照万国电报公例内公务章程办理"等语⑤。这一切亦为中国之将来入会奠定基础。至清末，清政府邮传部收回商电和省电后，开始为直接入会做准备工作。

光绪十六年（1890年），国际电报联盟在法国召开第七次会议，即邀请中国政府赴法国参会，共同讨论保护海底电缆问题，时为驻法大使的曾纪泽委派翻译马格里等人"入会听议"，并先后将《各国保护海底电缆条约》《各国电线通行条约》及《各国通行电线章程》等翻译寄回，并建议清政府加入。对此邀请，盛宣怀主张：电报"现在中国创办未久，虽规模粗具，然未便遽行入约。一经入约，一切电报交涉事件，须按万国通例办理。恐未得其利益，先被其掣肘。只有坚守自主之权不为侵

---

① 台北中研院近代史研究所编，《海防档·丁·电线》（第4～7册），第2946、2947、2948页。
② 台北中研院近代史研究所编，《海防档·丁·电线》（第4～7册），第2957页。
③ 台北中研院近代史研究所编，《海防档·丁·电线》，第204号文，第247页。
④ 台北中研院近代史研究所编，《海防档·丁·电线》，第205号文，第247页；第206号文，第248页。
⑤ 《出使大臣曾纪泽行总署文》，《海防档》（丁），电线，第4册，第796～801页，第1227～1233页。

占,将来再行斟酌"。① 这个将经营主权纳入世界范围内同业均衡的理念,是电信建设极其重要的价值观体现,其模式体现了商者治商之多角度广泛思维的经营原则,也延续了从电报诞生之时起,就将其经营利益与国家利益保持高度一致的经营理念——电信,是国家的神经系统,其建设与经营非同一般,既是商战,亦涵盖文化、经济、政治、军事元素,高度体现国家利益。

光绪二十九年(1903年8月),德国政府以无线电法规,必须具有国际性,始能有效之意见,于柏林召开第一次国际无线电会议,起草国际规约,以英、意两国反对未获通过。1906年,第二次国际无线电会议仍在德国召开,与会者有英、法、德、意、奥、俄、丹、西班牙、瑞典、日本、中国(派一留学生列席参与)②。会上,通过国际公约及业务规则,中国首次派员列席参与会议,为中国了解国际无线电的有关公约及业务,建设中国的无线电通信事业提供了有效的佐证和准备。

光绪三十四年(1908年),国际电报联盟在里斯本③召开"国际有线电报"会议,国际电报联盟再度邀请中国入会,其时我国因电报关系商办,各省复有官办之局,管理不能统一,未便加入,允以派人旁听。5月,邮传部派出电政局襄办周万鹏、总管德连升携吴桂灵、荣永青赴会参加,周因此成为中国电信业官员参加国际电联会议第一人④。时会况空前,计与会者50国尚

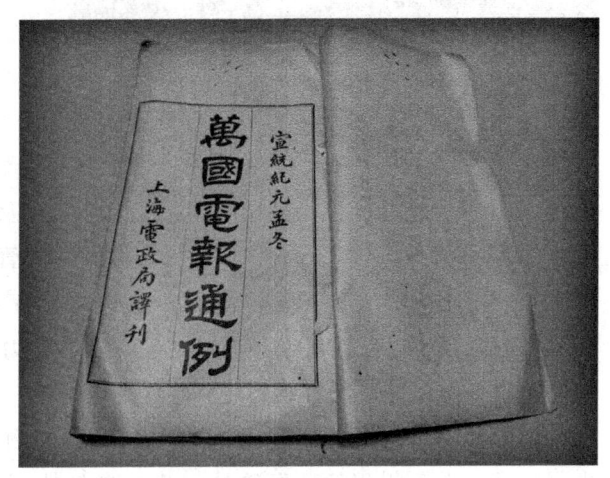

由周万鹏编译的《万国电报通例》

未入会⑤。会上,就原《万国电报通例》进行了修改和补充。会后,周万鹏赴欧洲各国考察电政,受到丹麦、挪威等国国王的接见。

参会回国后,周万鹏综合考察期间所闻所见,深感我国治理电政未谙约章,动辄为外人所牵制,他以中国电报"处全球交通时代,则一国政教之设施,不能不随

---

① 盛档,盛宣怀拟《电线设立情形》。
② 王崇植、恽震合著,《无线电与中国》,《船舶通讯与海上安全》,第10页。
③ 里斯本:现葡萄牙共和国的首都和最大都市。
④ 钱其琛主编,《铁路电信七十五周年纪念刊》,《国际电信会议》,文海出版社,1982年,第84页。
⑤ 郁秉坚,《国际电信会议与国际电信公约》,《电信大意》,中国科学图书仪器公司发行,1949年5月,第42页。

世界转移,苟自域为其弊,岂止隔阂而已"[1]之见,着手翻译并编纂《万国电报通例》,使我国电政"底于统一"。从此,中国电报管理有章可循,业务规范,企业管理、电报收发技术也与世界国际电信业基本衔接。

回国后,周万鹏将调查欧西电政状况一一向部条陈,"部多采之"。会后不久,对于国际社会最为关注的中国电报收费过高问题,邮传部奏称,为使电报价格与各国相近,拟下调[2]。此案迅即施行,订自清宣统元年(1909年1月22日)起,电报收费核减两成[3]。

韦斯登快机

宣统元年(1909年),周万鹏升任中国电报总局(后改为电政局)总办后,仍兼上海电报局总办。他将考察国外电报、无线电通信及通信机械制造等电政事宜的经验,运用于中国电信业的实际业态参考应用,在财务上,制订洋账方式,派员校核每月列出的详册,以便与外商结算电报分成时做到账务及时准确,原始记录齐全。在企业管理上,他主张采用先进设备以提高通信效率,他首将韦斯登快机试用于津沪两局,以后推广于各局。在经营上,他力主做到"局无闲员,月定奖给",使电报服务做到传递无稽延,业务收入超额完成。

周万鹏一生从事电信事业46年,他以既了解西方国家电报规则,又具有国内电报技术、业务规程管理经验的优势,在与外商电报公司进行的涉外谈判中,依据《万国电报公约》的有关条款和邮传部、外务部的决策,多次出访与外商电报公司谈判,尽心尽职维护国家电信利权。同时,他奠定了中国加入国际电信联盟之基础。

周万鹏还曾任邮传司司长,兼邮政总局局长,任江苏电政监督等,任期内仍负责同外国人办交涉的很多事务。他终生致力于电政事业,运筹策划,不易其职;生平风节凛然,晚年家无余资,其廉洁奉公、高风亮节,垂范千秋,令中国电信业后来者为之敬佩。

---

[1] 周万鹏,《万国电报通例》,序。
[2] 邮传部编,《邮传部奏议类编·续编》,台北,文海出版社,1967年,第1150~1151页。
[3] 陈璧,《望岩堂奏稿》卷8,台北,文海出版社,1967年,第14页。

第七章　维护中国通信利权

第八节　收回中国邮政利权

宣统二年（1910年），邮传部向清内阁总理大臣会奏《接管邮政折》。

为邮政定期由于邮电部接管，以归统一而符名实查宪政编查馆奏定行政纲目规定邮传部邮政司掌全国邮政注名邮政局现在由税务司会同办理应归邮传部又查宣统元年八月宪政编查馆会同复请各衙门九年筹备清单内开邮政附属税务司本在未设专部以前风气未开暂归管辖今即有专官自听责成该部会同税务大臣筹备收回办法以符名实等因均经奉旨允准邮传部于上年奏陈分年筹办邮政呈缮其清单恭呈御览宣统二年九月初二奉旨议意钦此本年四月咨饬税务大臣将邮政事宜克期移交以便接管据复称定于半年五月初一日移交已简行代理。

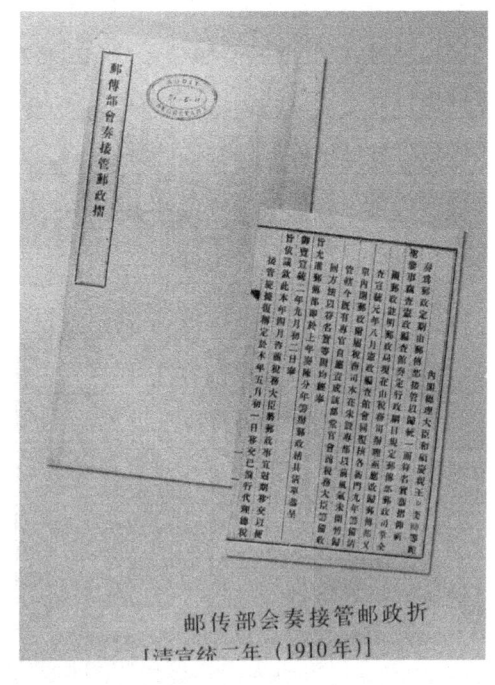

邮传部会奏接管邮政折
［清宣统二年（1910年）］

随后《交通公报》公布《邮政章程》。邮传部向内阁总理大臣会奏《接管邮政折》六月，以邮传部屡以外人置邮，久欲收回以保主权而符名实。迭经会同外部与各使交涉，均谓禁绝外人设局通行邮件，各立约国无此办法，如不得已，惟有援照光绪三十年约章办理。近闻业于各国谈妥，自宣统二年起，凡各国在内地所设邮便局、书信馆关于华文往来信件报交华人者，不得再由各国代收代递，均归大清邮政局自行收递，其外国人与外国人往来信件暂仍旧办。①

收回中国邮政利权工作启动。宣统三年（1911年），邮传部公布了《邮政保护章程》。五月一日，邮传部咨文各地，"以后遇有关于邮政事件请径达本部接洽即可"②，并着手调查全国邮政。邮传部还规定："所有各邮局分局管理员应改自定名称，重行委派，以归统一而专责成"③。

---

① 《外交报》，第283期，庚戌六月十五日，外交大事记，第15页，另参见《专电》《民吁日报》，1909年10月14日，第2页。
② 《督院张准邮传部电咨本部奏准五月初一接管邮政事宜由分行东劝业道邮政司遵照文》，沈云龙主编，《近代中国史料丛刊三编》，第50辑，《两广官报》，第201页。
③ 《督院张据广州邮政司希乐思申奉部札委改充两广邮务总办缘由分行东劝西业道移行查照文》《邮传部电咨本部奏准五月初一接管邮政事宜由分行东劝业道邮政司遵照文》，沈云龙主编，《近代中国史料丛刊三编》，第50辑，《两广官报》，第1689页。

大清邮政分局

大清邮政分局遍布京城

蜀道难于上青天的四川有了邮政局

邮差骑着自行车穿梭在街道乡村送信

六月初三（6月28日），清政府邮传部接管全国邮政，上海邮政总局改称上海邮政局，并脱离海关的管辖，独立经营。至清末，时全国邮政有邮局 5 485 处，员役 25 000 人，送信人 120 678 人，书记 1 297 人，洋员 532 人。其中上海邮政就有职工 689 人，辖支局 13 处，内地局 4 处，邮政分局 12 处和内地代办所 42 个，具有相当规模[①]。

回收国际邮政利权工作启动。邮政保护章程的出台既为中国邮政事业的发展奠定了法律基础，又为中国邮政加入万国邮会之事提供了条件。之前早在光绪三十三年（1907年9月），外务部曾询及邮传部。

宣统元年，邮传部在论及此事时奏称：邮会同盟必机关完备，彼此相需，方能享同等之利益，臣部对此事深为注意，前经派员赴瑞典时便道考求，现在提议接收，一规模成立，即当首先议之，以期实行。

宣统三年（1911年11月），邮传部将加入万国邮政同盟之事列入计划[②]。

[①] 《专电》，《民立报》，1911年8月7日，第2页。
[②] 《上海邮电志》，《近代邮政机构》，上海社会科学院出版社，1998年10月，第85页。

第八章

电信事业与社会改革

> 电信——清代洋务运动的产物,其网络建设、业务发展,无不与国家政治改革、国防建设、工业经济、文化改革、商业民生等息息相关……

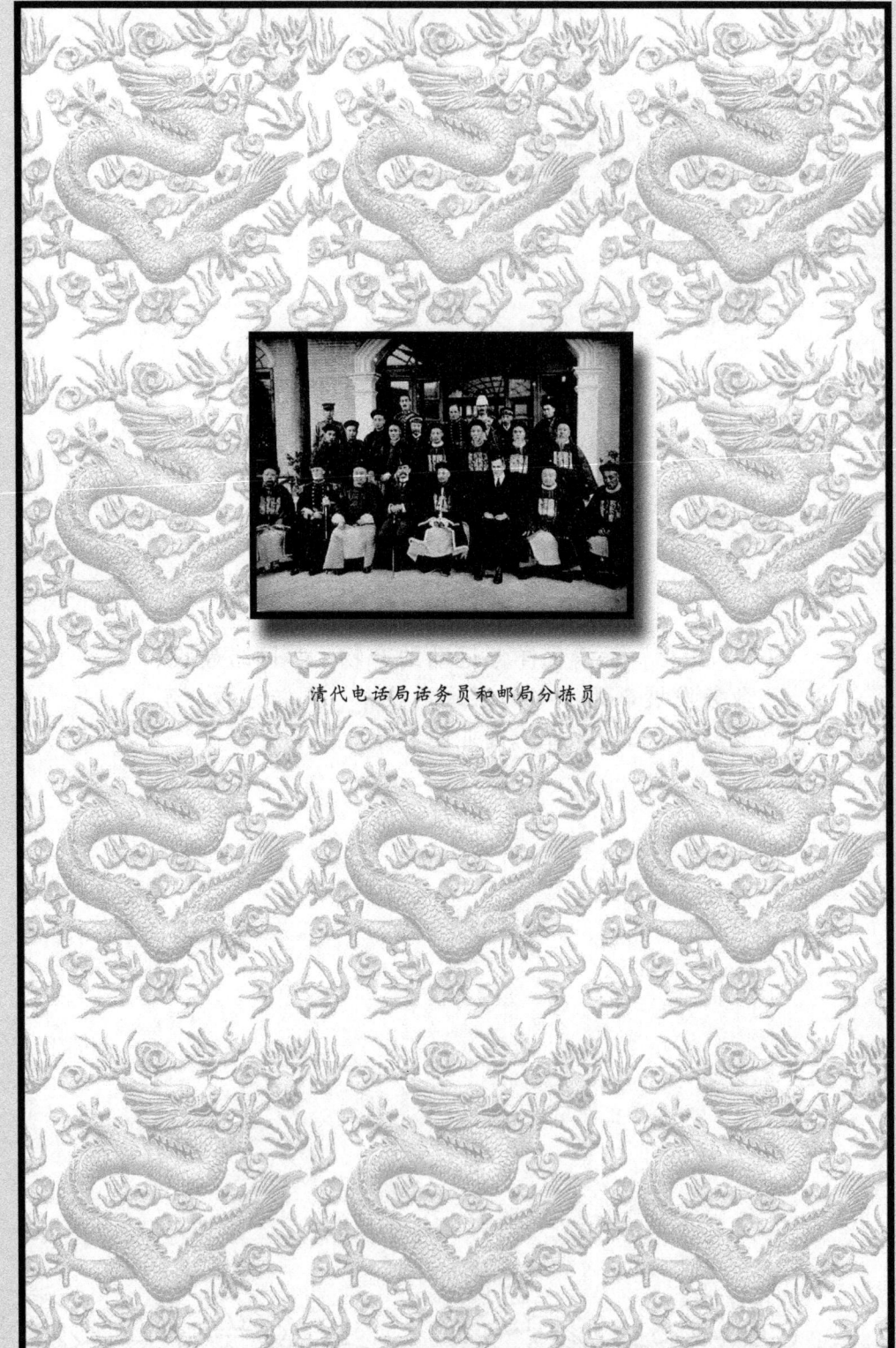

清代电话局话务员和邮局分拣员

第一节 电信与社会经济改革

五口通商口岸开放以后,英、美、法、日等国先后在沿海城市建立租界,外国商人来到各口岸城市经商,中国封建社会经济体系开始发生历史性的改变。经商需要信息的沟通,随着中国现代化邮政与电信事业的初萌与发展,西方的金融、交通、工商业经济进入中国,中国的民族工商企业及金融机构亦先后建立,新的社会经济体系由通商口岸而波及全国,形成了中国社会现代化的经济体系。

仅以中国邮电通信事业发源地之一的上海为例,就邮政、电信与清代社会经济分为两个历史年代进行叙述。

一、咸丰至同治年间的通信

此时的通信方式为书信传递,仍以上海于唐天宝十年(751年)建立在今松江境内,专为官府传递公文的驿站为主①。直至咸丰十一年(1861年),因中外通信日多,英领事馆在南京路设邮务代办(后改名为英国书信馆),法领事馆在洋泾浜沿岸(今延安东路)设法国书信馆,收寄英国机关和英国侨民往来邮件,并揽收中国人交寄

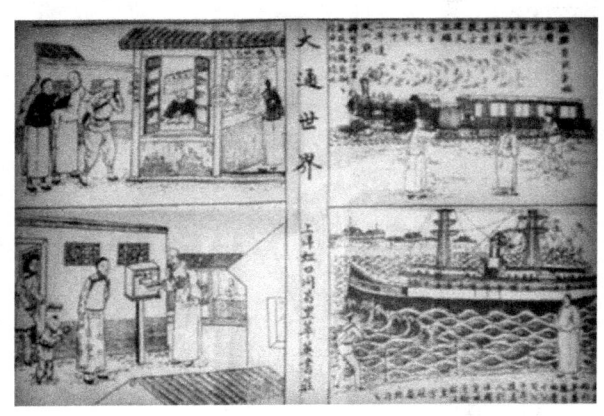

上海市民眼中的邮政印象

的外洋信和国内互寄的邮件。法、美、日、德、俄五国也相继在上海设立邮局,并联合在租界成立工部局书信馆,历史上称为"客邮"。现代邮政事业初萌。但此时信息的传递,仍然以人、马、船的结合来传递,并以为官方通信服务为主的驿站负责。因此,作为占有通信信息特权的官办军工企业先后开设,并发展迅速:1861年,曾国藩在安庆开办军械所;1862年,李鸿章开办上海洋炮局;1865年,李鸿章和曾国藩在上海联合建立大型军工企业——江南机器制造总局。

同时期的民间通信以上海地区的民信局为主,另有一人单干,或二三人合伙的"信客",主要经营区域为上海与浙江两地之间的民间信件,由于其通达的地域限制,信息传递范围有限,民间商业发展缓慢。所以,19世纪40~60年代,上海出现的仅是以修船造船、丝绸纺织、印刷等为主的近代工业,所有企业均为外国人开办。

---

① 《上海邮电志》,大事记,上海市社会科学院出版社,1998年10月。

上海发昌机器厂

货运繁忙的上海外滩码头

道光二十三年（1843年），上海首家工业企业英商墨海书馆创办，经营书籍印刷。此后，出现一批船舶修造厂和出口商品加工厂。咸丰二年（1852年），美商伯维修造船公司和杜那普船坞创立，上海出现首批造船厂。到19世纪60年代初，外商在沪知名企业有英商怡和纺丝局、正广和汽水厂、美商旗昌丝厂、德商瑞纶缫丝厂等[①]。而华商开设的仅有钟表及生产香粉（鹅蛋粉）工厂，花露水、头油等化妆品工厂，至同治三年（1864年），仅有7家而已。至1866年，中国第一家民族资本企业的创办人方举赞与孙英德在上海创办发昌机器厂，这是中国第一家工业企业。

此一时期，由于外商有赖于国内的通信信息沟通渠道，因此上海的海运与金融业发展较快。

（1）海运

清道光三十年（1850年），上海已与纽约通航，与香港间有定期班轮，均由外国商船运营。进出口货物的骤增使上海港吞吐量扶摇直上。咸丰三年（1853年），上海港进出口货值已达1 720万美元，超过广州的1 050万美元。此后，上海的进出口货值即在全国领先[②]。咸丰八年（1858年），长江沿岸主要港口开埠，外国商船开始长江营运，至19世纪60年代初，外商运营的申汉、申甬、申温、申椒、申青、申烟等长江和南北沿海客货班轮航线开辟，申汉线有13家外国船商运营[③]。

（2）金融业

道光二十七年（1847年），上海首家外商银行英商丽如银行成立，至同治四年（1865年），上海有11家外商银行，其中10家为英商银行。银行业务以经营国际汇

---

① 《上海通志》，第十七卷，《工业》（上），概述。
② 《上海通志》，第二十一卷，《对外贸易与经济合作》，概述。
③ 《上海通志》，第二十八卷，《交通》（上），概述。

兑为主，有的还利用东西方金银差价经营金银套做等业务①。经济的发展带来了上海城市的巨大变化，至咸丰二年，上海人口达到54.5万余人，人口密度为每平方公里977.4人。之后，上海一直保持人口众多、分布密集这一基本特征②。

二、同治末年至晚清的通信

同治十年（1871年），电报登陆上海以后，工业与商业信息传递由以往的信件转为电报。电报的诞生为西方各国对华贸易、中国工商业与金融业的发展提供了快捷交流、沟通，跨地域，超时空的现代化通信方式，如"在英国本土的商人，现在已经完全能够控制贸易的局面，因为他只要打出一个电报，便能在六个星期后接到他在英国所需要的任何订货"③。

电报实现了清代国内外商业信息的快捷传递，吸引了国际资本注入中国，时英国的汇丰银行、东方银行、麦加利银行，德国的德华银行给予清政府的贷款连年递增，如19世纪60年代至19世纪70年代，贷款为1 200万两；至19世纪80年代，贷款为2 900万两；1894年，增加到4 500万两④。

电报的诞生催生了中国民族工商业与金融业的发展、社会经济的日趋增长：1872年，开办上海轮船招商局；1875年，开办台湾基隆煤矿；1877年，台湾建立第一条自主电报线，并铺设台湾基隆八斗子煤矿轻便铁道；1878年开办天津开平煤矿；1879年，广东佛山开办巧明火柴厂。

光绪七年（1881年），中国自主电报诞生。是年11月25日，上海《申报》在《津沪电线告成有益无损说》中叙写道：商家生财之道，惟凭居积货迁耳，为迁为积，又视在远市价之高低为断。苟能得声气之先、有利可图，不难一网打尽；是以富商大贾所设行栈，陆有善走之夫，水有飞桨之舰，日夜兼程可四百五百里藉传货价，谓之报行情。操纵之宜得占先着，棋局分明，人皆以国手推之。自电线传音，呼吸之间不隔千里，各行栈家争先斗捷，皆通在远之情，莫擅独得之秘。

津沪电报线开通以后，逢中法战争。为建设中国现代化事业，慈禧皇太后于光绪十年三月颁发懿旨，对总理各国事务衙门进行重组和改革：现值国家元气未充。时艰犹钜。政虞丛脞。民未救安。内外事务。必须得人而理。而军机处实为内外用人行政之枢纽。恭亲王奕䜣等、始尚小心匡弼继则委蛇保荣。近年爵禄日崇因循日甚每于朝廷振作求治之意。谬执成见不肯实力奉行。屡经言者论列。或目为壅蔽。或劾其萎靡。或谓簠簋不饬。或谓昧于知人。本朝家法綦严。若谓其如前代之窃权

---

① 《上海通志》，第十五卷，《经济综述》，概述。
② 《上海通志》，第三卷，《人口》，概述。
③ 汪敬虞，1943年毕业于武汉大学经济系，曾任"中央研究院"社会研究所助理研究员、中国科学院社会研究所研究员、研究生院博士生导师。本处引注见其著作《外国资本在近代中国的金融活动》，第106页。
④ 东北师大，《中国近代史》。

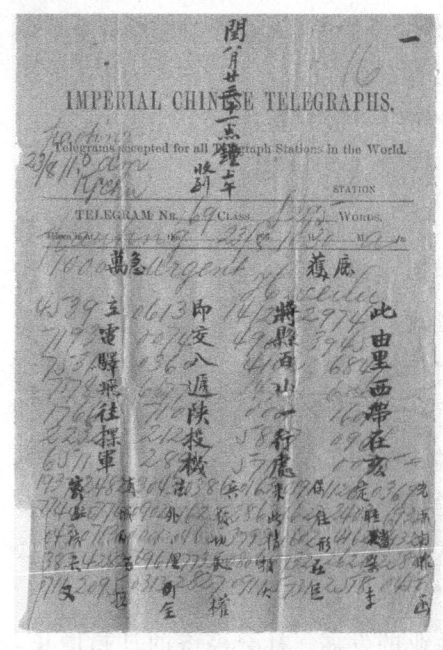

清宫档案中的商业电报

乱政。不惟居心所不敢。亦实法律所不容。祗以上数端。贻误已非浅鲜。若不改图。专务姑息。何以仰副列圣之伟烈贻谋。将来皇帝亲政。又安能诸臻上理。若竟照弹章一一宣示即不能复议亲贵。亦不能曲全耆旧。是岂朝廷宽大之政所忍为哉言念及此。良用恻然。恭亲王奕訢、大学士宝鋆①入直最久。责备宜严姑念一系多病。一系年老兹特录其前劳。全其末路奕訢著加恩仍留世袭罔替亲王。赏食亲王全俸开去一切差使。并撤去恩加双俸。家居养疾宝鋆著原品休致。协办大学士吏部尚书李鸿藻②、内廷当差有年。祇为囿于才识。遂致办事竭蹶。兵部尚书景廉③、祇能循分供职。经济非其所长。均著开去一切差使。降二级调用。工部尚书翁同龢④甫直枢廷适当多事。惟既别无建白。亦有应得之咎。著加恩革职留任。退出军机处。仍在毓庆宫行走以示区别。朝廷于该王大臣之居心办事。默察已久知其决难振作。诚恐贻误愈深则获咎愈重是以曲示矜全。从轻予谴初不因寻常一眚之微。小臣一疏之劾。遽将亲藩大臣投闲降级也。嗣后内外臣工。务当痛戒因循。各摅忠悃建言者秉公献替。务期远大。朝廷但察其心。不责其迹苟于国事有补。无不虚衷嘉纳倘有门户之弊标榜之风。假公济私。倾轧攻讦。甚至品行卑鄙。为人驱使。就中受贿渔利。必当立抉其隐。按法惩治不贷。将此通谕知之⑤。

在这一不分满汉、一体考查官员的决定下，总理各国事务衙门的架构被调整了，实现了官员的年轻化和知识的多元化，大批汉族洋务派官员得到重用，在这一中国封建社会管理制度向现代化国家管理制度转变的历史进程中，中国电信事业迅速发

---

① 宝鋆（1807—1891 年），索绰络氏，满洲镶白旗人，同治时任军机处行走，并充总理各国事务大臣、体仁阁大学士。自同治初年当枢务，洋务运动时期中央的主要领导者之一，造就同治中兴。光绪年间晋为武英殿大学士。

② 李鸿藻（1820—1897 年），光绪二年，命兼总理各国事务衙门，历任礼部尚书、协办大学士，调吏部尚书。

③ 景廉（1824—1885 年），颜札氏，满洲正黄旗人，光绪二年，命入军机，兼总理各国大臣，授工部尚书，调户部，补内阁学士，再迁兵部尚书。

④ 翁同龢（1830—1904 年），先后担任同治、光绪两代帝师，历任户部尚书、工部尚书、军机大臣兼总理各国事务衙门大臣。在光绪时期，因卷入"帝党"与"后党"的政治斗争被慈禧太后罢官。

⑤《清实录光绪朝实录》卷之一百七十九，光绪十年。

第八章　电信事业与社会改革

签订通商行船条约的各国代表合影

展，中国电报网连通全国。同时期，清政府放宽对私人办企业的限制，并颁布《振兴工业给奖章程》等。电报的建设助推方兴未艾的工业经济与金融贸易步上现代化之路，沿海开放口岸的外资企业和商行越来越多，就城市生活方式而言，光绪六年英商创办上海自来水公司，建杨树浦水厂。光绪八年，创办第一家上海电气公司电厂，开始供应照明用电，开创了上海使用电灯的历史。

光绪二十七年（1901年），根据《辛丑条约》第十一款规定，清政府指定工部尚书吕海寰①和工部左侍郎盛宣怀为商约大臣，在上海与英、美、日等国签订若干通商行船条约，包括《中英续议通商行船条约》《中美通商行船续订条约》《中日通商行船条约》。因此，随着外轮来沪进行贸易活动，上海经济、贸易交流日趋繁荣。光绪二十九年（1903年），清政府成立商部。光绪三十年（1904年），清政府颁布《商人通例》九条和《公司商律》一百三十条，光绪三十一年（1905年），颁布公司登记法，光绪三十二年（1906年），通过破产法和专利法。一系列史无前例之商业法律的出台，保证了初萌草创的中国社会经济体系在法律框架下运营。

在以上历史时期内，伴随着中国电报发出的信息在海内外的传递，中国先后诞生了第一条铁路、第一个发电厂、第一座铁路大桥、第一个水泥厂、第一台柴油机等，并第一次开采了石油，中国民族工业傲然诞世。在美国圣路易斯世博会上，清政府派出亲王溥伦带队的代表团参加，在展会上，花巨资修建了具有浓郁民族风格的中国村和中国展馆。溥伦在世博会期间会见了美国总统，启新洋灰公司的马牌洋灰获得了该届世博会的金奖。

清政府出席美国圣路易斯世博会

在金融贸易经济上，电报传递信息的快捷、方便，更是彰显于世。自电报诞生，晋商、徽商、闽商、粤商、赣商、苏商、浙商、鲁商等在全国各地经商，以电报沟通商业信息，以乡情建会馆，以票号汇兑

---

① 吕海寰（1842—1927年），清末著名外交家，中国红十字会创始人，历任驻德国、荷兰两国公使，工部尚书，钦差商约大臣，兵部尚书，外部尚书，督办津浦铁路大臣等职。

资金往来，正如《海关十年报告》，中所说，"电报的开办和扩充，沟通全国，对于山西票号商所起的作用及所得到的利益，恐怕是首屈一指的了"①。在上海的钱庄里，亦有许多经理是商办电报局的股东。古老的中国商业因有了现代化通信手段、现代化金融业的介入，新的商业经营模式诞生，资本主义市场经济初步形成。

大清银行第一次会议官商合影（1908年）

国家工商业、金融贸易的经济进步，促进了电报事业的发展，为投资电报的股东们带来了丰厚的经济回报。上海电报局发行的股票市值每股最高达到银元160元，派送红利由最初的每股银元7元陡升至20~30元，光绪二十年（1894年）还曾高至每股35银元以上。光绪二十五年（1899年）七月初三《申报》载：中国创建电报线二十年，消息灵通官商称便。本年系第十七届结账之期，每股派官余利洋银十四圆，此皆在事者刻苦经营不遗余力，故生息得以年盛一年，将来获利之丰未可限量也。

在国家财政上，实现了现代化金融管理和运营。光绪三十年正月二十八（1904年3月14日），户部（即财政部）向慈禧皇太后、光绪帝奏报创办银行计划，奏曰："现当整齐币制之际，亟赖设立中央银行为推行枢纽。臣等再三筹商，拟由户部设立，筹集股本，参阅各国银行章程，斟酌损益，迅即办起银行，以为财币流转总汇之所。"慈禧皇太后、光绪帝当即批准了这个银行章程。尔后，户部拟定银行章程，计划备资本银400万两，分为4万股，每股库平足银100两，由户部认购两万股，其余两万股无论官民，均准购买，方案呈慈禧皇太后、光绪帝御览获批，户部银行成立。

光绪三十二年（1906年），清政府将户部改名为度支部，光绪三十四年（1908年7月），将原名为清政府的户部银行改名为大清银行。大清银行为股份有限公司，一个由国家与公民共同平等拥有，并共同投资建设的金融体系的建立，标志着中国经济社会财富体系开山进入现代化。

历40年的时间，洋务运动中诞生的中国通信业、工商业、金融业相伴成长，推动近代中国的经济制度进入法制化的建设和发展之路。至宣统三年（1911年），在沪外商企业643家，主要为美、英、日商等企业，华商工业也投资活跃，投资领域从船舶与机器修造、印刷、木材加工三大行业，扩大到缫丝、棉纺织（包括轧花）、造纸、面粉、玻璃、制革、火柴、制冰及冶炼等行业②。至清末，清朝逊朝，清代

---

① 《海关十年报告》，1882—1891年，第953~954页。
② 《上海通志》，第十五卷，经济综述，经济概述。

第八章 电信事业与社会改革

上海作为中国经济繁荣的综合经济体，留后来者继承的是：较大的华资集团，金融、交通运输、电信通讯、内外贸易获得长足进步，具备对各类经济要素进行集散和内外辐射的能力①。

而对全国来说，因为有了自己的电报，国家的神经系统有了快捷的运转，促进了19世纪60年代兴起的洋务运动的蓬勃发展。派出的留美学童也先后学成回国为祖国效力。中国有了自己的近现代化军事工业、民族工商业、文化实体，邮政局、电报局、报馆、大学、轮船招商局、机器局、矿务局、铁路均已成就斐然，至光绪二十年（1894年），全国70多家民族企业如星辰闪亮，分布在东部沿海各大中城市，从光绪二十一年至宣统三年（1895年到1911年），民族资本工业的发展速度年均递增15%。洋务运动的成就引领清末中国社会走上了近代化的历史路程，中国受到世界的瞩目。时在中国历史上首次以官方名义主办的国际性博览会——南洋劝业会，全国有22个行省和14个国家及地区前来设展览馆，展品约达百万件，时人称之为"我中国五千年未有之盛举"。

综上所述，洋务运动自上而下地打破了中国数千年的封建体制。电报、电话、无线电通信的初萌和电信业务的健全，起到了当时最广泛的信息沟通作用。清朝晚期的商品经济开始发达，国外资本融入中国，国内资产阶级成长壮大，在慈禧皇太后的主政下，采用了适合生产力发展的君主立宪制。因此，封建社会在慈禧新政的8年中逐渐消灭，传统意义上的经济和政治制度都已不再符合封建社会的定义，

南洋劝业会颁奖仪式

通常说，辛亥革命推翻了封建王朝是值得商榷的。因此，清朝末期在经济和政治上都不再符合封建社会的定义。慈禧为中国从封建社会走向资本主义社会，从古代走向现代，在经济和政治上都作出了伟大的贡献②。

在中国封建社会制度结束历史使命，走进现代化社会的历史时刻里，洋务运动开创了改革开放的新局面，奠定了中国现代化的基础，一代电信建设的先驱者，以电信科技沟通世界的开山之路，奠定了清代电信事业的发展，为中国从封建社会走向资本主义社会，国家文化体、经济体从古代进入现代，开天辟地建立现代化国家政治法律体系、国防工业体系、民族工业体系等传递信息，为中国社会经济和政治都作出了不可磨灭的贡献，并历久弥新地给后来者昭示和启迪。

清代电信事业与社会经济的关系，正如著名电信专家、电信学者赵曾珏所总结：

---

① 《上海通志》，第十五卷，经济综述，经济概述。
② 赵树杰，《慈禧太后与中国的近代化》。

"以经济建设而言，不论农、工、商、矿以及金融与交通，莫不有赖电信为其发展业务之工具。故电信不但自身为一交通工具，抑亦为交通之交通。"①

第二节　电信与新闻传播改革

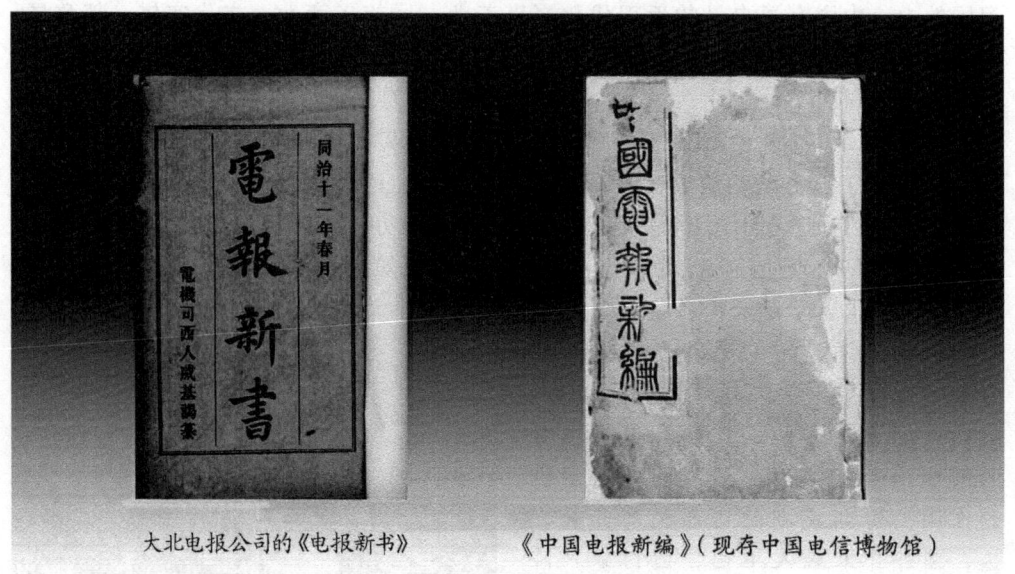

大北电报公司的《电报新书》　　　《中国电报新编》（现存中国电信博物馆）

咸丰十年（1860年），清政府成立总理各国事务衙门，其下设电报处（据中国第一历史档案馆副研究员雁旭介绍，其职能主要为翻译电报），自此拉开了电报与清代社会文化关联并行的帷幕。至清末，由翻译电报而起的电信文化与社会文化相伴而行，洋务运动给国家带来的进步以开山开河之势，融于清代新文化之潮流。

根据电报的发展脉络，仅以电报码、新闻电报的融合与推进4个阶段来叙述。

一、洋文电码与华文电码的融合

同治九年（1870年），大北电报公司开始敷设至上海的电报水线，西人威基谒致函丹麦上海电报公司，提出按康熙字典部首编纂汉字电码的初步设想，每个电码由4个阿拉伯号码组成，合编成6 899个电码②。

同治十年（1871年）二月二十九日，大北公司印成的电报书在上海至香港的电报水线上使用，当日的往来电报为70份③。在使用了一年多以后，《万国电报通例》传递汉字电报以3个号码作1字计费，例如，3个汉字，12个号码，收4个字报费，

---

① 赵曾珏，《中国之电信事业》，第2页。
② 上海邮电志编纂委员会编，《上海邮电志》，第一章，长途电信业务，第二节，国际及港澳电报，1999年10月，第253页。
③ 上海邮电志编纂委员会编，《上海邮电志》，第一章，长途电信业务，第二节，国际及港澳电报，1999年10月，第258页。

带来很多的不便,于同治十一年(1872年5月),将《电报书》改用汉字零至九,以适应中国人的文字使用习惯,电报书亦更名为《电报新书》[①]。但此时电报初创,电报用户主要是外商。因此,大北电报公司初期的电报交换量并不多,如上海至长崎水线于同治十年六月二十六日(1871年8月12日)开通,至年底往来电报仅为86份,同治十二年(1873年),上海发出的电报为1 829份[②]。

光绪七年(1881年),津沪电报线开通使用,外文电报准用的语言为英、法、德、意、荷、葡、西及拉丁文。时任上海电报局总办的郑观应,在中文电报码的使用上,认为大北电报公司《电报新书》在实际使用中有欠缺,如电码字数太少、文字使用逻辑混乱等。他重新对其进行充实和编辑,并出版了《四码电报新编》,完善了中国电报码的使用,使之成为中国电报码的基本文本,使用户得以使用华文词义发电报,如时王韬[③]在其所著的《瀛壖杂志》中刊载诗一首:电气何由达,天机不易参,纵横万里接,消息一时谙。竟窃雷霆力,谁将线索探?从今通咫尺,不止鲤鱼函。

四码电报码一直沿用于清末民初。在又增添了1 000多个字后,基本固定下来,并最终在日后成为国际电信联盟官方使用的汉字电报码,成为世界电报网通用文字之组成部分之一。

二、新闻电报与报业的融合

清代报纸约出现在乾隆年代。时各省都派有专司文报的提塘长驻京师,兵部则派出提塘分驻各省。驻京提塘称为"京塘",京唐抄发的邸报称为"京报";驻省提塘称为"省塘",抄录的各省辕门钞称为"省报"。至乾隆二十一年(1756年),朝廷决定:嗣后各提塘公设报房,其应抄事件,亲赴六科、五城御史严行访察,如有讹传、私抄、泄露等弊,交部治罪。时"京报"管理严格,要盖上承办衙门的印信,才可由负责公报房的直录提塘交付刊行,最后还需将京报样本和盖有印章的原始抄件一起每10天一次送兵部验证存档。

清代《京报》封面

---

① 上海邮电志编纂委员会编,《上海邮电志》,第一章,长途电信业务,第二节,国际及港澳电报,1999年10月,第253页。

② 上海邮电志编纂委员会编,《上海邮电志》,第一章,长途电信业务,第二节,国际及港澳电报,1999年10月,第258页。

③ 王韬(1828—1897年),他是清代洋务运动的积极参与者,推进中国交通电信事业的先驱者之一,是苏州电报通信的创始人。

民众看京城的《益世报》

上海的报馆街报业兴旺

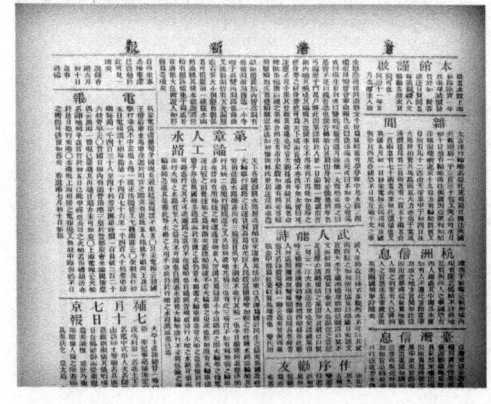

1872年8月7日的《上海新报》

至嘉庆初年，《京报》的性质已经出现了变化，既在中央和地方官吏中发行，含有内部参考资料性质；同时亦公开销售于民间，只要付钱便可订阅，具有大众传播工具的商品特征。

同治十年（1871年），电报推开了中国公众舆论广泛传播之门。同治十一年三月二十三日（1872年4月30日），英国商人安纳斯脱·美查（Ernest Major）在沪创办《申报》。从此，报纸上的"电报"和来自海内外的"信息"，就与电报开始了融合之源。

同年八月初七日，于1861年11月在上海成立的第一家商业中文报纸——《上海新报》——以"电报"为题刊登了分别来自英国、吕宋（菲律宾古国之一）、普、俄、澳等国皇室的新闻。同时还刊登了来自香港新报七月初十登载的上海与香港之间的电报事宜：本港与上海相接之电报现又无故中断但约不日间即可修复如旧矣。

同治十二年（1873年2月22日），丹麦大北电报公司上海至香港水线开办上海—厦门公众电报业务，按《万国电报通例》收发电报[①]。此时《申报》刊载来自京都的"宫门抄"，由访友[②]由京城快马送至天津，再由天津往上海轮船而传递。如此传递方式，诸多不便，如12月16日，《申报》刊登如下告示：近因天津轮船业经守冻封河，所有京报邮抄均须陆路转递陆路跋涉维艰以至传送稍慢。

同治十三年（1875年），国际电报联盟在俄罗斯圣彼得堡召开第四次会议，会

---

① 上海邮电志编纂委员会编，《上海邮电志》，第一章，长途电信业务，第二节，国际及港澳电报，1999年10月，第255页。

② 最初的新闻记者之称，亦称访员。

上讨论了万国电报公会修订的《万国电报通例》，定电报分类、标记和传递顺序为：甲类为国家电信以"S"为标记，乙类为电局公电以"A"为标记，丙类为加急商电以"D"为标记，丁类为寻常商电不设标记，并规定"电文中所载若系政界及商务等事寄与新闻纸或期报可作为新闻电信以 Press 为标记"①。

三、津沪首封新闻电报与京沪报业的融合

光绪八年十一月二十五日（1882年1月14日）晚上11点，《申报》驻天津记者用电报向上海编辑部发来电报，内容为云南按察使衔候补道台张承颐因欠解铜款，被中央问责，"摘去顶戴"。这条当日新闻，开创了中国新闻界的先河。这是上海申报记者首次通过天津—上海间有线电报电路，将清政府查办渎职官员的上谕公告于社会。这即是为后来新闻史所称道的"由报社记者亲自排发的、最早的一条新闻专电"②。新闻电报的设立为报界与海外驻华通讯社提供了以电报传递新闻的条件。

1月16日，《申报》头版头条不是任何新闻，而是《申报》的"本馆告白"：宣称以后将"不吝重资，与天津访友约定，请将每日京

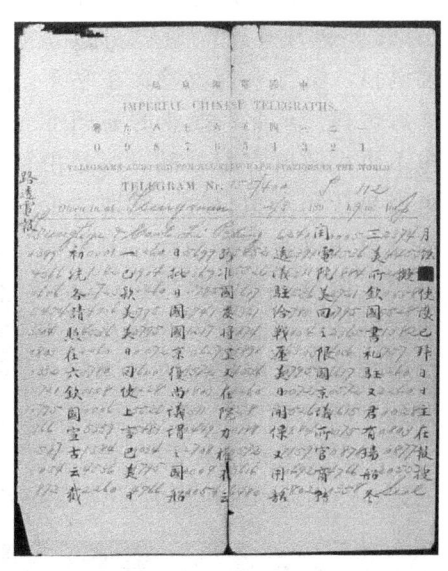

美国路透社的新闻电报

报上谕旨，由中国新设之电报局传示"。日后《申报》以"本报电音"为题头，传递朝廷谕旨、奏折和京津要闻。《申报》还登载每年一度的殿试成绩。时电报的传递方式为：北京的访员去长安街抄榜，快马加鞭送到天津，再从天津用电报发到上海，由报纸发表③。这一电报与报纸结合的新闻体——"朝夕可达"的电报，令大清国的报纸真正获得了"新闻"，而独立于权力机构的定位，也令报纸基本能畅所欲言。这当然是一个新时代的开始④。

光绪十年七月初二（1884年8月22日），津沪电报线延伸至北京，申报驻京记者开始从北京直接向上海拍发新闻专电。专电成为各报馆的重要信息来源，刊载于头版头条，广泛传播。由于报费昂贵，为支持报馆发挥社会舆论之效用，清政府专门规定了官电津贴，发报费用"由本埠各官署与报界分任之"。一封封专电、一份份"通电"、一份份"号外"上的电版文章，通过电报局的迅速传递而面世，将京城政治时事公告于民。中国早期的传播观念，因为电报的介入而有了更快捷的通道，有了更广阔的天

---

① 上海邮电志编纂委员会编，《上海邮电志》，第一章，长途电信业务，第二节，国际及港澳电报，1999年10月，第255页。
② 孙藜，《晚清电报及其传播观念》（1860—1911年），第三章，第96页。
③ 邵绿，《略论〈申报〉的发行方式》，《外埠：代派处和分馆、邮局》，《消息传递和交通状况》。
④ 《电报令大清国的报纸真正获得"新闻"》，人民网，2014年6月24日。

地。天津、北京、广州等各大城市，众多民间团体，学术社团相继办报。

四、新闻电报与官报民报的广泛融合

光绪二十二年（1896年），主管官书局的工部尚书孙家鼐[①]负责管理出版《官书局报》《官书局汇报》。

光绪二十五年七月初一（1899年8月6日），正式开放新闻电报，实行半价收费，在私事之后传递。至此，报业的新闻专电不再由政府官费补贴，而是由电报局让利承担。此一时期的上海电报局以其沟通国际、国内信息的全国电报中心之地位，业务量陡升，当年的国际电报及港澳电报经水线电报传递的交换量上升到1 710 798字，其中，经大东电报水线传递的有474 285字，占72％，经大北水线传递的有472 285字，占28％[②]。

孙家鼐

《官书局汇报》

《北洋官报》

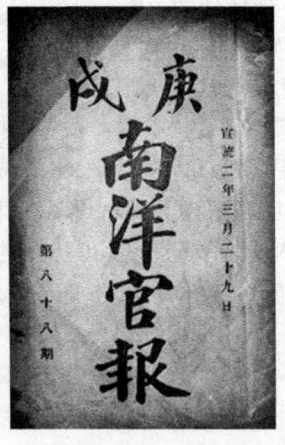
《南洋官报》

光绪二十七年（1901年4月25日），直隶总督兼北洋大臣袁世凯向慈禧太后和光绪皇帝上奏，提出十条建议，其中一条标题"开民智"，建议"宜通饬各省，一律开设官报局"，目的是启发民智，"庶几风气日辟，耳目日新，既可利益民生，且可抵制各处托名牟利之洋报"。朝廷当即批准。

光绪二十八年（1902年12月10日），在津沪电报线建成的20年以后，《北洋官报》创刊。光绪三十年正月初一（1904年2月16日），在基本建成全国三大电报线的20年以后，《南洋官报》正式出版。

新闻电报、官报的诞生使民办报业逐渐兴起，使新闻电报与报业刊登的政治、经济、

[①] 孙家鼐，清咸丰状元。与翁同龢同为光绪帝师，累迁内阁学士，擢工部侍，署工部、刑部、户部尚书。1898年为京师大学堂第一任管学大臣，被聘为总教习。

[②] 上海邮电志编纂委员会编，《上海邮电志》，第一章，长途电信业务，第二节，国际及港澳电报，1999年10月，第258页。

文化信息和广告广泛传播,刊登在报纸上的"电报""电版""信息"等成为新闻传播与电报的结合体,共同造就了电报事业和报业的发展,"这一时期的官报已有了电报、访稿、论说、调查报告等,可归属近代报刊范畴"①。

民报与官报的诞生构建了中国近代化公众舆论传播体系,在这体系里,电报与英文、中文报纸的信息相结合,共同繁荣。至清末,"时

《北洋官报》

《南洋官报》

各类官办和民营报刊,以及后人编纂的一些资料性书刊、著述,搜寻剔抉,所获资料有111种官报近千种报刊"。时作为国内报刊事业发展中心的上海,仅在光绪二十七年至三十一年(1901—1905年),就有五六十种报纸创办发行②。

光绪三十三年九月二十日(1907年10月26日),由清政府政治考察馆主办,官报局印行的《政治官报》在北京创刊,其电话号码为:内城总局201号。《政治官报》由军机年章京(将军)、华世奎③主持编辑,傅范初④参与编务。以"期使通国人民开通政治之智识"为其宗旨,专以列载国家政治文牍和立宪法令,其刊登的主要内容为谕旨、奏章及法律,命令及翻译的路透社电报、泰晤示报及东西各国紧要新闻等。电旨、电报奏咨以其重要性,列于谕旨之后,其他文件之前。延至宣统三年七月初一(1911年8月24日),《政治官报》改为《内阁官报》,由清政府内阁印铸局承办。《内阁官报》是清中央政府公布谕旨、奏章及法律、命令的正式机关。

清代国家公众舆论传媒体系建成,国内电报交换量亦逐年增长,至宣统元年的统计数字为:电报属于官电局者,国内1259万余字,国外9.1万余字;属于上海电政局者,国内4173万余字,国外116万余字。此外尚有加费、减费、免费、特种电报,官商两局合计为590余万字。以营收论,电报为银元461万余元,电话为

---

① 晚清的官报,《导言》。
② 晚清的官报,《导言》。
③ 华世奎(1863—1942年),著名书法家,天津"八大家"之一,由内阁中书考入军机处,历任领班章京、内阁阁丞等职,"百日维新"后,以省亲为名弃官隐居天津。
④ 傅范初(1867—1912年),毕业于同文馆,好欧洲物理、化学,著有《算学源流考》《电化理解》《地理杂志》《学经韵斋》等书。光绪三十二年,赴北京任政治官报局印刷科长。

28万余元（包括长途电话费在内）①。

第三节　电信与灾害信息改革

中国是一个自然灾害多发的国家，水灾、旱灾尤其深重。在黄淮流域的河南省东部，山东省西部黄河以南，安徽省、江苏省淮河以北是水患多发地区。如徐州从清朝顺治元年至咸丰五年(1644—1855年)，境内共发生黄河水灾60次，平均每3年多就发生一次②。北京也水灾频发，据《北京志·气象志》记载，清代268年间，北京有128个水灾年份，平均两年一次③。每至洪灾过后，难民流离失所，饿殍哀鸿，给人民带来巨大的灾难。本节从两个历史阶段来叙写灾害信息传递方式的变革。

一、电报终结驿站传递奏折方式及大灾上奏传递方式

清入关后，历代皇帝均对洪水灾害的赈灾工作非常重视，自顺治年起，每逢地方有大灾，地方大员皆由驿站传递奏折到京，历代皇帝必拨出款项救灾抚民，免收灾害发生地的赋税，如顺治九年（1652年）六月谕曰："考之洪范，作肃为时雨之徵，天人感应，理本不爽。朕朝乾夕惕，冀迓天休。乃者都城霖雨匝月，积水成渠，坏民庐舍，穷黎垫居艰食，皆朕不德有以致之。今一意修省，祗惧天戒。大小臣工，宜相儆息。秋七月甲午朔，上以皇太后谕，发节省银八万两赈兵民潦灾。"④康熙、乾隆也都在南巡时视察河工漕运，整修河道。如康熙四十六年（1707年）丁亥春正月丁卯，诏："南巡阅河，

乾隆南巡视察河工图（藏纽约大都会博物馆）

往返舟楫，不御宫庐。所过勿得供亿。"⑤还下旨绘制了包含黄河夺淮入海时期从渭河口以下直至海口的河道，以及包含治河水利设施、山川、乡镇等内容的《黄河图》⑥。

然而，由于黄河中游植被的破坏及黄河自身所具有的自然特点，以及信息传递手

---

① 钱其琛主编，《铁路电信七十五周年纪念刊》，《业务概况》，台湾文海出版社，1982年，第26页。
② 徐州史志办，《明清时期徐州地区黄河水灾成因及后果》。
③ 引自《北京志·气象志》。
④ 《清史稿》，本纪五，圣祖本纪二。
⑤ 《清史稿》，本纪八，圣祖本纪三。
⑥ 现藏台北中央图书馆。

段的限制，直到同治十一年（1873年），在水灾发生时，只以八百里飞递的信息传递方式，将黄淮流域数十州府道台告急文书传递至京。如时丁宝桢奏遵旨等堵山东孟家庄河面及侯家林决口两处，由于此处决口。若不堵塞。将来漫淹曹兖济十余州县。若再向东南奔注。则清淮一带。更形吃重。数百万生灵所系。朝廷岂惜数十万帑金。不为力筹保卫。因关系运道民生。慈禧皇太后名向东省筹拨银三十万两。此外如尚有需款之处。即著丁宝桢核实筹办。以资应用。此谕旨由四百里各谕令知之①。

二、设立中国第一张水情电报网

光绪七年（1881年），津沪电报线初开，电报种类分别为：一等官电；二等局务公电；三等公众私事急电；四等公众私电。由此开始，地方政府官员亦利用电报呈报水患灾情。为防水患，设置了天津至京城电报线、山东掖县之沙河至胶州电线，随后又架设胶州至青岛电线，湖北武昌至大冶、大冶至九江之线。为防河患，"又因汉口上游北岸线杆年年被水淹损，阻误要报，添设南岸一线以备不虞"，先后建设徐州至台庄线和安庆至庐州线、济南至济宁线、徐州至宿迁线。这些电报线可谓是中国电信业建设的第一张水情网。

据清宫存世档案记载，通过这张电报网传递的此类电报颇多。光绪十四年（1888年），全国江河流域灾患严重：顺天固安等县被水。奉天凤凰等厅州县被水。安徽颍州等府被水。安庆等府被旱被水。江西瑞昌等厅县被水被旱。福建连江等县被风。河南祥符等州县被水。山东临朐等县被水。陕西咸甯等县被水被雹。盩厔等县被水。甘肃皋兰等厅州县被雹。广东惠州等府被水。四会等州县被水。肇庆等府被水。广西融县被火。武宣县被水。苍梧等州县被水，江西丰城等县被水。浙江富阳等县被水。余杭等县被水被旱。归安等县被风被虫被旱。湖南华容等县被水。安乡等州县被水被旱。武陵县被旱。陕西醴泉等县被雹。甘肃新疆镇西厅属被旱被鼠。②李鸿章以《漕督电洪湖水情事》《为漕督电洪湖水位连定结存八尺九寸等事》《为漕督电洪湖落水九寸等事》《为漕督电洪湖落水现存七尺事》发电呈报灾情③。

是年八月，郑州十堡黄河决口南泛，为害严重。先是署河南山东河道总督李鹤年、河南巡抚倪文蔚主持堵口，朝廷复派礼部尚书李鸿藻到工督修，光绪十四年（1888年5月），口门埽占失事，功败垂成，李鹤年等均革职。七月，吴大澂④署河南山东河道总督，接办堵口大工，到任后，吴大澂数次电寄上奏水情，慈禧皇太后、光绪皇帝亦数次下发谕旨，以最快的电寄方式命军机大臣发电至寄吴大澂，指挥救灾，如：养电已悉。荥汛十堡。忽出险工。殊深廑系。据称大堤裂三十余丈。宽四丈余。语句不甚明晰。是否溃决成口。抑止系内皮蛰陷。尚未过水。

---

① 《清实录同治朝实录》卷之三百二十七。
② 《清实录光绪朝实录》卷之二百六十。
③ 电报档目录，中国第一历史档案馆。
④ 吴大澂（1835—1902年），1867年（同治六年）进士，授编修，初为陕甘学政。1877年（光绪三年）赴山、陕襄办赈务，授河北道，1884年任河南山东河道总督。

河南山东河道总督吴大澂

著即明白电覆。其抢办情形若何。并著迅速电奏。又谕、电寄吴大澂、据奏、郑工约于十一月闲可以合龙。引河挑坝。亦据续票开工。现节逾小雪。料物计已早集。朝廷轸念。无时少释。著将现办情形。即日电覆。仍随时电奏。以纾廑系。次月,大堤合龙。

三、建设河工电报局

光绪二十八年(1902年4月),为官二十余年,凡遇水患,无不参与筹划治理的周馥①升任山东巡抚,并加兵部尚书衔。时值黄海水涨,惠民、利津等县河堤多处决口,他督率官民筑堤防堵,并上奏请沿黄河架设电报线,是月,在省城河防总局设立官电局。八月起,黄河在刘旺庄陡出险工,周馥指派济南电报分局架设电报线,自抚署直达刘旺庄,抚署设电报房,刘旺庄设河工电报分局。

光绪二十九年(1903年5月),以泺口为河工电报汇总处,在泺口设立了河工电报总局。六月,在王庄、盐窝、十里堡、胡家岸4处各设分局一处,十月设立宁海分局。光绪三十年(1904年),黄河下游梯子坝抢险,将刘旺庄分局移设梯子坝。同年,中游齐河抢险,在齐河、清河各设分局一处。光绪三十一年(1905年),铁匠庄抢险,将梯子坝分局移设铁匠庄。同年,曹州、珲城、巨野、东昌等处,因防务需要,架设贾庄至曹州电报线50里,曹州设立分局。光绪三十三年(1906年),下游大郭庄抢险,又添设大郭庄分局一处。同年,设立巨野分局。光绪三十四年(1908年),

光绪朝山东巡抚周馥

东昌一带地方不太平,于香山展设电报线至东昌府,在东昌府设立分局。是年因曹州地方较为安定,将曹州分局撤销。下游道旭险工紧张,将下游十里堡分局移设道旭。

以上电报线路的建设使得地方官员上奏灾情的信息得以"电奏"形式迅达清廷,

---

① 周馥,曾对永定河、天津、通州等地河流进行治理,结果使直隶水患大为减轻。1898年10月,李鸿章电招周馥赴山东襄黄河工程。

如光绪三十二年（1906年5月），湖南发生重大水灾，巡抚庞鸿书①当即将此情电奏清廷，从而让清廷在第一时间内闻知此情。对此，清廷在是月13日的电旨中称："庞鸿书电奏悉，湘省水灾情形甚重，朝廷深为悯恻。"正是在此情形下，清廷才能迅速作出指示，"著颁发帑银十万两，由湖南藩库给发"，责令庞设法拯救，不要让灾民流离失所，并要求庞"仍将办理情形随时电奏，毋稍延缓"。同年10月，皖北遭遇严重水灾，安徽巡抚恩铭向清廷电奏此情，并请求"拨发藩库银十万两，以资赈抚"，清廷闻后立即寄出电旨允准②。

四、设立由邮传部主管的河工电报总局

宣统元年（1909年），邮传部令展设巨野至济宁电报支线96里，并设立济宁电报分局。同年，抚署电报房因递送不便，增员组建成收发电报处，遂又将收发电报处组建成河工电报总局，泺口改为分局。日后，在办理省电归部之事，山东巡抚孙宝琦③向邮传部咨文："惟查东省河工两岸绵长千余里，前抚臣周馥奏明设立官电局专司报水报工，原为消息灵通，随便时防范，与其他省电不同，改为部办必多窒碍，请饬部仍准东省河工官电循旧管理，以重要工。"④

邮传部奏请后复允应："山东沿河电线循旧管理，作为河工官电，考各国成法，凡关于水利天文等事，有准令民间私设专线受法律之规定者。东省

宣统朝山东巡抚孙宝琦

本系官线，原非私设可比，惟是黄河关系巨工，与各国水利专线同为保卫治安，自可变通办理。拟将山东沿河大堤专司报水电线，准其仿照各国私设专线之例，由该省循旧管理。"是年，山东省营河工电报收归邮传部经营④。

宣统三年（1911年6月），淮河流域发生洪灾，实际主政的隆裕皇太后下旨谕内阁：昨据盛宣怀奏、皖省无为州等处水灾。赶放急赈各节。当经谕令该大臣等、宽筹款项。源源接济。妥为抚恤。并著两江总督、安徽巡抚、派员分别查勘。兹据张人骏等电奏、本年五六月闲。大雨时行。江潮暴发。皖省滨江沿河各属。灾情奇重等语。览奏实深悯恻。加恩著赏给帑银五万两。由度支部给发。著该督抚等迅速

---

① 庞鸿书（1843—1911年），清代刑部尚书庞钟璐的次子，对于兵刑、盐漕、河渠诸书，无不考究，后迭署天津道按察使，升湖南按察使，晋布政使，授巡抚。

② 夏维奇，《晚清电旨电奏发展述论》，中国社会科学网。

③ 孙宝琦（1867—1931年），清末大臣，晚清外交家，历任驻德、澳、法等国使馆随员，出使法国、德国大臣，代理顺天府帮办津浦铁路大臣，山东巡抚。民国后任北京政府外交总长、北京政府国务总理，兼外交委员会委员长、淞沪商埠督办、中法大学董事长等职。

④ 《山东省志·邮电志》，山东省地方史志编纂委员会，2000年6月，山东人民出版社，第六节，河工电报局，第59~60页。

派员。前往灾区核实散放。务令实惠均沾。毋任失所。用副朝廷轸念灾黎之至意。[①]

清代河工官电局这一体制的设立,为清政府在防灾和民生等事务上提供了通信联络的便利,如从山东省办河工电报机构一览表中(如表8所示),我们可以看到当年为水患而设的电报分局,皆为沿河之边远农村地区,为保护民众的生命和财产安全提供了保障。

表8 山东省办河工电报机构一览表〔光绪二十九年(1903年)—宣统元年(1909年)〕

电报局名称	设立时间	备注
王庄河工电报分局	1903年6月	因黄河抢险而设
胡家岸河工电报分局	1903年6月	因黄河抢险而设
盐窝河工电报分局	1903年6月	因黄河抢险而设
十里堡河工电报分局	1903年6月	因黄河抢险而设
宁海河工电报分局	1903年10月	因黄河抢险而设
齐河河工电报分局	1904年6月	因黄河抢险而设
清河镇河工电报分局	1904年6月	因黄河抢险而设
曹州河工电报分局	1905年3月	因黄河抢险而设
铁匠庄河工电报分局	1905年3月	由梯子坝分局移设 梯局由刘旺庄分局移设 刘局1902年设的第一局
官庄河工电报分局	1906年4月	因黄河抢险而设
香山河工电报分局	1906年4月	因黄河抢险而设
郓城河工电报分局	1906年4月	因黄河抢险而设
大郭庄河工电报分局	1907年	因黄河抢险而设
巨野河工电报分局	1907年	
东昌河工电报分局	1908年	
道旭河工电报分局	1908年	由蒲台县境十里堡分局移设
济宁河工电报分局	1909年	因兖沂遭济道尹兼黄河三游稽查及济宁运河工程通报需要所设
泺口河工电报分局	1909年	泺口河工电报总局迁移至山东抚署 泺口改为分局

---

① 《大清宣统政纪》卷之五十七。

第八章 电信事业与社会改革

第四节 电信与文化文体改革

同文馆学生学习洋文

电报登陆中国上海，由电报码、汉字书写、译电三要素组成的华文电报启用，电报文体诞生。电报的书写简单明了，一改八股文的书写范式，电报的发送使用阿拉伯数字、洋文——中国最早的数字化通信产生。这一中西方文体的使用，使之成为清代洋务运动中东西方文化融合的现象，是清代文化改革中新文体改革的一个重要组成部分。

一、电报文体——民间新文体的引领者

电报文体和电报的书写、收发与电报报费相关联。同治十年（1871年），大北电报公司上海至香港电路开通，10个字的电报收20金法郎①（时每五法郎折合银元一元），20个字的电报收30金法郎。

同治十二年（1873年），大北电报公司在上海至厦间开办公众电报业务，报费为10个字2银元，20个字3银元。是年四月二十一日（6月8日）起，由上海发往欧、美的电报经沪港水线交英国大东电报公

金法郎

---

① 金法郎（法文 franc，英文 gold franc），诞生于14世纪，1795年法郎成为法兰西第一共和国的货币。1803年3月28日（法国共和十一年芽月七日），法国制定金币法郎法律。1834年，法郎成为国际结算中常用的重要货币之一。许多国际组织和国际公约也采用法郎作为标准货币。1874年10月9日，万国邮政联盟成立时，在邮政公约中规定使用法郎制定统一的国际邮政资费，结算会员国之间的邮政账务。

213

司香港—印度—伦敦水线转发，20个字的伦敦、法国、德国电报分别为 206.50 金法郎、197.50 金法郎、195.50 金法郎；美国电报经由伦敦再转发纽约，每份加收 75 金法郎继电费①。

光绪七年（1881年），津沪电报线投入使用。初诞生的电报可谓是奢侈品。当时的电报收费标准按"路有远近，费有等差"的原则制定。以上海为例：发往苏州为每字1角、镇江1角1分、清江浦1角2分、济宁1角3分、临清1角4分、天津1角5分、大沽1角6分。而当时的物价比是银元1角可以买大米16斤，或烧饼80个，或猪肉2.1斤，或鸡蛋30个②。

由以上比价可见电报费用的昂贵。时使用电报的用户主要是政府官电、商界人士，他们发电报时，因为考虑电报费用昂贵，需字字斟酌，反复推敲。因此，使用电报者很快唾弃了八股文，从冗长繁复的文字表达过渡到以区区数字即能达意、寥寥数语即能成文的电报文体，这是洋务运动新文化形式中最早的新文体，也可以说是中国最早的公文简化，最早的微型小说，这一文体成为清代新文体变革中广泛波及社会各界并被其自然接受并使用的文体之一。

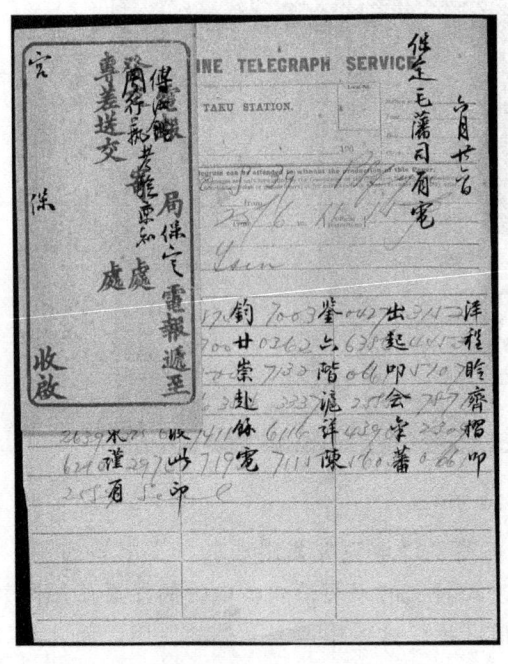

区区数十字的官电电报

二、电报文体——社会新文体的传播者

光绪二十年八月初一（1894年8月31日），清政府批准中国电报总局首次统一制定国内电报价目，实行同府、本省及隔省递加办法，同府华文明码每字0.05元，本省0.10元，每隔一省加0.02元。华文密码及洋文电报加倍收费，官电及新闻电减半②。

电报费用的大幅降低，使电报业务逐渐上升，据上海电报局历史仅存的资料来看，光绪七年至光绪十一年（1882—1885年），收入报费银洋为187 618.13元；到

---

① 上海邮电志编纂委员会编，《上海邮电志》，上海社会科学院出版社，1999年10月，第三篇，长途电信，第293页。
② 梅绍祖、宋刚刚主编，《百年电信铸辉煌》，中国计划出版社，1998年6月，第一篇，第24页。

第八章　电信事业与社会改革

光绪三十年（1904年），合计收入商报报费为425 546.66元，收入的官报报费合计银洋29 295.95元①。由此可见，公众使用的商电电报已超过官报。当年两项收入共计454 842.61元，与1882—1885年4月的总和相比，提高了242.43%，由此数字可见，在大幅调整电报报费以后，电报交换量呈逐年增长的态势，这正是电报文体逐渐走向民间，并被广泛应用的一个潜在记录。

这一时期民间的电报文体内容鲜有留世，官方电报却留下了电报文体的记录，清政府官员在"电奏""电信"的电报往来使用中，一改清政府的公文书写方式，使得公文变得简练通达，在"存世的清代上百个文书种类里，电报字数多的有三五百字，少的只有十余字，其中电报稿、分发报稿和收报稿及据此誊录的抄件，内容相同，结构类似书信和便条，如称呼、提称语、末启辞等常被忽略，署名、时间也都减化"②。

《吉林白话报》　　《伊犁白话报》

清代，电报文体与变法维新中的"白话文""大众语""新文体"之文化改革同行，一封封电报文体在黄遵宪③的"我手写我口"，裘廷梁④的"白话为维新之本""崇白话而废文言"与陈荣衮⑤明确主张报纸应该改用白话文的倡导下，全国各省白话报纷纷兴办，《画报》《女报》及其他报类也以新文化的形式出现，这些新文化载体与以梁启超⑥为代表的维新派人士创造的"新文体"浪潮相辅共荣。在电报新文体里，就私事电报内容，短短数字，传递紧急家事；就商业者而言，聊聊数行，即可成为大笔的商业交易，更为清政府全权大臣对边远地区传递商业信息提供了方便，电报文体成为直接为社会公众接受的广泛文体之一。

光绪二十八年（1902年），清政府决定废八股文体，乡、会试时，虽尚有四书

---

① 梅绍祖、宋刚刚主编，《百年电信铸辉煌》，中国计划出版社，1998年6月，第一篇，第24页。
② 雁旭，中国第一历史档案馆副研究员，《清代军机处电报档案综述》。
③ 黄遵宪（1848年4月—1905年3月），晚清诗人，戊戌变法期间署湖南按察使，助巡抚陈宝箴推行新政，工诗，喜以新事物熔铸入诗，有"诗界革新导师"之称，被誉为"近代中国走向世界第一人"。
④ 裘廷梁（1857—1943年），倡导白话文运动的先驱，编辑《白话丛书》，创办《无锡白话报》，极力提倡白话文，进行文体改革，同年在《苏报》上发表著名论文《论白话为维新之本》。
⑤ 陈荣衮（1862—1922年），清末教育家，光绪二十三年，出版《幼雅》一书，撰文《俗话说》，主张讲俗语、写俗字。
⑥ 梁启超（1873—1929年），倡导变法维新，戊戌变法（百日维新）领袖之一，中国近代维新派代表人物，曾倡导文体改良的"诗界革命"和"小说界革命"。其著作合编为《饮冰室合集》。

清代最后一次会试考场及监考情景

义、五经义，但文章格式已不受限制，滥觞于北宋，传承至清，有着七百年历史的八股文寿终正寝。

清代的电报文体是洋务运动中出现的新式文体，它以中西方文字承载的文化内涵，成为新文化改革的先驱，它所传递的社会经济、文化、政治、军事信息，化为由名人士仕，挥洒笔墨，春秋短长的一篇篇白话文在《时务报》《新民丛报》和《申报》等上发表，其文笔言短意赅，词意清新，容时事政治评论、海内外新闻、市井琐谈、商业信息等，可以说是包罗万象，应有尽有，电报文体成为推动中国社会文化中新文体的改革者和传播者。

三、电报文体——政府新文体的改革者

圣旨[①]是中国古代帝王权力的展示和象征，是历代帝王下达的文书命令及封赠有功官员或赐给爵位名号颁发的诰命或敕命。中国封建社会数千年，"圣旨"历经朝代更迭，演绎了人世间顷刻降临的荣华富贵，也演绎了人世间悲伤凄凉的生离死别。

清代对于皇帝的朝政和言行有严格的记录，所以，清政府档案记录配备有专门的纂修班子，由监修总裁官、官太子太傅文渊阁领阁事、翰林院掌院学士稽查、钦奉上谕事件处方略馆

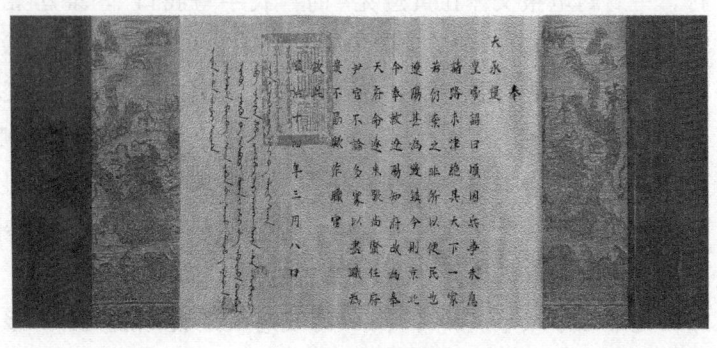

顺治十四年顺治帝颁发的圣旨

总裁、武英殿大学士、军机大臣镶蓝旗满洲都统、管理吏部事务户部三库事务等官员组成。因此，以文字记录、签名盖章发文的纸质文件，是清代重要的历史档案。

同治十年（1871年）在上海诞生的电报，如一股清澈之流，进入中国封建社会

---

① 圣旨，其轴柄质地按官员品级不同，严格区别：一品为玉轴，二品为黑犀牛角轴，三品为贴金轴，四品和五品为黑牛角轴。圣旨的材料十分考究，均为上好蚕丝制成的绫锦织品，图案多为祥云瑞鹤，富丽堂皇。圣旨两端则有翻飞的银色巨龙作为防伪标志。

第八章 电信事业与社会改革

历史之河，电报文体中的中文、阿拉伯数字、英文在历史的长河中掀起新文体的浪花，使"圣旨"以上谕电报成为皇帝和慈禧皇太后颁发的谕旨。

光绪二十四年（1898年8月27日），清政府下旨："翩后明降御旨，皆由电报局电告知各省。"时皇帝下行的电报称为"电旨"，也称为"电寄谕旨"。由军机处、总理衙门及各地大臣发往清政府的电报称为"电奏"，各部机构间直接发送的则称为

清代送圣旨的官员（国外画家绘）

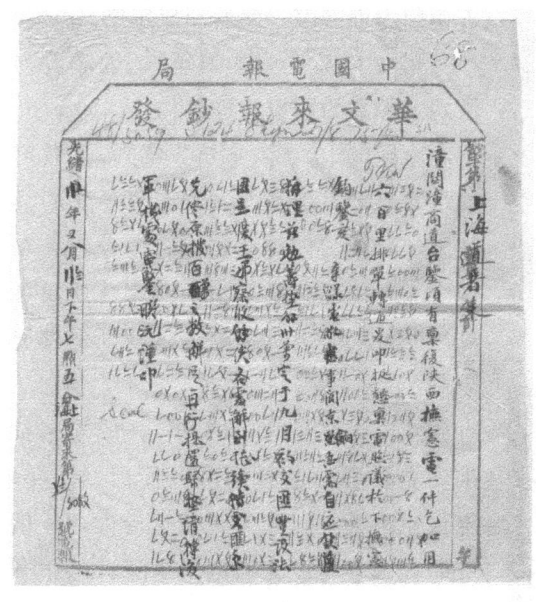

珍存在清宫档案中的官电电报

"电信"①。从此，传承千年的"圣旨"应用于"上谕"的电报之中。电报的使用使圣旨的书写方式发生了根本性的变化。

圣旨，从以上好蚕丝制成，上有祥云袅绕，两端有翻飞银龙，内有皇帝的绫锦织品，成为一张电报纸；从以往满汉两种文字，皇帝签名、御宝盖章，成为由电报局译电员翻译的汉字，由电报局收报员签名的电报；从曾经三五太监手握黄绢，率队耀武扬威地降临，咿呀变声地宣告"钦此"，成为由中国电报局以华文来发报；圣旨的书写，从其开头的"奉天承运，皇帝诏曰"，简化到一张电报纸上的"上谕"。而官员的奏折也化为一封封官电。

古老中国封建王朝的圣旨踏上了终结之路，并成为传世的史实承载文物。曾经的上谕电报伴随着清脆悦耳的电报嘀嗒声，轻车简从，跨越千年，从紫禁城的夕阳里走出，由宫廷落在民间，成为中国封建王朝官方文字书写的最终绝唱。

---

① 雁旭，《清代军机处电报档案综述》。

第五节　电信与政治改革

清代洋务运动结束了中国封建社会数千年的封建制度，建立了现代化的国家管理体制，使得中国开始以现代化管理制度治理国事。电报的诞生与发展始终贯穿于这一中国社会历史性的改革之中，本节仅就这一历史时期国家管理体制的改革进程来叙述。

一、电报进入国家对外事务管理体系

鸦片战争之前，唐、宋、元、金、辽、明皆无专职的外交事务管理衙门。清王朝之初其外交事务管理体系由努尔哈赤建立，即处理其与蒙古各部关系的蒙古衙门。

清代建立的理藩院

崇德三年（1638年），皇太极改蒙古衙门为理藩院。此后即成定制。

顺治十八年（1661年），理藩院与清六大部共为国家管理机构。

康熙二十六年（1697年），清政府修订《理藩院则例》，规定理藩院的具体管辖范围为内外蒙古、青海蒙古、新疆之额鲁特部和回部与西藏喇嘛所属各处事务。同时也负责处理俄罗斯的外交事务[1]。

咸丰十一年（1861年），咸丰帝批准建立总理通商各国事务衙门。同年，电报叩响了中国电文明信息的大门，俄罗斯提出修建恰克图电线事宜，电报开始了在中国对外交事务中脱茧化蝶之路。

同治元年二月（1862年3月），在慈禧皇太后的主持下，改总理通商各国事务衙门为总理各国事务衙门，并接管

总理衙门大臣会见外国驻华领事

以往礼部和理藩院所执掌的对外事务。这一政府机构的设置开启了清王朝政治体制改革的大门，中国现代外交事务由此而起，拉开了中国社会历史性根本改变之洋务运动的历史大幕。

---

[1]　综合《清史稿》史料。

第八章 电信事业与社会改革

总理衙门成立后，在京都设立同文馆，在安庆设立军械所，在福州设立船政局，在天津、上海建立机器制造局等机构，一系列军事、经济、文化的改革渐次开展起来。西方邮政从漂洋过海的轮船里走进中国开放通商口岸。由此，中国古老的通信方式悄然发生历史性的改变。

清代上海护城河上的城里城外

同治十年（1871年），丹麦大北电报公司水线首在上海登陆，中国电信开源。电文明信息之光将穿透中国数千年来每一座城池的城墙，推开每一扇城门，建立一幅幅虚拟的城池地图，以官民皆可使用的电报之光，继清王朝入关，熄灭横亘在农耕民族与游牧民族之间数千年之长城烽火，建立大一统、多民族的封建王朝后，跨越紫禁城的大清门，跨越中国大地上难以计数，曾经围河而建的城墙、城门，使得曾经数千年来城里城外之间，隔阂消退，彼此沟通政治、经济、文化的信息。

清代京师（北京）大清门

电报之光以其开放、网络传播的物理特性，隐形助推洋务运动，摧毁禁锢的思想、封建的制度，使封建的政治走向开放、民主的广泛空间，最终结束封建社会管理体制，建立了近现代化的国家管理制度，既完成了自己的本身社会管理制度的转变，亦为中国社会管理制度留下了政治、军事、经济、文化等完整传世的国家管理体制配置体系。

电报创始人之一李鸿章的办公衙门

光绪七年（1881年），中国自主建设的津沪电报线启用。通过电报，中国的影响力迅速走进世界范围，中国的外交事务亦广泛开展，中国人开始走向世界，学习西方文化。电报的使用使得清政府洞察世界形势，一改以往信息闭塞、处理国家外交事务迟缓的状况，快捷办理国家外交事务。

在学习西方工业文明和现代科学方面,通过外交途径电报的沟通,延请了众多海外学者和专家到中国工作,建立了近代化的教育及科研体系。清政府派出大批留学生赴各国学习西方工业文明和科学文化;回国后的留学生以所学致所用,开山建立了中国现代化社会政治、法律及自然科学和工业文明体系。

在政治改革方面,多次派出大批官员赴各国考察学习西方社会管理制度和管理经验。新式医院、大学普遍在各省建立,民间社会组织的社会活动风起云涌,报馆以头版头条刊登的专电,将政府与民间信息在全国广泛传递。至清末,中国因洋务运动而发生的开天辟地之历史性、根本性的变化,受到世界的瞩目。

端　方　　　　　张人骏

在办理外交、保护国家利益和海外华侨的合法权益方面,电报亦发挥了重要作用。如1885年在美国出现了迫害华工事件,清政府收到驻美公使郑藻如的电报,两广总督张之洞也接到旧金山中华会馆的电报,立即向总理衙门报告。总理衙门立刻出面与美国交涉,及时有效地保护了华侨的权益。

在国家海洋战略上,电报信息的快捷传递加强了海防建设,使国家建立起了现代化的海军舰艇部队和海防线。19世纪末,外国渔轮违反国际法中"各国人民有专权捕鱼,在沿海本国辖内等处,他国之民不与焉"的规定,不断侵入我国南海诸岛及其附近海域从事捕鱼活动。为保卫中国的渔业资源,两江总督端方①迅速向外务部致电:"凡闽粤人之老于航海者及深明舆地学者,皆知道该岛为我属地。"并电告两广总督张人骏②,强调此岛"确是中国之地,不可置之不问"③。清政府派出官员到东沙岛巡查,并竖纪念碑作为主权标志。宣统元年(1909年),中国政府与日本就南海岛屿领土谈判,在确凿的人证物证前,日本宣布承认东沙岛为中国固有领土,将岛屿交还中国,赔偿中国渔民损失,补交侵占期间中国损失的税款③。

---

① 端方(1861—1911年),满洲托忒克氏,满洲正白旗人,清末大臣,金石学家。官至直隶总督、北洋大臣。其所拍发的电报由中国第一历史档案馆结集存档。
② 张人骏(1846—1927年),直隶丰润县(今河北丰润区)大齐坨村人。十九岁考中同治甲子科举人,二十三岁考中同治戊辰科进士。历官同治、光绪、宣统三朝,曾担任广西按察使,广东、山东布政使,山东、河南、广东、山西巡抚,两广总督,两江总督,兼南洋通商大臣等职,因其在担任两广总督时曾乘坐兵舰巡视南海诸岛,故南海诸岛中有一块岛礁被命名为"人骏滩",以做纪念。
③ 雪珥,《国运1909》,龙旗插上东沙岛,陕西师范大学出版社。

二、废除封建社会国家管理体制中的电信之光

光绪九年（1883 年），电报进入紫禁城，那时的电报经办事大臣抄录后存档。一封封汉字与阿拉伯数字组成的电报，不显山不露水，不由人察觉地在紫禁城里播下了一粒粒奇异的种子，这粒种子悄悄地发芽开花，撼动着大清王朝宫殿里的满地金砖，大清帝国的落日悄然来临。

光绪二十四年（1898 年），屡经内乱与外侵的慈禧皇太后认识到"列强远比清帝国强大，为了清王朝和她的人民，中国必须引进一些西方的制度和观念。慈禧真诚地面对这个问题，抛弃了几个月前的保守主义偏见，转向赞成实质上是 1898 年光绪皇帝提出的改革政策"[①]。

是年 6 月 11 日，慈禧面告光绪："前日御史杨深秀、学士徐致靖言国是未定，良是。今宜专讲西学，明白宣示。"于是，光绪发布了由翁同龢起草的《定国是诏》，把"讲求西学，变法自强"作为清王朝的国策，使维新运动取得了合法地位。

在慈禧太后的主政下，清政府再次改革管理体制。光绪二十六年（1900 年），"因变通政治。力图自强。通饬京外各大臣。各抒所见。剀切敷陈。以待甄择"[②]。光绪二十七年（1901 年）一月二十九日，经过颠沛流离之苦后的慈禧太后痛定思痛，经慎重考虑后，以光绪皇帝的名义发布了一道力求振作自强的上谕：

世有万禩不易之常经，无一成不变之治法。穷变通久，见于大易；损益可知，著于论语。伊古以来，代有兴革。我朝列祖列宗因时立制，屡有异同。入关以后已殊沈阳之时。嘉庆、道光以来，渐变雍正、乾隆之旧。大抵法积则敝，法敝则更，惟归于强国利民而已。自播迁以来，皇太后宵旰焦劳，朕尤痛自苛责。深念近数十年积敝相仍，因循粉饰，以致酿成大衅，现正议和。一切政事，尤须切实整顿，以期渐致富强。懿训以为取外国之长，乃可去中国之短；惩前事之失，乃可作后事之师。皇太后何尝不许更新损益科条？朕何尝概行除旧？酌中以御，择善而从。母子一心，臣民共睹。今者恭承慈命，一意振兴，严祛新旧之名，浑融中外之迹。

中国之弱，在于习气太深，文法太密，庸俗之吏多，豪杰之士少。文法者庸人藉为藏身之固，而胥吏恃为牟利之符。公私以文牍相往来，而毫无实际；人才以资格相限制，而日见消磨。误国家者在一私字；祸天下者在一利字。

晚近之学西法者，语言文字制造器械而已，此西艺之皮毛而非西学之本源也。居上宽，临下简；言必信，行必果。服往圣之遗训，即西人富强之始基。中国不此

[①] 崔志海，中国社会科学院近代史研究所研究员，政治史研究室主任，研究领域为近代人物思想研究和清末新政研究。本处引自于其《国外清末新政研究专著述评》。

[②] 《清实录光绪朝实录》卷之四百八十一。

之务，徒学其一言一话一技一能，而佐以瞻徇情面，肥利身家之积习。舍其本源而不学，学其皮毛而又不精，天下安得富强耶？总之，法令不更，痼习不破，欲求振作，须议更张。

著军机大臣、大学士、六部、九卿、出使各国大臣、各省督抚，各就现在情弊，参酌中西政治，举凡朝章、国政、吏治、民生、学校、科举、军制、财政，当因当革，当省当并，如何而国势始兴？如何而人才始盛？如何而度支始裕？如何而武备始精？各举所知，各抒所见，通限两个月内悉条议以闻，再行上禀慈谟，斟酌尽善，切实施行。

至西幸太原，下诏求言，封章屡见。而今之言者率出两途：一则袭报馆之文章；一则拘书生之浅见。指其病未究其根，尚囿于偏私不化；睹其利未睹其害，悉归于窒碍难行。新进讲富强，往往自迷始末；迂儒谈正学，又往往不达事情。尔中外臣工，当鉴斯二者，酌中发论，通变达权，务极精微，以便甄择。

倘再蹈因循敷衍之故辙，空言塞责，遇事偷安，宪典具在，决不宽贷。将此通谕知之①。

由此上谕始，清政府实施宪政改革，以"京师为天下之根本。六部为天下政事之根本。六部则例。本极详明。行之既久。书吏窟穴其中。渔财舞文。往往舍例引案。上下其手。今当变通政治之初。亟应首先整顿部务。为正本清源之道。非尽去蠹吏。埽除案卷。专用司员办公不可。兹值京师兵燹之后。各部署案卷。不过十存四五。著即一并销毁。以示廓清弊窦。锐意自强之志。自此次销毁以后。各部堂官。务当督饬司员。躬亲部务"②整顿吏治。

在政治机构方面：将总理各国事务衙门改为外务部；裁河东河道总督，湖北、云南、广东三省巡抚；裁詹事府、通政司、太常寺、太仆寺、光禄寺、鸿胪寺等衙门。

在军事方面：裁汰制兵防勇，精选若干营分为常备、巡警等军；停武科试，设武备学堂，设练兵处，编练新军；设立巡警部，举办警政。

在经济方面：设立商部，公布商会简明章程，制定奖励公司章程，颁布商律及公司注册试办章程；派南洋华侨张振勋为考察外埠商务大臣，兼督办闽广农工路矿事宜，劝诱华侨归国投资；在京师设立劝工陈列所，设立高等实业学堂，设立户部银行。

在文化教育方面：诏开经济特科；废科举，令各省设立学堂，奖励留学，进行留学归国学生考试，给予进士、举人等出身。

时外交部位列六部之首，作为一个封建王朝，把外交事务放在国家管理部门之

---

① 马平安，《终结帝制的集结号》，北方文艺出版社。
② 《清实录光绪朝实录》卷之四百八十二。

首,由此可见,经历过阵痛和图自强的坎坷发展之后,清政府已将国家发展目标定在了继续对外改革开放的历史进程之中。这一体制延至清末。

光绪二十九年七月十六日(1903年9月7日),首次设立商部,于光绪二十四年(1898年)将所设矿务铁路总局并入,掌管商务及铁路矿务等事,并仿照西法制定了含"商人通例"(9条)和"公司律"(131条)的第一部商业新法——《钦定大清商律》。

光绪三十二年(1906年7月),慈禧皇太后、光绪帝下旨:"考察政治大臣载泽等回国陈奏,国势不振,由于上下相睽,内外隔阂;而各国所以富强,在实行宪法,取决公论。今日惟有仿行宪政,大权统于朝廷,庶政公诸舆论,廓清积弊,明定责成,以豫备立宪基础。俟规模初具,妥议立宪实行期限。各省将军、督、抚晓谕士庶人等,各明忠君爱国之义,合群进化之理,尊崇秩序,保守和平,豫备立宪国民之资格。"① 九月,庆亲王奕劻等遵旨核议厘定官制,以"立宪国官制,立法、行政、司法三权并峙,各有专属,相辅而行"②。尔后,建立宪政编查馆,设立资政院,成立立宪公会。

在为立宪而创数千年新举的国家制度改革启动中,电信事业进入新的发展阶段,在这一历史时期,电报、电话先后进入紫禁城,电话网继全国电报网建成之后,建成了清政府、各省地方政府的本地官网,长途电话亦在京都建立。清政府与各省总督、巡抚、各省将军的联系上通下达,六部官员制定政策得以畅通迅达各地方政府机构,百姓各业亦沟通方便,在全国电报通信网来来往往的电报中,政治、民生走向民间,民族工业繁荣,文化教育兴旺,洋务运动成果非凡。

电信在这一历史进程中所发挥的作用,正如《中国电信之事业》一书所论述:

以言政治,中央政令的传达成重要国策的宣扬,胥赖电信可瞬息遍布全国。以我国幅员之辽阔,政令欲求统一,各项政治设施,凡地方请示中央,或中央指示地方,均希望朝发夕至,迅速解决,亦唯有利用电信交通为唯一之利器。③

至此,历经洋务运动40多年的发展,新型的国家管理六大部体制和邮电信息业务管理体系的建立,从名称和形式上完成了由封建制度向现代政治体制的平稳过渡,创建了中国现代化管理体制的里程碑。时至今日,清代六大部的历史已远去,留下了一条"六部口"大街,讲述着邮传部与其他各大部的历史。

三、决定立宪建立现代化国家管理体制

建立了新的国家管理体制后,清政府立宪准备工作启动。光绪三十三年(1907年),在中央筹设资政院,在各省筹设谘议局。中央各部委亦成立宪政预备处,如邮

---

① 《清史稿》,志八十八,选举八,新选举。
② 《总核大臣奏厘定京内官制折》,载《大清光绪新法令》,第二十册,商务印书馆发行,宣统元年,第98页。
③ 赵曾珏著,《中国电信之事业》,《电信建设之原则》,第2页。

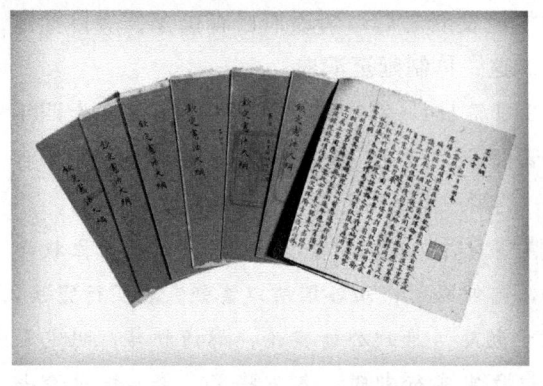

清政府颁布的《钦定宪法大纲》

传部就奉上谕，将原宪政研究所改为宪政预备处[①]。

光绪三十三年（1908年），清政府颁布《钦定宪法大纲》，宣布9年后实行立宪。这个重大历史改革，将建立一个新的君主立宪政府。就通信信息建设，邮传部下设的电政总局着手制定中国电信网络建设规划，大力建设和延展电报线路，推广电话，以期建设更多的电信局所。在这段历史中，需要阐明和厘清的是，从本书所记录的史实来分析，清代电信业更多的改革开放之策，是在自强上下力，以加强自主电信建设为主导，至清末，邮传部已建立了整个电信事业的基础，为创建国有化电信打下了基础，并部署开展新的电信建设。

然而，历史没有给予清朝继续完善现代化国家管理体制所需要的时间。因慈禧太后病逝，清末新政的改革由于缺乏精明有力的领导者而最终走向失败。

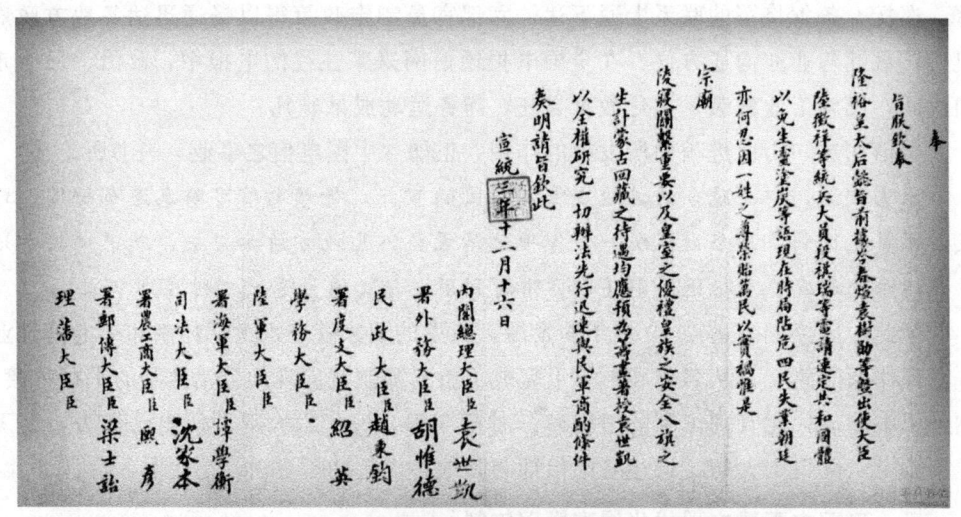

隆裕皇太后颁发的退位诏书

宣统三年（1912年）2月12日，隆裕皇太后颁布《宣统帝退位诏书》：前因民军起事，各省响应，九夏沸腾，生灵涂炭。特命袁世凯遣员与民军代表讨论大局，

[①] 《本部遵设宪政筹备处情形折》，宣统二年二月十八日，沈云龙主编，《近代中国史料丛刊第三编》第27辑，《交通官报》第11期，第5～6页；另见《遵设宪政筹备处情形折》，沈云龙主编，《近代中国史料丛刊第三编》第14辑，邮传部编，《邮传部奏议类编·继编》，第1341～1342页。

议开国会、公决政体。两月以来,尚无确当办法。南北睽隔,彼此相持。商辍于涂,士露于野。徒以国体一日不决,故民生一日不安。今全国人民心理,多倾向共和。南中各省,既倡义于前,北方诸将,亦主张于后。人心所向,天命可知。予亦何忍因一姓之尊荣,拂兆民之好恶。是用外观大势,内审舆情,特率皇帝将统治权公诸全国,定为共和立宪国体。近慰海内厌乱望治之心,远协古圣天下为公之义。袁世凯前经资政院选举为总理大臣,当兹新旧代谢之际,宜有南北统一之方。即由袁世凯以全权组织临时共和政府,与民军协商统一办法。总期人民安堵,海宇乂安,仍合满、汉、蒙、回、藏五族完全领土为一大中华民国。予与皇帝得以退处宽闲,优游岁月,长受国民之优礼,亲见郅治之告成,岂不懿欤!钦此。

清朝逊朝。在这张由隆裕皇太后颁发的逊位诏书上,由内阁总理袁世凯带领7位大臣签名,其中邮传部大臣梁士诒的署名,宣告邮传部的历史由此结束。

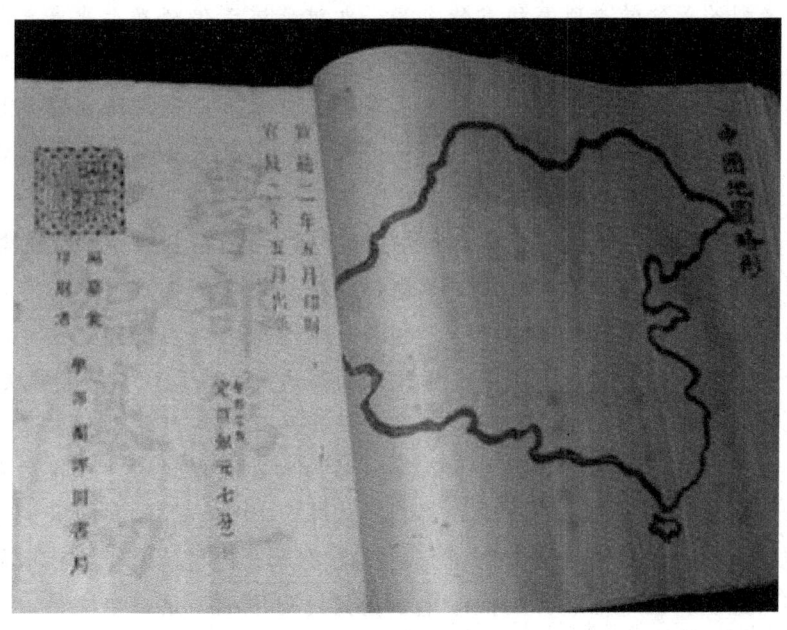

宣统年学部编绘的中国地图略形

此时此刻,清王朝传给中华民族的国体是一个完成了现代化国家管理体制架构的国家事务管理体系;交给中华民族的国土是一个"从秦始皇灭六国,开疆拓土,建立秦帝国开始,到清王朝建立大一统、多民族的封建王朝,历经数朝,中国终于形成了一个北起萨彦岭、额尔古纳河、外兴安岭,南至南海诸岛,西起巴尔喀什湖、帕米尔高原,东至库页岛,拥有一千多万平方公里国土的空前统一的中国领土"[①]。

---

① 葛剑雄,教授,历史学博士,博士生导师,曾任复旦大学中国历史地理研究所、历史地理研究中心主任、复旦大学图书馆馆长、教育部社会科学委员会委员。本处引自于其《统一与分裂——中国历史的启示》,《统一疆域的最终形成》。

建立完备的邮电通信体制给中华民族发展政治、经济、文化、军事教育体制奠定了基础。

综上所述，电报从同治十年（1871年）进入中国，至宣统三年（1912年2月12日）清朝逊朝，在这41年的时间里，其初创与发展都与洋务运动同行，在清代政治体制改革中逐渐发展。清代电信史涵盖清代政治、经济、文化管理体制的诞生与嬗变，是一部宽泛的清代社会史之重要部分，更是晚清史实研究之重要的一部分。然而，由于特定的历史需要，对其历史的叙述不可避免地打上了革命时代文化的烙印，或冠以名词形容，或少有以官方档案史实论述，因此评说纷争，春秋各异，其中亦有与史实不符之词。正如著名历史学家、教育家章开沅所论述：

晚清史研究之所以步履蹒跚，还或多或少与当年辛亥革命的宣传工作有关，即令是学者型的革命学者所写的宣传文字，也难免流于偏颇乃至背离史实。对革命者来说，宣传是社会动员的重要手段，而对革命对象的妖魔化乃是顺理成章之事。长期以来，我们对晚清史的研究运用革命史料较多，使用清朝官方档案则太少，自觉或不自觉地接受辛亥革命当年宣传文字的潜移默化，习非成是之处亦所难免。①

随着社会文明的进步，文化观与学术研究从政治激情与崇拜转化为学术中立性的评判研究，在目前学界已经由对革命神话般的歌颂转为理性的思考，同时对于革命的对象——统治者——的研究，也由一味地批判转为冷静关注，研究领域亦"从革命史转到改革史。这是学术研究范式转换与时代变迁相契合的明显表征。革命史范式淡出，现代化范式凸显。研究的视角从下层革命活动转向上层政治行为，较多地关注统治阶级的群体结构及其政治活动，戊戌变法、立宪运动与清末新政成为研究重点"②。正是基于学术界对历史学、社会学等学科研究的重在求真求实的传统回归，以运用实证方法研究制度的变革与转型，使得清代电信史在学界的史实研究里，在电信业界的回顾里，还其历史原根，足以令电信业者后来人引以为戒，引以为豪。

清代电信业在其发展的历史进程中，既有可圈可点的建树，亦有坎坷曲折的历史教训。

---

① 章开沅，《清末邮传部研究》，序言一，中华书局，2005年，第2页。
② 李细珠，历史学博士，现任中国社会科学院近代史研究所研究员，研究生院教授，博士研究生导师。此处见其《近五年来晚清政治史研究述评》，文章来源：《教学与研究》，2006年，第10期。